Friedrich Rothe

Harry Graf Kessler

Friedrich Rothe

Harry Graf Kessler
BIOGRAPHIE

Siedler

Frontispiz: Harry Graf Kessler in Paris, Oktober 1936,
seine »Souvenirs d'un Européen« signierend

Verlagsgruppe Random House FSC-DEU-0100
Das für dieses Buch verwendete FSC-zertifizierte
Papier *EOS* liefert Salzer, St. Pölten.

Erste Auflage

Copyright © 2008 by Siedler Verlag, München,
in der Verlagsgruppe Random House GmbH

Umschlaggestaltung: Rothfos + Gabler, Hamburg
Lektorat: Matthias Weichelt, Berlin
Satz: Ditta Ahmadi, Berlin
Druck und Bindung: GGP Media GmbH, Pößneck
Printed in Germany 2008
ISBN 978-3-88680-824-3

www.siedler-verlag.de

Inhalt

ERSTES KAPITEL
Sohn dreier Vaterländer
9

ZWEITES KAPITEL
Eine Weltreise im Jahr 1892
53

DRITTES KAPITEL
Ankunft in Preußen
97

VIERTES KAPITEL
Weimar versus Wilhelminismus
145

FÜNFTES KAPITEL
Gegenwelten
191

SECHSTES KAPITEL
Weltkrieg
233

SIEBTES KAPITEL
Der rote Graf
271

Dank
317

ANHANG
Zitatnachweis
319
Personenregister
333
Bildnachweis
351

Für Klaus Fußmann

ERSTES KAPITEL

Sohn dreier Vaterländer

»Er wohnt 28. Köthener Straße in 4–5 Löchern in einem Hinterhause!! Heute, da es kaum Tag wurde und Schneefall mit Regen wechselte, sah es dort so düster aus, daß all die Kunstschätze, die dort hängen und stehen, absolut nicht zur Geltung gelangten. Zu Achten konnten wir kaum bei Tische sizen, der Diener kaum servieren, und durch niedrige Tapetenthüren mußte man sich von einem Stübchen ins andere drängen. In diesen Tagen da die Lex Heinze die Gemüther auf's höchste erregt, gab es mir doch einen Ruck zu ihren Gunsten, als Hanna just gegenüber im Eßzimmer das lebensgroße Profilbild eines nackten Mädchens hieng, das, Hut, Schirm und Tuch neben sich, ellenlange, grüne Strümpfe anzuziehen im Begriffe steht!!«[1]

Diesen Eindruck nahm die Baronin Spitzemberg im März 1900 von einer Einladung bei Harry Graf Kessler mit in die Wilhelmstraße, wo sie eine Etage im Obergeschoß der Württembergischen Gesandtschaft bewohnte. Schon lange war Bismarcks süddeutsche Intima, eine Schönheit ihrer Zeit, die auf seinen Gesellschaften nicht fehlen durfte, auf die modernen Räume neugierig gewesen, die der Studienfreund ihres Sohnes kostspielig eingerichtet hatte. Aber dieses matte Ambiente war ihr dabei nicht in den Sinn gekommen: feingliedrige, weiße Möbel mit zierlichen Messingbeschlägen, violette Bezugsstoffe und ein glattes Paneel mit verglasten Einsätzen für Graphik.

Dem unwiderstehlichen Reiz seiner Einrichtung, die in Berlin bereits einen gewissen Ruf besaß, vertrauend, hatte Kessler die Grande Dame und ihre Tochter zu sich gebeten. Auch sie sollte die Eleganz beeindrucken, die er Henry van de Velde hier zur Bedingung gemacht hatte. Denn für sein Empfinden waren die Möbel, die der belgische Avantgardist kurz zuvor für Eberhard von Bodenhausen, den Aufsichtsratsvorsitzenden der Kunstzeitschrift »PAN«, entworfen hatte, zu schwer und zu streng.

Außer der unbegreiflichen Enge, die nichts mit den Vermögensverhältnissen des Gastgebers zu tun hatte, schockierte die Baronin die Hauptattraktion, das zwei Meter hohe Teilstück der »Poseuses« von Georges Seurat. Das Bild wirkte derart provozierend, daß ihr die heiklen Paragraphen gegen Schmutz und Schund in der Lex Heinze angemessen erschienen. Von Wilhelm II. angeregt, wurde die Novelle zum Strafgesetzbuch seit 1892 beraten und in veränderten, meist erweiterten Fassungen dem Reichstag vorgelegt. Daß Frau von Spitzemberg um das verletzte Schamgefühl ihrer blühenden, dreiundzwanzigjährigen Tochter Hanna bange wurde, zeugt von der prüden Atmosphäre, die um 1900 selbst in aufgeklärten Adelskreisen verbreitet war.

Bei dem »Frühstück«, wie das Mittagessen in der Hautevolee hieß, um es vom ebenfalls mehrgängigen Diner zwischen sechs und acht Uhr abends zu unterscheiden, war es sehr lebhaft zugegangen. Denn der belgische Architekt, dem die Novität zu verdanken war, wartete zusätzlich mit Auffassungen auf, die nicht unwidersprochen bleiben konnten. Die freimütige Baronin, die sich vom Charme des Mannes mit klugen, dunklen Augen nicht entwaffnen ließ, war »alsbald in heftigem Gefecht über die Ziele seiner ›Mission‹« mit ihm aneinandergeraten.[2] Van de Veldes »Überschätzung der Kunst als Erziehungsmittel« ließ nichts Gutes erwarten. »Eine solche Abhängigkeit von Form und Umgebung«, war Frau von Spitzemberg überzeugt, könne nur »zur Entnervung führen«. Dem Gastgeber, der alles daransetzte, den geistreichen Scharlatan mit »schmalem, nach spanischem Blute aussehendem Kopf« in der Reichshauptstadt bekannt zu machen, trug sie jedoch den verfehlten Kunstenthusiasmus nicht nach.

Drei Monate später, als sie den neuen Vortragenden Rat im Auswärtigen Amt, Karl Max Prinz von Lichnowsky, kennenlernte, gehörte auch Kessler zu den hoffnungsvollen jungen Leuten, die sie dem Diplomaten ans Herz legte. Im privaten Gespräch war Lichnowsky überraschend einsichtsvoll und zeigte sich »sehr wohlwollend für seine Untergebenen gesinnt«.[3] Bei ihm lohnte es sich, heiße Eisen anzufassen und klarzustellen, wie dringend es geboten sei, trotz der »persönlichen, oft nicht zu erklärenden Engouements der Botschafter und anderer hoher Herren« für ungeeignete Personen, vor allem Bewerber aus guter Familie, zu berücksichtigen.

Ihrem Protegé, zukünftiger Erbe eines großen Vermögens, dem es jedoch an familiärem Rückhalt im Deutschen Reich mangelte, kam der informelle Vorstoß der einflußreichen Dame sehr gelegen. Er hatte die Dreißig überschritten und büffelte für das Assessorexamen, ohne daß die von hoher Seite erfolgte Zusage, ihn für den diplomatischen Dienst anzufordern, eingelöst worden war. Zwei freundliche Gespräche mit dem Reichskanzler Hohenlohe-Schillingsfürst, der als deutscher Botschafter in Paris im Elternhaus verkehrt hatte, waren ergebnislos geblieben. Um das Gesicht nicht vollends zu verlieren, war es angebracht, behutsam vorzugehen.

Das Auswärtige Amt blieb Harry Graf Kessler nicht aus Mangel an Persönlichkeit verschlossen. Exponenten der Epoche wie Maximilian Harden und dessen Freund Walther Rathenau begleiteten seinen Lebensweg und gingen mit ihm als ihresgleichen um. Jung und aus reichem Hause, von der umworbenen Mutter mit apartem Aussehen begabt, glich sein Habitus einem morgenländischen Prinzen, der mit geheimnisvollen Kräften ausgestattet war. Leicht und geräuschlos öffneten sich ihm Türen, die ihnen, die selbst nicht über fehlende Verbindungen zu klagen hatten, zeit ihres Lebens verschlossen blieben; auch in London und Paris ging er in ersten Häusern ein und aus.

Der Reichtum des früh verstorbenen Vaters schuf die Basis, aber daß Kessler die Bewegungsfreiheit zu nutzen verstand, hatte er sich selbst zu verdanken. Gegen den Willen beider Eltern, die ihn zur Übernahme der Geschäfte drängten, setzte er sein Lebenskonzept durch und verweigerte sich der Kapitalakkumulation: »It is a dreadful idea to think you're just a money-making-machine in life«[4] – »eine schreckliche Idee, sich sein Leben als Geldherstellungsmaschine vorzustellen«. Am zwanzigsten Geburtstag ins Tagebuch geschrieben, war dies die Maxime, die er zeit seines Lebens beherzigte. Der gleichaltrige Walther Rathenau führte dagegen ein Doppelleben, bei dem der Wirtschaftsmanager den Schriftsteller dementieren mußte.

Zeitlebens war Kessler unterwegs und wechselte den Aufenthalt ohne Trennungsschmerz. Es kam vor, daß verschiedene Personen ihn gleichzeitig in Paris und London gesehen haben wollten. In Berlin und Weimar besaß er eigene, anspruchsvoll eingerichtete Wohnungen, in London war für ihn im Hotel *Cecil* ständig ein Apartment reserviert; selbst in seiner Geburtsstadt Paris wohnte er nicht immer bei Mutter und Schwester im Haus Nr. 19 am Boulevard Montmorency, sondern auch im Hotel *Chatham* oder im *Grand Hotel*. Diese Beweglichkeit, die bis heute Anstoß erregt, erweckte Assoziationen an das »Märchen vom fliegenden Teppich« in »Tausendundeiner Nacht«. Mehr noch. Die Familiengeschichte besaß exotische Züge, die in den Nahen Osten und nach Indien führten.

Seine Mutter, Alice Gräfin Kessler, in Bombay geboren, war Tochter eines anglo-indischen Marineoffiziers, dessen steile Karriere im Dienst des Empire glänzend verlaufen war. Ihr Vater, Henry Blosse-Lynch (1807–1873), hatte sich, fast noch ein Knabe, bei der Eroberung Burmas ausgezeichnet, mit zwanzig Jahren eine Kanonenbootflottille auf dem Tigris kommandiert

Die Eingangshalle des Londoner Hotels *Cecil* 1903

und war zum Befehlshaber der anglo-indischen Flotte in Bombay aufgestiegen. Der Aufenthalt der kleinen Alice an ihrem Geburtsort dauerte nicht lange. Nach einer langen, abenteuerlichen Reise kam sie an einem dunklen Novembermorgen in Boulogne-sur-Mer, wo Engländer traditionell eine starke Minderheit bildeten, in einer pietistischen Großfamilie an, mit schwarz gekleideten Onkeln und Tanten, die bittersüß lächelten und Gebetbücher in den Händen hielten. Alice Harriet Baroness Blosse-Lynch schockierte dieser Klimawechsel; die Ankunft in frühviktorianischen Verhältnissen löste bei ihr leidenschaftliche Opposition gegen Heuchelei und Menschenscheu aus. »In diesem Jammertal, genannt Leben«,[5] behielt sie ihre Kindertage unter indischer Sonne in glücklicher Erinnerung. Die kolonial-

Alice Gräfin Kessler

herrschaftliche Stellung ihres Vaters und Großvaters machte sie stolz, ebenso wie das Familiengut Partry bei Killarney, auf dem die Blosse-Lynchs seit vierhundert Jahren saßen.

Es waren nur noch Reminiszenzen, die Alice Kessler ihrem Sohn, neun Jahre ihr einziges Kind, nahebrachte. In England, wohin sie mit Harry vor dem Deutsch-Französischen Krieg geflohen war, entsprach der Familiensaga keine sichtbare Realität. Allein die Kraft und die Modulationsfähigkeit ihrer Stimme vergegenwärtigte die bewegte Vergangenheit, von der auch sie nur gehört hatte: »Die Verwandten, wenn sie mir von ihnen sprach, wuchsen sich jedesmal zu Figuren aus, die Schwergewicht und Blut hatten und von den wechselnden Gefühlen, mit denen sie meine Mutter betrachtete, Haltung und Ausdruck bekamen. So standen sie wie große Bildsäulen, abwechselnd von Sonnenschein und Gewitter erhellt, rings um den Horizont.«[6]

Alice von Kessler war eine gefeierte Schönheit der Belle Époque; über ihre nach eigenen Ideen angefertigten, exzentrischen Toiletten unterrichteten Pariser Zeitungen ihre Leserinnen. 1844 zur Welt gekommen, gab sie vor, im Jahr 1852 geboren zu sein. Jugendlich aussehend, überzeugte sie noch mit sechsundfünfzig Jahren als Kameliendame auf der Bühne ihres Pariser Privattheaters. Den körperlichen Kontakt mit dem kleinen Harry vermied sie nach Möglichkeit; für Liebkosungen war die Hamburger Kinderfrau Marie, »norddeutsch, semmelblond bis in ihr höchstes Alter«, zuständig.

Das geschwisterlose Kind, »ohne näheren Verkehr mit Gleichaltrigen«,[7] lebte ziemlich einsam und bewunderte die Mutter vor allem aus der Ferne. Wie ein schüchterner Liebhaber hatte Harry sich mit ihrem kaum merklichen Lächeln zu begnügen, wenn er beim Spaziergang mit dem Kinderfräulein in ihren Gesichtskreis geriet. Der Klang ihrer Stimme war einziger Bezugspunkt der Nähe, die Alice Kessler ihrem Sohn zuteil werden ließ. Ungestillte Sehnsucht in Glücksgefühl umdeutend, erinnerte sich Kessler: »Jede Sprache wurde in ihrem Munde verwandelt in etwas, was ihr ganz eigen war durch die Einzigartigkeit des Metalls, in dem sie wie gegossen schien: eine helle Legierung aus Silber und schmiegsamem Stahl, die durch die immer das Absolute und Äußerste suchende leidenschaftliche Seele vor jeder Erstarrung bewahrt wurde. Ich habe mich als Kind nur von dem Wohllaut und der mütterlichen Wärme dieser Stimme wiegen lassen; aber sie allein genügten, um mich, wenn meine Mutter zu mir sprach, in einen Zauberkreis zu bannen, der die übrige Welt von uns schied.«[8] Während Harry den Anweisungen des Vaters, so gut es ging, gehorchte, aber innerlich unberührt blieb, nahm ihre Stimme von seiner Person Besitz.

Wenn er Teile der mütterlichen Lebenserinnerungen in die 1935 erschienenen Memoiren »Gesichter und Zeiten« übernahm, war dies mehr als ein pietätvoller Akt der Sohnesliebe. Die biographische Verschränkung restituierte das Terrain, auf dem er trotz aller späteren Konflikte in innigem Einverständnis mit der Mutter geblieben war. Es bildet die Projektionsfläche für Größenphantasien, die Kessler hinderten, seine Möglichkeiten im Deutschen Reich nüchtern zu sehen.

Die Identifikationsfigur war Oberst Robert Taylor, der Held aus der Familiensaga der Blosse-Lynch, die Alice von Kessler ihrem Sohn obsessiv vor Augen rückte. In »Souvenirs d'un Européen«, der französischen Fassung der Memoiren, bekennt der Autor: »Unter meinen Vorfahren wollte ich ihn vor allen in meinen Blut lebendig spüren, von ihnen erschien er mir als der glänzendste und beneidenswerteste und ich dürstete danach, mich nach ihm zu bilden.«[9] Mit vierunddreißig Jahren hatte Taylor, gestützt auf einige Kanonenboote und zwei oder drei Bataillone indischer Reiter, sich zum Vizekönig von Babylonien ernannt. Sein Porträt, schon zu Kesslers Zeit in der National Portrait Gallery, der Ruhmeshalle Großbritanniens, hatte Harry noch bei der Urgroßmutter »neben ihrem Lehnstuhl, auf dem sie immer saß«,[10] hängen sehen. Es zeigt »ein schönes jugendliches Gesicht mit schwarzem Haar und blauen Augen, dessen regelmäßige, energische Züge sich bei fast allen seinen Nachkommen wiederfanden«.[11] Der schottische Vorfahr hatte nicht nur unerschrocken gehandelt, er war auf unambitionierte Weise auch literarisch hochbegabt gewesen. Taylors Berichte an die Regierung in London hatten Jakob Wassermann bei der Arbeit an »Alexander in Babylon« dazu verholfen, »mit einem Male die ganze Landschaft« vor Augen zu sehen.[12] Daß der Urgroßvater die vom ersten englischen Generalkonsul in Bagdad, Claudius Rich, begonnenen Ausgrabungen im Zweistromland fortgesetzt und als einer der ersten die Paläste und Tempel, Gräber und Inschriften der alten Könige aus der Zeit Abrahams gesehen hatte, wirkte ebenfalls als Ansporn, dessen Virulenz der Deszendent verspürte. Politische Macht in Verbindung mit frühgeschichtlichen Ausgrabungen stellte im 19. Jahrhundert die nobelste Form der Herrschaft dar.

Für die Rolle, die Kessler im Interesse des Deutschen Reiches zu spielen gedachte, blieb bestimmend, daß Taylor kein Befehlsempfänger gewesen war und, nur in losem Kontakt mit der Londoner Regierung, aus eigener Sicht der Notwendigkeiten gehandelt hatte. Wenn Harry Graf Kessler sich vor dem Weltkrieg zutraute, das deutsch-englische Verhältnis weitgehend aus eigener Initiative zu stabilisieren, ist die treibende Kraft der Idee, designierter Nachfolger dieses Mannes zu sein, kaum zu überschätzen.

Eine Szene in seiner Kindheit, die sich bei Besuchen der persischen Urgroßmutter wiederholt hatte, besiegelte diese Wunschvorstellung und schlug die Brücke zur fernen Vergangenheit. Als Taylor mit zwanzig Jahren die Wache der Britischen Botschaft in der persischen Hafenstadt Buschir kommandierte, hatte er das vornehme Mädchen, das zur ersten Familie des Landes gehörte, eine voll erblühte, zwölfjährige Schönheit, mit ihrem Einverständnis entführt und heimlich geheiratet. Wenn Harry in Begleitung seiner Mutter zur alten Dame geführt wurde, hatte ein Ritual stattgefunden, das dem Nachgeborenen die erstaunliche Ähnlichkeit mit dem überragenden Vorfahren verbürgte: »Meine Urgroßmutter lebte hochbetagt noch bis 1877. Als der Schah Nazzr Eddin 1873 nach London kam, machte er ihr als Verwandten einen Staatsbesuch. Sie hatte bis zu ihrem Tode eine Fülle der schönsten weißen Haare, auf denen sie unbegreiflicherweise eine Perücke aus schwarzer Seide trug, und wunderbar feine, wie gemeißelte, schmerzlich ausdrucksvolle Züge, die denen meiner Mutter glichen. Ihre Augen habe ich nie gesehen, denn sie war blind und hielt sie geschlossen; aber sie liebte es, wenn ich auf einem Schemel zu ihren Füßen saß, mit ihren Händen, die immer etwas nach Rosen dufteten und zartgeformte, mit Henna gefärbte Nägel hatten, mir über das Gesicht zu streichen, und sagte dann, es war eine stehende Redensart, sie fühle, daß ›sugar plumbs‹, so nannte sie mich, die Züge ihres lieben verstorbenen Mannes habe.«[13]

Daß der Junge in den feinen Gesichtszügen der Greisin Ähnlichkeiten mit denen der Mutter erkannte, half, die kindliche Furcht vor dem merkwürdigen Aussehen zu beschwichtigen. Die »gemeißelten, schmerzlich ausdrucksvollen Züge« verweisen jedoch auf den Schatten, der über seiner Kindheit lag. Neigung zu Depressionen war die dunkle Seite im persischen Familienerbe. Alice Kessler überspielte sie, solange der sanguinische Gatte ihr beistand, mit lebenssprühenden Auftritten in der Öffentlichkeit. Nach dessen Tod war der Weg in die Verzweiflung nicht mehr abzuwenden: »Die Welt, der sie sich nie angepaßt hatte, deren Mittler bei ihr mein Vater gewesen war, erschien ihr von nun an wie eine weglose Wüstenei.«[14]

Bereits den kleinen Jungen, der den Widerspruch verschiedener Lebenswelten zu verkraften hatte, beeindruckte Englands Weltstellung. Nicht allein, daß ihm die Mutter ihre Geschichten ständig wiederholen mußte. Eigene Anschauung kam hinzu. Der

Kontrast zum politisch aufgeregten Paris nach dem Deutsch-Französischen Krieg, wo der Mob immer wieder durch die Straßen tobte und das Palais der Eltern, als gesellschaftlicher Stützpunkt der Deutschen Botschaft, Gegenstand revanchistischer Umtriebe wurde, hob die Kontinuität und Größe des britischen Weltreichs hervor. Auch die Sommeraufenthalte mit den Eltern in Bad Ems, bei denen das kommode Auftreten des Kaisers den provinziellen Charakter des Deutschen Reiches nicht verleugnete, steigerte das Ansehen, das Harry dem Empire und den Männern, die es regierten, entgegenbrachte. Die Schuljahre, die er zwischen 1880 und 1882 in Ascot absolvierte, erweiterten das kindliche Verständnis; dort erhielt die Vorstellung englischer Überlegenheit ihre feste, später nicht mehr veränderte Form.

Die Erinnerungen an den Urgroßvater erweiterten den Horizont und weckten sehr früh das geschichtlich-politische Interesse. Taylor war einer der Protagonisten der Umbruchzeit, in der England und Frankreich um die Vorherrschaft in der Welt rangen. Diese Periode mit rasch wechselnden Kriegsschauplätzen und Friedensschlüssen, die eher Waffenstillständen glichen, beschäftigte Harry, seit ihm Thomas Macaulys Schriften in Ascot ans Herz gewachsen waren: »Meine Großmutter Lynch hatte mir die große Ausgabe seiner Werke geschenkt, acht Großoktavbände in schönen Ledereinbänden, die angenehm nach Juchten dufteten. Ich las und las immer wieder sein Leben, seine Englische Geschichte, die Essays und Parlamentsreden.«[15] Diese auch literarisch anspruchsvolle Lektüre hatte bereits dem Schüler die weltgeschichtliche Dimension der Geschichte im 19. Jahrhundert eröffnet und einen Blickwinkel geboten, welcher dem deutschen Einheitsstreben einen nachgeordneten Platz zuwies.

Während Heinrich von Sybel und Heinrich von Treitschke, die beiden nationalliberalen zeitgenössischen Historiker von Format, diesen Aspekt geflissentlich vermieden und den Kampf gegen Napoleon als Geburtsstunde der deutschen Nation und den preußisch-österreichischen Gegensatz als Hindernis der deutschen Einheit herausstellten, machte Macauly dem eifrigen jungen Leser die erste Hälfte des 19. Jahrhunderts als welthistorischen Prozeß transparent: Der abrupte Beginn, die Französische Revolution von 1789, war kein Schreckgespenst, vielmehr der unvermeidliche Anbruch der neuen Zeit, die durch Napoleons Siegeszug ihren Höhepunkt erlangte. Nach Waterloo habe sich die Dynamik dieses Geschehens nur scheinbar beruhigt, war Kessler schon früh überzeugt: die gesellschaftlichen Widersprüche im Innern und die gegensätzlichen staatlichen Interessen würden in nicht allzu ferner Zukunft neues Chaos stiften.

Bereits der Gymnasiast beobachtete die europäische Situation mit diesem Blick für die unabwendbare Krise. Seit Mitte der achtziger Jahre hielt der eifrige Zeitungsleser im Tagebuch Straßenkrawalle in Paris und soziale Unruhen in England fest, auch beunruhigten ihn Meldungen über Typhus- und Choleraepidemien, die er auf unhaltbare Zustände in den Elendsquartieren der großen Städte zurückführte. Der deutsche Wirtschaftsaufschwung, der das Ausland beunruhigte, täuschte ihn nicht über die Sackgasse, in der sich Bismarcks Politik befand. Er war überzeugt, das Kaiserreich werde den Anforderungen der Zukunft nicht gewachsen sein.

Politische Bewegungen besaßen in Kesslers Konzept keine konstruktive Funktion. Wenn er sie überhaupt wahrnahm, bildeten sie einen Unruhefaktor oder führten, wie bereits in Frankreich und Belgien, zu bedrohlichen Ausschreitungen. Kesslers politisches Interesse galt der Kommandohöhe. Dort wurden neue Männer gebraucht, damit aus der großen Krise eine Gesellschaftsordnung entstehen konnte, die auch den kleinen Leuten und der Arbeiterschaft mehr zu bieten hatte als das Fristen der Existenz. Dem deutschen Kaiserreich kam unbestreitbar das Verdienst zu, den Kontinent stabilisiert zu haben, aber seit 1878 war Bismarcks Schöpfung durch die Bindung an Rußland zu einem

Hindernis geworden, das den Ausgleich im Inneren und die europäische Entwicklung insgesamt blockierte.

Der Hamburger Gymnasiast Kessler erkannte das russische Zarenreich als den Hauptexponenten reformunfähiger, blinder Machtpolitik; mit ihm war kein Bündnis möglich. So verurteilte er Bismarcks Willfährigkeit gegenüber der russischen Balkanpolitik: »Anything so scandalous I had thought possible in the darkest times of the Middle Ages. Bismarck has made one great mistake in his life. He ought not to have protected Russia in 78. Now he has to give in to every caprice of the Czar. The only hope for the change for the better is in the possibility of a firm coalition between Italy, Austria, Germany and England.«[16] Ohne Führungskräfte, die sich trotz des Chauvinismus in ihren Ländern und widerstreitender imperialistischer Interessen verständigten, mußte Europa, davon war Kessler zeitlebens überzeugt, im Chaos untergehen. Für eine der Personen, welche die unabwendbare europäische Krise nutzen und eine neue Ordnung einzurichten allein fähig waren, hielt er sich selbst.

Daß Alice Gräfin Kessler ihre frühen Kinderjahre in Bombay unauslöschlich in Erinnerung blieben, kam nicht von ungefähr. In Frankreich, wo sie standesgemäß aufwuchs, scheint es ihr nicht besonders gutgegangen zu sein, bevor sie Adolf Wilhelm Kessler, der die Pariser Niederlassung des Hamburger Bankhauses ›Auffm'Ordt u. Ko‹ leitete, kennenlernte und im August 1867 heiratete. Einiges spricht dafür, daß es eine »stürmische Liebesheirat«[17] war, bei der weder die Familie noch das Geld den Ausschlag gaben. Bei seinem Heiratsantrag konnte der wohlhabende, neunundzwanzigjährige Hanseat noch keinen märchenhaften Reichtum für sich geltend machen. Am 23. Mai 1868 kam der Sohn Harry Clément Ulrich zur Welt und war, bis 1877 seine Schwester Wilma geboren wurde, das einzige Kind.

Vor allem die väterliche Geschäftstätigkeit gestaltete Harrys erste Lebensjahre wechselhaft. An seinem dreizehnten Geburtstag resümiert er in Ascot die Orte, an denen er zwischen 1868 und 1875 gelebt hatte: »Ich wurde in Paris geboren, aber schon bald danach ging ich nach Hamburg. Als ich vier war, ging ich nach Amerika und hielt mich dort auf, bis ich fünf wurde, dann kam ich nach England und bald danach zogen Mamma und Papa (etwa zwei Jahre später) nach Paris.«[18] Der Deutsch-Französische Krieg hatte die Übersiedlung nach England erzwungen, wo der Vater die Leitung der Londoner Filiale übernahm. Die Kriegszeit und das Jahr danach verbrachte Alice Kessler mit ihrem Sohn in Wanstead, dem Landsitz einer ihrer Großonkel bei London. Es folgte ein einjähriger Aufenthalt in den USA, wo die Familie in Staten Island lebte. 1873 kehrten die Kesslers nach England zurück und stellten im Sommer dieses Jahres in Bad Ems erfreut fest, daß der preußische König, der deutscher Kaiser geworden war, sie aus dem Vorkriegssommer 1870 in guter Erinnerung behalten hatte.

So sehr der Autobiograph seinen Stolz auf die Tradition der Blosse-Lynch bekundet und für den Vater die Abstammung von dem St. Gallener Reformator Johannes Kessler reklamiert: Adolf Wilhelm Kessler, einer der Titanen der Gründerzeit, gehörte zu jenen Leuten, die von konservativen Kreisen naserümpfend als »neureich« apostrophiert wurden. Den gesellschaftlichen Aufstieg der Eltern bündelt »Gesichter und Zeiten« in dem Satz, der ihre immer repräsentativeren Adressen beschreibt: »In Paris, zuerst in der ziemlich bescheidenen Wohnung, in der ich geboren bin, an der Ecke der Rue de Rivoli und der Rue du Luxembourg, jetzt Rue Cambon, dem Tuileriengarten gegenüber, dann in einer weitläufigen Etage am Boulevard Malesherbes neben der Madeleinekirche, später in dem kleinen Palais, das meine Eltern am Cours la Reine zwischen Champs Élysées und Seine bewohnten, bildete sich um sie ein Kreis, der zum Teil aus Pariser Gesellschaft, zum Teil aus Diplomatie und insbesondere den jün-

Alice Kessler mit ihrem Sohn (1868)

geren Mitgliedern der Pariser deutschen Botschaft sich zusammensetzte.«[19]

Bei der »Pariser Gesellschaft«, auf die Kessler verweist, handelte es sich weitgehend um »l'élite du high-life étranger à Paris«,[20] zu der auswärtige Prominente mit exotischen Namen gehörten; ohne aufzufallen, fügte sich der deutsche Botschafter Chlodwig zu Hohenlohe-Schillingsfürst in dieses Milieu. Die Hauptattraktion war Ferdinand Vicomte de Lesseps, der seit 1879 die Panamakanalgesellschaft leitete; mit dem Hausherrn befreundet, verbürgte er dem Salon im Hotel particulier am Cours la Reine eine mondäne Spitzenposition. Adolf Wilhelm Kessler, ein quicklebendiger Geschäftsmann, gefiel es, zu repräsentieren, und fand Vergnügen an Gesellschaften. Er besaß eine Tenorstimme, auf die er stolz sein konnte. Auf Soireen sang er gern Verdi-Duette mit seiner Frau, die als Mezzosopranistin am Pariser Konservatorium ausgebildet war. Ihre Vorzüge zur Geltung zu bringen, wo es nur ging, und sie gesellschaftlich in den Mittelpunkt zu stellen, machte ihm Freude.

Adolf Wilhelm und Alice Kessler, mit oder ohne reußischen Grafentitel, lebten auf großem Fuß und führten ein Haus, in dem wirtschaftliche Prosperität eine Metamorphose in raffinierte Pariser Salonkultur erfuhr. Ihr Salon, in dem Alice Montag nachmittags empfing, gab dem sprunghaft ansteigenden Reichtum des Bankiers eine erotische Atmosphäre, die Musik- und Schauspieldarbietungen verstärkten. Gelegentlich war die Dame des Hauses auch unter den Virtuosen zu finden. Ihr stürmischer Erfolg als Hauptfigur von Maupassants Rührstück »Musotte« machte sie besonders stolz, in der Rolle eines Pariser Modellmädchens war sie dem berühmten Autor »wie eine knospende Wildrose«[21] erschienen.

Dazu schriftstellerte sie und veröffentlichte unter Pseudonym Romane, die guten Absatz fanden. Von Ängsten heimgesucht, war ihr der dauernde Erfolg ihres Mannes nicht geheuer.

Ihr Drang, selbst durch Schreiben Geld zu verdienen, war stark. Als sie sich in den achtziger Jahren an der Börse verspekuliert hatte, trösteten Verlagshonorare über den Verlust hinweg. Für derartige, ihrem Status nicht ganz angemessene Sorgen fand sie bei ihrem Sohn, der es genoß, der einzige Vertraute der Mutter zu sein, ein offenes Ohr. In den Schulferien fungierte Harry als mitschreibender Lektor und machte erste literarische Erfahrungen; auch der Umgang mit Verlegern, deren finanzielle Usancen undurchsichtig waren, gehörte dazu.

Der Vater, der sich oft in New York aufhielt und Nordamerika als seine wirtschaftliche Domäne betrachtete, war geschäftlich auf einen Salon, über den Artikel in Pariser Tageszeitungen erschienen, nicht angewiesen. Ebensowenig lag ihm daran, diese Position, die für die Deutsche Botschaft in Paris Gewicht hatte, zur politischen Einflußnahme zu nutzen. Im Hinblick auf den Ehrgeiz seines Sohnes, im Deutschen Reich eine führende Stellung einzunehmen, fällt es auf, wie wenig der Senior interessiert war, sich in die Verhältnisse im Reich einzumischen. Offensichtlich wollte der international operierende Geschäftsmann, der »vielfach ärgerlich Kritik an den politischen und gesellschaftlichen Zuständen und Vorurteilen in Preußen-Deutschland«[22] übte, seine Kräfte nicht in einem Land verzetteln, in dem administrative Maßnahmen und Untertanenmentalität die wirtschaftliche Entfaltung behinderten. Daß Kaiser Wilhelm I. in Bad Ems Alice Kesslers größte Eroberung war, änderte daran nichts. Es hatte auch nicht lange gedauert, bis der anfänglich mißtrauische Bismarck, der vorsorglich Beziehungen zwischen den Kesslers und seiner Familie hergestellt hatte, jedes Interesse an einem Bankier verlor, der sich politisch derart unambitioniert erwies.

Alice Kessler schmeichelte die unverhohlene Zuneigung des alten Kaisers, aber das unterkühlte Verhältnis der adelsstolzen Engländerin zu Deutschland blieb davon unberührt. Auf ihren Sommerreisen, die sie häufig in Kaltbad am Rigi mit schriftstellerischer Arbeit beendete, besuchte sie außer Bad Ems auch andere deutsche Kurorte und ließ sich gelegentlich, ihrem Gatten zuliebe, mit ihren Kindern bei der Hamburger Verwandtschaft blicken. Vieles spricht dafür, daß sie, um das Gerücht einer Liaison mit dem Kaiser nicht zu nähren, nie in Berlin gewesen ist. Was sie dort für sich und ihre Familie erwartete, stellte sie Harry, der eine diplomatische Karriere in Aussicht nahm, in ihrem Geburtstagsbrief gegen Ende seiner Schulzeit vor Augen: »Anstatt Unterstützung stoßen wir dort nur auf Intriganten und Feinde, alles Leute, die über die ›lausige Reuss Grafschaft‹ die Nase rümpfen.«[23] In der Hauptstadt des Deutschen Reiches war sie lediglich auf der Fotografie präsent, die Wilhelm I. auf seinem Schreibtisch im Alten Palais Unter den Linden 37 stehen hatte, die ihn an unbeschwerte Sommerferien ohne seine Gemahlin Augusta erinnerte.

Kesslers Tagebuch beginnt mit dem 16. Juni 1880, einen Tag nach der Ankunft der Familie in Bad Ems. Der Zwölfjährige schreibt in Englisch, der Sprache seiner Mutter. Deutsch lernte er vom Hamburger Kindermädchen, das den Jungen auf väterlichen Wunsch im Vorschulalter betreute; das norddeutsche Idiom war ihm vertraut. Die untergeordnete Position der Ersatzmutter macht es plausibel, daß Harry bei einer ernsten Sache wie dem Tagebuch die englische Sprache der deutschen unbedingt vorzog. Die ersten Einträge, von fremder Hand korrigiert, zeugen von der Beobachtungsgabe eines frühreifen Kindes und bieten mehr als eine sprachliche Pflichtübung. Vom Gemütszustand des Schreibers, der sich in denkbar schlechter Verfassung befand, verraten sie jedoch nichts.

Der Junge war gerade dem häßlichen Milieu eines Pariser Halbinternats entronnen. Noch im Alter dachte Kessler erschaudernd an diese Zustände zurück: »Der große Kasten, in dem sich die Schule eingerichtet hatte, wohl ein früheres Kloster, war unvorstellbar unsauber, vom Eßsaal bis zu den Latrinen starrte er von Schmutz.«[24] Zum Unterricht wurden die Schüler morgens fürsorglich von einem Pferdeomnibus abgeholt und am Spätnachmittag zurückgebracht. Der tägliche Wechsel vom mondänen Elternhaus in diese Umgebung zehrte zwei Jahre an seinen Kräften. Hinzu kam, daß es dem Sohn eines deutschen Bankiers, in dessen Haus der Botschafter freundschaftlich verkehrte, sehr schwerfiel, Freunde in seiner Klasse zu finden. Die gedrückte Stimmung der Nachkriegszeit hatte sich Ende der siebziger Jahre geändert. In Frankreich kam der Gedanke der Revanche auf: »Jetzt sagte eine Französin aus großem Hause zu einem Herrn, der ihr den deutschen Botschaftrat vorstellen wollte: ›Vous osez me présenter un Allemand?‹ und kehrte beiden den Rücken.«[25] Die Abhärtungsmaßnahme, die der Vater mit der Wahl dieser Anstalt beabsichtigte, hatte das Gegenteil bewirkt. Harry war »körperlich und moralisch so zerrüttet«, daß der Hausarzt erklärte, wenn der Junge nicht bald in eine gesündere Umgebung käme, »könne er für nichts stehen«.[26] Den Eltern blieb keine andere Wahl. Im September sollte Harry das Pariser Elternhaus verlassen und ein Internat in England, die St.George's School in Ascot, besuchen.

Auf der Pariser Schule hatte er Wassersuppen kennengelernt und einmal auch Läuse nach Hause getragen. Ein niederträchtiger Schülerstreich mit tödlichem Ausgang hatte dem Jungen derart zugesetzt, daß er mehrere Tage an einer »Art von Nervenfieber«[27] erkrankt war. Monsieur Péchu, ein Aushilfslehrer, der vor Ärger tobsüchtig werden konnte und heftig mit dem Lineal auf die Hände von Unruhestiftern einschlug, hatte nach einiger Zeit sein »grenzenloses Mitleid« gewonnen. Der Lehrer zog ihn ins Vertrauen und erzählte vom Leben mit seiner kranken Frau, die eine der »Amazonen« um die radikale Kommunardin Louise Michel gewesen war, und bat unter Tränen um Verständnis für seine schwachen Nerven. »Er zeigte mir«, erinnert sich Kessler, »eine

Photographie, die er aus seiner Brusttasche zog: ein aufgedunsenes weißes Gesicht mit dunklen, stechenden Augen und einem bösen Kinn.«[28] Der spindeldürre Unglücksrabe liebte die Ehefrau abgöttisch; sie war schwer herzleidend und nachts pflegebedürftig, so daß er kaum zum Schlafen kam.

Péchu war vermutlich ebenfalls Kommunarde gewesen und »durch dunkle Protektoren wieder in die Unterrichtslaufbahn zurückgelangt«, wenn auch nur auf unterster Stufe. Man sagte über ihn, er sei »von General Gallifet 1871 mit anderen dreißigtausend Kommunisten an die Wand gestellt worden«,[29] habe aber das Massengrab lebend überstanden. Die Schuljungen nannten ihn deshalb »die Leiche«. Die Bemühung, einen Waffenstillstand zwischen den Klassenkameraden mit dem ebenso hilflosen wie grausamen Mann zu erreichen, fand ein schlimmes Ende: »Ohne mich einzuweihen, brüteten sie die Teufelei aus, die Frau mit in ihre Operationen gegen Péchu einzubeziehen. Einer von den Verschworenen ließ unter Vorspiegelung eines Scherzes von seiner älteren Schwester anonym ein paar Liebesbriefe an Péchu schreiben, die unter Bezug auf frühere Beziehungen zu einem Stelldichein luden. Beim dritten bekam Mme. Péchu, die die Briefe ihres Mannes öffnete, einen Herzschlag; und Péchu hängte sich bei ihrer Leiche auf.«[30]

Dieses Ereignis hatte den Erfahrungshorizont eines in Samt und Seide gekleideten Herrensohns überschritten und dessen Kinderjahre verabschiedet. Die bekannte Fotografie, auf der Harry um 1880 im Renaissancekostüm als kleiner Prinz posiert, täuscht über die Reife des mit sozialer Phantasie begabten, empathischen Jungen hinweg. Während die kommunistische Vergangenheit des Lehrers für die aus ebenfalls guten Häusern stammenden Klassenkameraden ein Grund mehr war, ihn zu quälen, sah Harry das Opfer politischer Verhältnisse und versuchte, »ihm beizustehen«.[31] Dies Verhalten fügt dem Bild des Dandys, das für Kessler, zumindest für die Zeit vor dem Weltkrieg, noch immer

Harry im Renaissancekostüm um 1880

in Umlauf ist, eine Facette hinzu. Bereits der Zwölfjährige hatte sich vorgestellt, wie der Lehrer »schmerzverzerrt und blutbespritzt im Massengrab«[32] gelegen hatte.

Mit dem Kummer, daß niemand seinen Vermittlungsversuch verstanden, geschweige denn begrüßt hatte, mußte der Friedensstifter allein fertig werden. Die Außenseiterrolle des »roten Grafen« scheint vorweggenommen, wenn die geliebte Mutter, anstatt auf das Verhalten ihres Sohnes stolz zu sein und ihm den Rücken zu stärken, dem kleinen Philanthropen »ernste Vorhaltungen wegen seines impulsiven Vorgehens machte«.[33] Selbst von der eigenen Familie konnte Harry für ein Engagement, das über Wohltätigkeit hinausging und einen ehemaligen Radikalen wie Péchu gegen die Übermacht der Verfolger zu schützten versuchte, keinen Beifall erwarten.

Péchus Selbstmord setzte eine Zäsur und trennte den Zwölfjährigen von der Pariser Atmosphäre, wo um die Mutter noch einmal »alles, was das achtzehnte und neunzehnte Jahrhundert an zarter erotischer Kultur geschaffen hatte, in letztem Abendglanze«[34] aufgeblüht war. Harrys Ausbildungsweg nahm einen anderen Verlauf. Denn ursprünglich war geplant, daß er noch zwei Jahre länger in Paris bleiben und mit vierzehn Jahren nach Hamburg gehen sollte, um dort wie sein Vater, der eigentlich Theologe werden wollte, das Johanneum, eine angesehene alte Gelehrtenschule, zu besuchen. Die plötzliche Umstellung traf hart und blieb nicht ohne Folgen. Der Tag des Abschieds von der Mutter, die ihn nach Ascot begleitet hatte, wurde ein »Schnitt«, der Kesslers Lebenszuversicht auf Dauer beeinträchtigte. Die frühe Trennung erzeugte ein Gefühl der Unsicherheit und verstärkte das ohnehin vorhandene Gefühl der Einsamkeit.

Als Harry in Bad Ems sein Tagebuch zu schreiben begann, war er erleichtert, nicht mehr in Paris in die Schule zu müssen; der Abschied von den Eltern stand jedoch bedrohlich am Horizont. Die Sommerferien waren ein letzter Aufschub. In Bad Ems war der Vater noch für ihn da. Schon bei der Anreise hatte Harry es genossen, allein mit ihm im Schlafwagen zu sein, während die Mutter mit der kleinen Schwester und zwei Kindermädchen in einem anderen Wagen schlief.

Adolf Wilhelm Kessler sorgte dafür, daß bei pädagogischen Maßnahmen sein eigenes Vergnügen nicht zu kurz kam. Gern nutzte er die Gelegenheit, mit dem Sohn etwas zu unternehmen, das beiden körperlich guttat. Dabei spielte das Wetter keine Rolle, und die Landschaft interessierte ihn wenig. Der enragierte Jäger eilte stets querfeldein, auch im Kurort gab es für ihn nur die Direttissima. Bei glühender Hitze kletterte er, zu Harrys Begeisterung, mit ihm schnurstracks auf den Malbergkopf, den höchsten Punkt der Gegend, der immerhin 250 Meter über Bad Ems liegt. Auch wenn Gewitter drohten, wurde zu den Sehenswürdigkeiten der Umgebung gewandert; lediglich vor dem Rückweg, ebenfalls zu Fuß, gab es eine Ruhepause bei einem Gläschen Wein und Schinkenbrot. Bei Fußtouren über Stock und Stein nahm der Vater Stürze in Kauf und fluchte nicht, wenn er sich fast das Bein dabei brach. Ihn trieb sportlicher Ehrgeiz; am Revers seines Anzugs war ein durch eine Schnur mit dem Knie verbundener Schrittzähler befestigt, der es erlaubte, die Fußleistung exakt zu messen.

Ganz selbstverständlich nahm der »sichere Schütze« den Zwölfjährigen zum Schießplatz mit, um gemeinsam zu üben. Da Kessler auch den »gewandten Fechter« erwähnt, liegt die Vermutung nahe, daß er vom ihm auch Tips für den Umgang mit dem Florett bekam. Rückschauend charakterisierte Kessler den überaktiven Mann verständnisinnig: »Die Bewegung als solche machte ihm Freude: auf Reisen, die für ihn eine Art Naturnotwendigkeit waren, beim Reiten, Gehen, ja beim Bergsteigen, wo er die Führer durch sein Tempo zum Erliegen brachte.«[35]

Der frischgebackene Diarist reihte nicht nur Tagesereignisse aneinander. Bereits der zweite Eintrag gibt ein Gesellschaftspanorama, das schriftstellerischen Ehrgeiz verrät. Die englische und französische Damenwelt läßt Harry im Windschatten des Vaters, der von puritanischen Anwandlungen nicht frei ist, Revue passieren: »Toilette seems not to be in the étiquette here, judging by this morning a more awfull profusion, diffusion, infusion and confusion of colours it is difficult to imagine. The Britishers especially excell in this art and their colours are put together as they might be on the dirty palette of an inexperienced painter. The sensation of having your teeth set on edge m u s t be very aggreeable in Ems, at least telling by the colours, for t h e y are certainly chosen to that purpose. The french also bring t h e i r contingent of paint by hoisting the colours of the emperor red, white, and black on their faces. The dresses are more awfull than the colours, the promenade is a crowd of dresses so short and light one might take them for underpetticoats or so long and loose you can mistake them for dressinggowns.«[36]

Es liegt nahe, in Harrys Verdammung eine altkluge Übernahme abschätziger Bemerkungen zu sehen, die der Vater auf dem Spaziergang machte. Um so erstaunlicher die Schlußbemerkung, welche die eigene Familie nicht verschont: »In coming to Ems we had 19 trunks and 18 parcels in the whole 37 things, Rien que ca!«.[37] »Trunks« ist mit Schrankkoffer zu übersetzen, und »parcels« waren Hutschachteln, deren ungeheures Volumen das Reisegepäck großer Damen unhandlich machten.

Bei der Ankunft des Kaisers, die Bad Ems immer in größte Aufregung versetzte, führte der frischgebackene Diarist zwei Tage später seine süffisante Gesellschaftsbeobachtung fort. Allen anderen zuvor wärmten sich die Eltern bei diesem Anlaß an der kaiserlichen Sonne. Mit der Begrüßung am Bahnhof durch das Ehepaar Kessler begann das Ritual des kaiserlichen Aufenthalts in Bad Ems. Auch die Ankunft des Bankiersehepaares meldeten die Tageszeitungen, die selbst eine Einladung Adolf Wilhelms zum kaiserlichen Abendbrot der Notiz würdig erachteten. 1877 hatte Wilhelm I. für Harrys Schwester Wilma die Patenschaft erbeten; seine Begegnungen mit dem Patenkind auf der Promenade sorgten für Gesprächsstoff unter den Kurgästen. Zu Harry war der Kaiser ebenfalls freundlich, aber der Junge reagierte stets befangen. Beim Besuch eines Gastein-Panoramas in Hamburg erinnerte er sich 1884: »In fact I have generally been unlucky with the Emperor.«[38]

Diesmal war er gar nicht aufgelegt, dem Kaiser erneut zu begegnen. Als sich die Eltern mit der kleinen Schwester zum Bahnhof aufmachen, begleitet er die Kindermädchen hinter das Spalier blumengeschmückter Schulkinder. Was er nun hörte und sah, verläuft wie ein Slapstick. Die Untertanenbegeisterung erscheint reichlich übertrieben. Ein alter Polizist prahlt mit seiner Kaiserähnlichkeit und macht sich durch Schieben und Stoßen bei der Menge unbeliebt. Den Kaiser selbst spart der Diarist nicht aus und zieht ihn als Zielscheibe von Blumengebinden ins Lächerliche.

Die Sommerferien dieses Jahres wurden im August und September nicht in der Schweiz, sondern in der Nähe von London auf dem Lande bei Tante Rose, der Schwester der Mutter, fortgesetzt, um Harry an das neue Schulmilieu zu akklimatisieren. Unwiderruflich ging es am 21. September, von der Mutter begleitet, nach Ascot. Die gerade gegründete Privatschule bestand aus einem Gebäudekomplex im viktorianischen Cottagestil.

Die St. George's School war ein ländliches, in einem Park gelegenes Internat, für Söhne aus der obersten Schicht des Landes bestimmt: »Von den vierzig zwischen acht und vierzehn Jahre alten Jungen waren zehn bis fünfzehn aus dem alteingesessenen Landadel, ein weiteres Drittel aus der reichen Bourgeoisie, der Rest aus bekannten Familien der englischen und schottischen Aristokratie.«[39]

Auch in Ascot hatte der deutsche Junge zunächst gegen Antipathien zu kämpfen; er wurde von den Mitschülern abgelehnt, gehänselt und körperlich angegriffen. Am Morgen nach der Ankunft trat ein Internatsschüler auf ihn zu und forderte ihn mit der Begründung, er sei ein unkultivierter Ausländer, zum Boxkampf auf. Harry nahm an und wurde umstandslos nach den Regeln der Kunst k.o. geschlagen. Nach dem Kampf wußte der Herausforderer die Tapferkeit und Fairneß des Gegners zu schätzen und reichte ihm die Hand.

Der heldenhafte Knockdown. hatte den Neuankömmling noch nicht ausreichend initiiert. Hänseleien und versteckte Fouls forderten zur Gegenwehr heraus. Am 27. November kommt es zu einem Gerangel, bei dem Harry unorthodox vorgeht, seinen Gegner anspringt, in den Schwitzkasten nimmt und ihn an Haaren und Ohren derart malträtiert, daß dieser in lautes Schmerzgeschrei ausbricht. Schließlich fürchtet er selbst: »If only my passion does not bring me to a bad end one day!«[40] Fünf Tage später steht sogar die Familienehre auf dem Spiel, als ein Mitschüler die Rundungen seiner Tante Rose, die Harry besucht hatte, beanstandet: »This morning I put down Uffington a peg, at breakfast. We were talking together, when Uffington says: ›Who was that blunderbuss, that fat female who came to see you.-. I never knew I had any blunderbusses or fat female in my family‹ I answer with the greatest calm. This only shewes too well how I and all my family are hated here by almost everybody.«[41]

In »Gesichter und Zeiten« erwähnt Kessler den Selbstmordversuch, den er aus Sehnsucht nach der Mutter und außer sich über den Verrat eines vermeintlichen Freundes unternahm. Daß der ausländische Junge bei Mrs. Kynnersley, der Frau des Internatsleiters, die sich sonst der Acht- bis Zehnjährigen annahm, Privatstunden in deutscher Literatur bekam und mit ihr Schillers »Wilhelm Tell« las, dürfte zusätzlichen Anlaß zu Hänseleien geboten und Mißtrauen an seiner Verschwiegenheit geschürt haben.

Im Unterricht standen Latein und Griechisch, die beide gesprochen wurden, im Vordergrund; es kam sogar zu einer Aufführung der »Wolken«, bei der Dreizehnjährige Aristophanes deklamierten. Englische Geschichte und Literatur wurden ebenfalls gründlich studiert. Biologieunterricht gab es im Freien: »Ein Teil des Parks, eine etwas felsige und abschüssige Schlucht, hieß die ›Wildnis‹. Sie diente dazu, seltene Pflanzen der einheimischen Flora und kleine Haustiere, wie Kaninchen, Eidechsen und Schildkröten, zu pflegen.«[42]

Erstaunlich war, wie viele Sportarten getrieben wurden und wie die Lehrer Unterricht in diesem Fach auffaßten. Körperliches Training vereinte Lehrer und Schüler und brachte eine Kameradschaft wie zwischen älteren und jüngeren »Mitgliedern eines Offizierskorps« hervor. Sport besaß Eigenwert und glich nicht nur die Anstrengung geistiger Konzentration aus: »Wir lernten Boxen und Fechten, das nationale Ballspiel Cricket, daneben Handball und sowohl Eton- wie auch Rugby-Fußball, aber wenig Turnen und nicht Tennis, das noch als weichlich galt. Auch Schwimmen im Teich in der ›Wildnis‹ war obligatorisch.«[43] Körperliche Nacktheit und moralische Aufrichtigkeit waren synonym. Noch Jahrzehnte später äußerte Kessler stolz, »daß ich in England auf der Schule bis zu meinem vierzehnten Lebensjahre nie weder eine Badehose noch eine Lüge gekannt habe. Wir badeten immer im Sommer alle gemeinschaftlich nackt, selbst am öffentlichen Strande in der Isle of Wight, und ich kann mich nicht erinnern, daß je einer log.«[44] Im Herbst ging es auf Schnitzeljagden, die »im Laufschritt oft fünfzehn Kilometer querfeldein führten«[45] und vor Dornendickicht oder Wasserläufen nicht haltmachten.

Da Harry gut sang, machte er bei den Chorknaben mit. Es war ein Hochgefühl, wenn er mit der übrigen Schar, weiß eingekleidet, vor den Lehrern, »die alle einen akademischen oder kirchlichen Grad hatten und je nach dessen Abstufungen verschiedenfarbige Talare trugen«,[46] in den Chor einzog. Die prunkvolle anglikanische Messe beeindruckte den Sohn eines reformierten Protestanten, der Gottesdienst mit dem Anhören der Predigt gleichsetzte. Sakraler Raum, Choreographie und Gesang brachten ein Gemeinschaftsgefühl hervor, glückliche Momente, die den einsamen Jungen trösteten und, unvergessen, Kesslers Vorstellung von der ursprünglichen Einheit von Kunst und Religion formten.

Die einzigen Freunde waren zunächst sein »Stubenkamerad Palk« – er zeigte Harry wenige Tage nach seiner Ankunft die frischen Peitschenstriemen, die er für ein kleines Vergehen erhalten hatte – und Roger Fry, der ihm die Regeln des Boxens erklärt hatte und anschließend den Part des Kampfrichters übernahm. Doch allmählich gelang es dem Ausländer, eine Clique zu bilden und »der starren Masse« eine »Opposition« gegenüberzustellen, »die sich langsam durchsetzte« und die »gegnerische Masse k.o.«[47] schlug.

Die Gründung der »St. George's Gazette« am 12. Juni 1881, vier Großquartseiten, die »an jedem Sonnabend pünktlich«[48] herauskamen, führte den Sieg herbei, der die Gruppe in den Mittelpunkt des Schullebens rückte. Innerhalb der Crew besaß Harry, der »schon in Paris eine kleine Presse besessen und darauf gesetzt und gedruckt«[49] hatte, den Vorsprung des Fachmannes. Er bestimmte Satzspiegel, Ränder und Format und setzte trotzig das deutsche Motto »Mit Gott allein« über seinen Entwurf der Schülerzeitung.

Schließlich hatte Harry sich in Ascot so eingelebt, daß es ihn wie ein Keulenschlag traf, als ihm am 27. Juli 1882 der Internatsleiter mitteilte, in wenigen Tagen habe er die Schule zu verlassen. Der Vater hatte an Mr. Kynnersley geschrieben, Harry solle nunmehr in Deutschland aufs Gymnasium gehen. Um den abrupten Abgang zu beschönigen, meldete die »St. George's Gazette« zwei Tage später: »Graf H. Kessler siedelt zum nächsten Semester auf das Gymnasium in Baden-Baden über, um sich für den deutschen diplomatischen Dienst vorzubereiten.«[50] Mit der in Wirklichkeit vorgesehenen neuen Station, dem bürgerlichen Johanneum in Hamburg, war in der Schulöffentlichkeit von Ascot kein Staat zu machen.

Die beiden Internatsjahre prägten die Persönlichkeit. Als Harry Ascot mit vierzehn Jahren verließ, wußte er, daß die Haltung des Gentleman für ihn die einzig mögliche war. Daß dieser vorbildliche Typus, wie er im Laufe der Zeit erkennen mußte, eine bestimmte Grenze nicht überschritt, war eine Beschränkung, die Kessler für seine Lebensführung nicht gelten ließ. Die für den Gentleman selbstverständliche Orientierung an den Interessen der Oberschicht gedachte er nicht zu teilen. So kurz die Zeit gewesen war, zählte er sie zwanzig Jahre später zu den »glücklichsten Erinnerungen«.[51]

Den Willen des Vaters zu erfüllen und in dessen Heimatstadt auf das traditionsreiche Johanneum zu gehen, wurde zur Last, die auch Gewöhnung nicht leichter machte. Vor dem Hintergrund des in einem Landschaftspark gelegenen englischen Internats verblassen Kesslers Hamburger Gymnasialjahre zu einer sechsjährigen Pflichtübung. Hier wurde »Bildung« im luftleeren Raum betrieben, eine wichtige Angelegenheit, die ihren Wert in sich selbst trug. Was die berühmte deutsche Gelehrtenschule zu bieten hatte, hielt der Absolvent nicht für erwähnenswert. Harry Graf Kessler erhielt in der Regel vorzügliche Noten, aber das Johanneum ist lediglich durch einige Lektürehinweise im Tagebuch präsent.

Der Vater hatte es sich nicht nehmen lassen, den Filius von Paris nach Hamburg zu begleiten. Seinen Mißmut über den Schulwechsel übertrug Harry nicht auf die Stadt. Hamburg gefiel ihm schon bei der Ankunft, als er in der Morgensonne von den Fenstern des »Hotel de l'Europe« auf die Alster blickte. Hier

Der Hamburger Gymnasiast um 1884

lebten zahlreiche Verwandte, die an den Wochenenden seinen Besuch erwarteten und ihm halfen, das triste Pfarrhaus, wo sein Vater ihn untergebracht hatte, ein wenig zu vergessen. Das Pfarrerehepaar Blümer hatte drei Söhne und zwei Töchter; mit ihnen lebte Harry wie mit Brüdern und Schwestern, »ziemlich einträchtig, aber auch ohne näheren Kontakt.«[52]

Das Einvernehmen mit dem pastoralen Hausherrn wurde allerdings durch eine väterliche Entscheidung zusätzlich erschwert. Sie zeugte davon, wie gering das Einfühlungsvermögen des weltgewandten Bankiers in die neuen Lebensumstände war, in die er seinen Sohn ohne weiteres versetzt hatte. Er hatte darauf bestanden, daß Harry den Konfirmationsunterricht nicht, wie es nahegelegen hätte, vom Hausherrn erhielt, sondern vom reformierten Pfarrer Spörri, mit dem die Hamburger Familienangehörigen in engem Kontakt standen. In einem empörten Brief hatte sich der lutherisch-orthodoxe Pfarrherr, der als Leiter des Hamburger Waisenhauses sehr angesehen war, dagegen verwahrt. Seine Sympathie für den piekfeinen »Haussohn« konnte dadurch nur weiter sinken.

Der Abstand zwischen der aristokratischen Hochburg in England und dem bürgerlichen Leben der Hansestadt war nicht zu überbrücken. Obwohl er gut Deutsch konnte, schrieb Harry sein Tagebuch weiter in Englisch. Durch englische Literatur und die alten Griechen, »wenn auch nur halb verstanden«,[53] versuchte er der Enge von Schule und Pfarrhaus zu entfliehen. Sein trotziges Beharren auf Ascot machte ihn überheblich. Besonders an seine ersten Hamburger Jahre dachte Kessler nicht gerne zurück. Es war ihm peinlich, wie er zu imponieren versucht hatte, als »kleiner Snob und Gernegroß, eitel, vergnügungssüchtig und selbstgefällig«, der nach der neuesten Mode gekleidet war und es angenehm gefunden hatte, wenn er »in kleinbürgerlichen Kreisen als Graf«[54] gefeiert wurde.

Merkwürdigerweise taten Harrys englische Sympathien seinem deutschen Patriotismus keinen Abbruch. Wenn »Gesichter und Zeiten« von schwerem innerem Kampf zwischen »englischer Prägung« und »deutschem Blut«, in dem allmählich »das Deutschtum siegte«,[55] berichten, ist davon in den Tagebüchern nichts zu bemerken. An der Einstellung des Gymnasiasten lassen sie nicht den geringsten Zweifel: Jede deutsche Erwerbung in Afrika wird mit Befriedigung verzeichnet, kein einziges Mal ergreift er für die englische Regierung gegen das Deutsche Reich Partei.

Allerdings verhinderte nicht zuletzt die englische Sprache, in der er Tagebuch schrieb, jene Einkehr ins »Deutschtum«, an die Kessler sich in seiner Hamburger Zeit zu erinnern glaubte. »Rembrandt als Erzieher«, Julius Langbehns aufsehenerregende Streitschrift, die innerhalb von zwei Jahren neununddreißig Auflagen erreichte und den deutschen kulturellen Sonderweg inaugurierte, erschien erst 1890. Sie rief die Deutschen auf, sich vom Bombast der Gründerzeitkultur abzuwenden und wieder bescheiden wie die Vorväter auf Talmi-Glanz zu verzichten. In seinen Hamburger Jahren waren Kessler die sublimen Werte deutscher Eigenart und Innerlichkeit noch gänzlich unbekannt. Der Verdacht liegt nahe, daß der »rote Graf« sich in »Gesichter und Zeiten«, 1935 bei S. Fischer erschienen, eine deutschtümelnde Entwicklung zulegte, die seinen Erinnerungen im nationalsozialistischen Deutschland die Aufnahme zu erleichtern versprach.

Der Unterricht am Johanneum, der auf Beherrschung des Formalen abzielte, forderte die intelligenteren Schüler zu eigenen Studien heraus. Im Mai 1884 stieg Kessler aus eigenem Antrieb mit dem »Werther« in die deutsche Literatur, die ihm fast unbekannt war, ein. Es beeindruckt, wie abgeklärt der sechzehnjährige Gentleman über Goethes Selbstmörderroman urteilt: »Read Göthes Werther. Found it very middlingly interesting and very exaggerated, but can quite understand how it created the great sensation it did create.«[56] Bei seinem Schulfreund Georg

Melchior muß sich der Novize über die Lektüre ziemlich entsetzt geäußert haben. Denn schon am nächsten Tag befolgte er dessen Rat, es einmal mit »Wilhelm Meister« zu versuchen. Kesslers hohes Lob, kaum daß er den Anfang gelesen hatte, klingt wie eine Erlösung: »It pleases me exceedingly. I never liked anything German better. It is interesting and lively and not so oversentimental as Werther.«[57] Während ihm Schiller durch Schullektüre verleidet war, verspürte er bei »Wilhelm Meister« eine erste Ahnung von der deutschen klassischen Literatur.

Ein kleiner Kreis von Gymnasiasten half, sein Nachholbedürfnis zu stillen, und öffnete den Zugang zur deutschen Kultur, der ihn aus der Isolierung des Pfarrhauses hinausführte. Im »Wissenschaftlichen Verein von 1817«, der alle acht bis vierzehn Tage in unterschiedlichen Elternhäusern tagte, herrschte eine weltbürgerliche, geistige Atmosphäre, welche die schulische Parole »Deutsch sein heißt eine Sache um ihrer selbst willen tun« hinter sich ließ.

Daß der junge Kessler im Kreise Gleichaltriger »vom Goetherausch«[58] erfaßt wurde, war keine autobiographische Fiktion. Die Sedan-Feiern und ähnliche Veranstaltungen, welche das Reich und ihre Begründer bejubelten, genügten bildungsbürgerlichen Kreisen nicht mehr; man besann sich auf Goethe, um auf einem anderen Altar zu opfern als dem des Reichsgründers und seines hohen Herrn. Für diese Zirkel, zu denen auch regierende Häuser im In- und Ausland zählten, war die Gründung der Goethe-Gesellschaft 1885 ein Zeichen, daß es für das Kaiserreich ein angemessenes kulturelles Profil anzustreben galt.

Auf einem anderen Blatt steht Kesslers Erinnerung, er sei zu dieser Zeit auch Hölderlin und den Dichtern der deutschen Romantik, Novalis und Clemens Brentano, verfallen gewesen. Hölderlin und die beiden Romantiker, die Kessler »wie in einem geheimen Zaubergarten, mit tiefem Entzücken allein« entdeckt haben will, waren so unbekannt, daß ihre Werke selbst in bescheidener Auswahl nicht gedruckt wurden. Das kulturelle Manko der Gründerzeit hat er selbst im März 1895 nüchtern benannt: »Wir selbst und auch die Fremden hatten unsere Augen mit zuviel Aufmerksamkeit auf die deutsche Politik gerichtet um für eine aesthetische Betrachtung der deutschen Kunst noch Zeit und Geschmack übrig zu haben. Das Wiedererwachen des Interesses hieran in weiteren Kreisen fällt daher auch mit Bismarcks Sturz zusammmen. Die Modernen haben davon den Vorteil gehabt. Rembrandt als Erzieher war das erste Symptom.« [59]

Als Kessler 1896 zum ersten Mal Novalis las, war er überrascht, aber trotz glänzender und tiefer Gedanken enttäuschte ihn schließlich die »Lebensleere«.[60] Erst Ricarda Huch hatte diese Zeit wieder entdeckt und 1899 mit ihrem aufsehenerregenden Werk »Blütenträume der Romantik« den Erneuerungswillen unter der Jugend bestärkt.

Fiktiv ist auch die Wirkung, die Bachs Matthäus-Passion »Ostern 1883 oder 1884« beim ersten Hören auslöste, als der »kleine Snob« »tränenüberströmt, wie wenn alles in mir aufgebrochen und Schmerz geworden wäre, was in den Tiefen meines Blutes vor mir selbst verborgen schlummerte«, nach Hause eilte, »um sich zu verstecken«.[61] Dieses Erweckungserlebnis entspricht eher dem Bach-Bild, das nach der Katastrophe des Weltkriegs aufgekommen war. Aber erst 1886 hat Kessler die Matthäus-Passion in einer Hamburger Kirche erstmals gehört. Was ist aber von der Erschütterung zu halten, die zur »Quelle eines deutschen Fühlens« wurde, wenn es zwei Tage später über eine Aufführung von Joseph Haydns »Schöpfung« heißt: »In the evening went to the Creation of Bach in the Stadttheater.«[62]

Erst das dritte monumentale Musikwerk in der Osterwoche 1886 faszinierte ihn. Im Stadttheater, das zu den ersten deutschen Bühnen zählte, wurde »Parsifal« aufgeführt, das »Bühnenweihfestspiel«, das Richard Wagner dem Bayreuther Haus vorbehalten hatte. Da es in Hamburg jedoch im Mai 1883 zum Gedenken an den im Februar verstorbenen Meister einen Zyklus von neun Wagner-Opern gegeben hatte, war dies für Wagners Witwe Cosima Grund genug, der auswärtigen Aufführung des »Schwanengesangs« zuzustimmen. Der Eindruck war überwältigend: »Magnificent music, especially the Communion scene and the Good Fridays miracle are very superb. I do not think I have ever heard anything so majestically grand as the Communion scene, with the bells clanging, the impressive choruses of the knights and the sweet choruses of the boys behind the scenes. I was so excited by the music that I could not get to sleep tonight till very late.«[63]

Die Begeisterung war kein Strohfeuer. Drei Jahre später, als er mit seiner Mutter Bayreuth besuchte, wurde der erste Eindruck noch übertroffen: »No words can describe my sensations; it far, far surpassed my expectations.«[64] 1897 brüskierte er nach einer Aufführung in Bayreuth Freunde, die »zum innersten, esoterischen Kreis« gehörten, als er bemerkte, Klingsor sei ein Kastrat. Die unbeabsichtigte Provokation brachte die prüde Atmosphäre in der Wagner-Gemeinde zum Vorschein, an welcher der Meister selbst nicht unschuldig gewesen sei: »Keiner wußte auch nur, daß Klingsor Kastrat ist. Das wirft auf die Wagnerverehrer ein eigentümliches Licht, aber auch auf Wagner, dass man ihn leidenschaftlich geniessen kann ohne ihn zu verstehen. Die Gründe sind allerdings nicht schwer zu finden; sie liegen in der Wirkung auf das Geschlechtsleben. Im Grunde genommen war es aber bei Nietzsche ein Rest von Philistrosität, von Nicht Hinausgekommensein über Gut und Böse, dass er Wagnern Dieses v o r w a r f ; warum sollten nach dem amoralischen Standpunkt diese Wirkungen weniger edel sein als andere?«[65] Auch wenn er kein Wagnerianer wurde, gipfelte die Oper für Kessler in »Parsifal«. Als er das »Wundernetz von Klängen« Pfingsten 1920, wiederum im Hamburger Stadttheater, hörte, war er trotz der Katastrophe des Weltkriegs »von Neuem erstaunt, ergriffen und wie bezaubert durch die unerhörte von jeder Beimischung befreite Geistigkeit und Sinnlichkeit dieser Musik«.[66]

Es fällt auf, daß bildende Kunst für Kessler in Hamburg noch nicht existierte. Wie bei seiner reichen Verwandtschaft in der Hansestadt waren Bilder und Skulpturen auch für ihn lediglich Teil der Inneneinrichtung. Der protestantischen Tradition mehr oder weniger bewußt folgend, dachte man über Plastik und Malerei nicht so ernsthaft nach wie über Musik oder Literatur.

Wenn Kessler in »Gesichter und Zeiten« seinen Wechsel in die norddeutsche Hansestadt ein »lebensgefährliches Experiment«[67] nannte, war dies nicht übertrieben. Sosehr Lektüre, Theater und literarische Debatten für Ablenkung sorgten, überkamen den einsamen Millionärssohn Ängste über die eigene Zukunft und die seiner Familie. In Hamburg begann er mitunter Blut zu spucken; ein medizinisch erfahrener Freund mahnte ernsthaft, er müsse mit seiner Brust vorsichtig sein. Die Lungenerkrankung, die im Juli 1925 ausbrach und seine letzten Jahre überschattete, meldete sich schon beim Gymnasiasten und zwang ihn, das Bett zu hüten. Seine Krankheitszustände sind ein wichtiges Thema der Hamburger Tagebücher, vor allem deshalb, weil er sich der Familie gegenüber zur Diskretion verpflichtet fühlte und nur auf diese Weise sein Herz erleichtern konnte.

Mehr als um sich bangte er um die Seinen in Paris, die kleine Schwester Wilma erkrankte oft gefährlich. Eine zärtliche Bekümmernis durchzieht seine Empfindungen für das schutzbedürftige, neun Jahre jüngere Mädchen. Der sorgenvolle Eintrag vom 20. Mai 1885 ist einer von vielen; er gibt zugleich einen Hinweis auf die Erkrankung des Vaters, der an Zungenkrebs litt: »Gee has been very, very ill so that the doctors had almost given her up but according to a letter from Papa to aunt Lulu she has been a little better. I am almost well again, Papas tongue is still bad Mamma very exhausted. I start evey time the bell goes for

Wilma, die kleine Schwester, um 1884

fear of a telegramm or a letter with bad news. I never till now thought one could expect a letter so longingly and yet with such trembling as I do. This incertainty is really dreadful. I really tremble ever to be without a book or something to occupy me for fear of the dreadful, dreadful thoughts that arise. I wish for company and when I have it I do not like to talk.«

Meldungen über Seuchen, die in den achtziger Jahren in den großen Städten Europas grassierten, verstärkten die akute Besorgnis. Pest- und Choleraepidemien forderten zahlreiche Opfer; selbst ein Beobachter ohne hypochondrische Anwandlungen konnte das Schlimmste befürchten. Was die lokalen Verhältnisse im November 1886 anging, wo »im alten Stadtteil zwischen Johanneum und Holstentor die Pest«[68] ausgebrochen war, begrüßte Kessler nicht allein die polizeiliche Absperrung von Hamburg. Er benannte auch die Lebensbedingungen in den Höfen an der Steinstraße in Altona, wo die Seuche ihren Anfang genommen hatte. Die zu erwartende hohe Sterblichkeit führte er auf Unterernährung zurück, schon im Winter zuvor hatten Familien in diesem Teil der Stadt über Wochen von Kartoffelschalen gelebt.

Sein Blick auf »these tiny, badly ventilated and quite sunless holes«, wo »five or six people live together«,[69] war jedoch weit entfernt von sozialdemokratischer Sympathie. Obwohl Hamburg nach dem Königreich Sachsen deren zweite Hochburg war, kommen Sozialdemokraten im Tagebuch dieser Jahre nicht vor, nicht einmal August Bebel, der seit 1884 dort sein Reichstagsmandat gewann, wird erwähnt. Für den Diaristen war der Seuchenausbruch ein »fait social total«, das der Gesellschaft ihr Urteil sprach.

Auch Nachrichten über soziale Unruhen außerhalb Deutschlands alarmierten den Gymnasiasten. Zeitungsartikel nahm er für bare Münze, so daß ihn am nächsten Tag der scheinbar abrupte Wechsel der Dinge überraschte. Zur Remedur wünschte Harry mitunter Militäreinsatz, wobei er im vorhinein mangelnde Einsatzfreude beklagte. Belgische Arbeiterunruhen erschienen als bedrohliche Vorboten der allgemeinen sozialen Revolution, die rücksichtslos zerstört: »Etwa 20 000 Streikende sind anscheinend mehr oder weniger Herren des Landes. Allein gestern wurden fünf Schlösser, zwei Nonnenklöster und acht Fabriken zerstört. Die Armee ist unfähig, das einzige, was sie kann, ist hier und da zwei oder drei Streikende zu töten und dies erbittert die übrigen umso mehr. Die Reserven wurden angefordert. Aber nachdem was ich von den windelweichen belgischen Soldaten gesehen habe, kann ich mir nicht vorstellen, daß sie viel Gutes bewirken. Ein befähigter Obmann, der die Streikenden vereinigt, zusammen mit Unruhen in England, Nordamerika, Belgien und Décazeville und die Gärung in allen Ländern ergeben, glaube ich, eine reelle Chance für eine baldige soziale Revolution. Wehe den Besiegten.«[70]

Englische Parlamentsdebatten und Regierungskrisen interessierten den jungen Zeitungsleser nach wie vor. Die »Home-Rule«-Frage hatte ihn in Ascot zu seiner ersten politischen Stellungnahme bewogen, als er »mit knabenhafter Leidenschaft«[71] das Manifest an den Führer der Konservativen, Marquis von Salisbury, unterschrieb. Noch in Hamburg zweifelte der politische Beobachter nicht daran, der Schaden für die Konsistenz Großbritanniens wäre nicht abzusehen, wenn Irland eine relative Selbständigkeit durch »Home-Rule« erhielte.

Seit Mitte der achtziger Jahre bedrückte ihn vor allem die politische Lage in Paris, wo keine starke Regierung in Sicht war. Nachdem Georges Boulanger im Mai 1887 vom Kriegsministerium zurückgetreten war und seine lautstarke, revanchistische Massenbewegung das Klima anheizte, sah Kessler dort ein »mob-government« die Macht antreten, das seine Eltern im Haus am Cours La Reine nicht mit Samthandschuhen anfassen würde.

Die exponierte Stellung des Kesslerschen Salons, in dem der deutsche Botschafter und seine Attachés ein und aus gingen und der noch dazu als Treffpunkt der »élite du high-life étranger à Paris« das Mißtrauen französischer Nationalisten erregte, bot Anlaß für die düstere Perspektive. Vater Kessler hatte im Juni 1887 bei einem Besuch in Hamburg erzählt, wie bedrohlich es in den letzten Wochen zugegangen war: »They have had a very unpleasant time of it in Paris; at one time there was a rumour of a plot to massacre all the Germans. Boulanger told Papa that everybody who went in and out at 30 Cours la Reine was noted down.«[72]

Es war die Zeit der anarchistischen Bombenattentate in Europa. In Paris mußten deutsche Staatsbürger und deren vermeintliche Sympathisanten auf einiges gefaßt sein. Im Mai 1887 war es nur dem Eingreifen des Dirigenten Charles Lamoureux zu verdanken, daß ein Brandanschlag in der Großen Oper bei einer »Lohengrin«-Aufführung verhindert wurde. Für die Aufführung, die im letzten Moment abgesagt wurde, hatten Kesslers Eltern eine Loge gemietet. Mit Entsetzen stellte er sich vor: »Um ein Haar hätte die Lohengrin-Affäre ein schreckliches Ende genommen. Zehn Bühnenarbeiter waren dazu angestiftet das Haus während der zweiten Aufführung in Flammen zu setzen und der wütende Mob draußen sollte die unglücklichen Opfer, die herausliefen, mit Steinen bewerfen.«[73]

In diesem Jahr warf die Affäre ihre Schatten voraus, bei der namhafte Pariser Zeitungen Alice von Kessler im April 1890 als Boulangers Geliebte in Verruf brachten. Mit dem General, der Frankreich zu einem Krieg gegen Deutschland zu mobilisieren versuchte, standen die Kesslers in engerem Kontakt, als Alice von Kessler einräumte: »Am folgenden Tag machte er mir seine Aufwartung, und dieser Besuch vertiefte meine Eindrücke vom vorigen Abend. Ohne jeden Zweifel war dieser hübsche Mann ein Schürzenjäger, eine hohle Nuß, ein falscher Messias! Ich benahm mich ihm gegenüber so kühl und abweisend, indem ich ihm sagte, ich sei wie Sardous ›Madame Benoiton‹ ›nie zu Hause‹, daß er zu meiner großen Genugtuung nicht wiederkam.«[74] Treffen von Exponenten verfeindeter Staaten gehörten auch damals zum politischen Alltag. Allein das vertrauliche Gespräch, in dem Vater Kessler erfuhr, daß man sein Haus am Cours la Reine polizeilich observierte, verweist zumindest auf Boulangers Mitteilungsbedürfnis. Bei dieser Gelegenheit hatte der General auch offenbart, wie stolz er auf seinen provokatorischen Auftritt als Kriegsminister beim Empfang der Deutschen Botschaft gewesen war. Boulangers Annäherungsversuche erhöhten das Prestige des Kesslerschen Salons, wurden aber auch von anderer Seite mißtrauisch verfolgt. Im Verlauf des Jahres 1887 hatte Alice von Kessler bereits so viele anonyme Briefe erhalten, die sich mit ihrem Verhältnis zum General beschäftigten, daß ihr – wie sie im August ihrem Sohn gestand – schlecht wurde, wenn sie nur an die Menge unangenehmer Post dachte, die sie jeden Morgen in Paris erwartete.

Es war nur eine Frage der Zeit, wann die liberalen Gegner in der Regierung, die Boulanger mit seiner Revanchepolitik in die Enge trieb, ihre Chance nutzten, den Deutschenhasser durch eine Liaison mit einer Dame aus dem Umkreis der Deutschen Botschaft zu diskreditieren. Als 1890 die Wahlen für den Pariser Gemeinderat nahten und zu einem Triumph für den General zu werden drohten, obwohl dieser wegen einer Anklage auf Hochverrat geflohen war und sich in London aufhielt, veröffentlichte »Le parti National« Ende April einen ungezeichneten Artikel, der Boulanger beschuldigte, militärische Geheimnisse an »une dame de Kessler«, deren Salon er eifrig besucht habe, weitergegeben zu haben. Sämtliche Pariser Zeitungen beschäftigten sich mit dem Fall, druckten Alice von Kesslers Gegendarstellung auf den Titelseiten oder traten an die Seite des »Parti National«. Das Blatt hatte die Gegendarstellung verweigert und forderte das deutsche Bankiersehepaar höhnisch auf, gerichtlich dagegen vorzugehen.

Als die Pressekampagne über das Elternhaus hereinbrach, war Kessler in Paris, erlebte, wie die Rechtsanwälte, die sich um Richtigstellung bemühten, ein und aus gingen, und sah die besorgten Gesichter von Angehörigen, die ihre Hilfe anboten. Mit Freunden der Familie fahndete er fieberhaft nach dem anonymen Urheber, um ihn zum Duell zu fordern. Er versuchte Haltung zu bewahren und so gut es ging, seine Lektüre der Vorsokratiker fortzusetzen, aber die Zeitungspublizität, die den Namen der Mutter mit dem für amouröse Abenteuer berüchtigten Mann in Verbindung brachte, löste einen depressiven Schub aus: »It is lucky I can still sometimes forget everything in study, for the last fortnight has all but broken me; I often feel as if I could never be happy again; what I have gone through, the agony, the torture I have endured passes discription; I have often sat for hours powerless to move, as if every nerve, every muscle had been crushed, without the force even to despair.«[75]

Nach dem Selbstmord des Pariser Hilfslehrers und dem Suizidversuch in Ascot war dies der dritte psychisch gravierende Einbruch. Als der Schock über die seiner Mutter angedichtete Affäre im Frühling 1890 den Schlußpunkt der Jugendjahre setzte, war Kessler zweiundzwanzig Jahre alt.

Im September 1888 hatte er das Abitur am Johanneum als Bester in seiner Klasse abgeschlossen. Weil ihn der Vater am liebsten bereits nach dem Einjährigen in eine Bank geschickt hätte, war für ihn auf Universitäten keine Zeit zu verlieren. Im November 1888 begann er in Bonn, dem Paradies preußischer Couleur-Studenten, Jura zu studieren. Nach genau drei Jahren beendete der gehorsame Sohn im November 1891 in Leipzig sein Studium, obwohl er auch ausgiebig Vorlesungen der Kapazitäten anderer Fächer besucht hatte.

Das Studium verlief nicht so eintönig wie die Jahre auf dem

Gymnasium, aber intellektuelle Abenteuer blieben auch jetzt aus. An der rheinischen Universität wurde ihm durch den Altphilologen Hermann Usener und den Archäologen Reinhard Kekulé die Antike lebendig; ihre anregenden Vorlesungen wischten den Staub fort, den das Johanneum über die Alten gelegt hatte. In Leipzig interessierte ihn vor allem Anton Springer, ein alter 48er aus Prag, der seine politische Leidenschaft auf die positivistische Darlegung der Kunstgeschichte übertragen hatte; auch hörte er dort ausdauernd Wilhelm Wundt, den Vater der experimentellen Psychologie, der Kessler gegen den Einfluß der Psychoanalyse immunisierte.

Die drei Universitätsjahre brachten ihn vor allem mit der Elite des preußischen und sächsischen Adels, meist Jahrgangs- und Studiengenossen, in Berührung. Kessler lernte die Menschen kennen, auf die er in Zukunft rechnen konnte. Bei den Bonner Borussen war er nur ein Konkneipant gewesen, weil der Vater es ihm strikt untersagt hatte, dem mensurfreudigen Orden der preußischen Aristokratie, der dort ihren Nachwuchs für Staat und Verwaltung formte, beizutreten. Kaum in Leipzig angelangt, hatte er den Chef der Canitzer, ein Kreis junger Adeliger an der Universität, aufgesucht und um Aufnahme gebeten. Die Canitzer trugen keine Farben und fochten keine »Bestimmungsmensuren«,[76] lehnten aber Duelle nicht grundsätzlich ab; bei ihren Kneipen standen auch Vorträge und Diskussionen auf dem Programm. Nicht von ungefähr nannte sich die moderate Verbindung nach dem Wirt, in dessen Lokal sie tagte.

In der sächsischen Handelsmetropole genoß Kessler das Wohlwollen der Prinzen Hans und Max von Sachsen, die dort zu studieren begannen und ihn um Rat für alle Lebenslagen angingen. Die Canitzer Lothar von Spitzemberg und Gustav Richter, auch Musch genannt, sollten ihn bald in die Berliner Salons einführen, wo der interessante junge Mann trotz des neuen Reichtums seiner Eltern und des allzu frischen Adelsprädikats gern gesehen wurde. Auch das distanzierte, gleichwohl produktive Verhältnis zu Eberhard von Bodenhausen ging auf die Studienzeit in Bonn und Leipzig zurück.

Vor dem militärischen Dienstjahr als Einjährigfreiwilliger, das nun zu absolvieren war, schien es angebracht, noch einmal durchzuatmen. Als die Eltern Anfang Oktober 1891 in Paris Silberhochzeit feierten, war der Vater überraschend schnell mit einer langen Weltreise einverstanden gewesen, die Perspektiven eröffnete und half, die reglementierten Gymnasial- und Studienjahre hinter sich zu lassen.

ZWEITES KAPITEL

Eine Weltreise im Jahr 1892

Mit leidenschaftlichen Ausführungen über Schweinefleisch und Trichinose, die der amerikanische Botschafter in Brüssel auf der Eisenbahn seinem erstaunten europäischen Gegenüber zumutete, begann die große Tour, die Kessler seit den mütterlichen Erzählungen über ihr koloniales Kinderparadies am Strand von Bombay vor Augen gewesen sein muß. Das kostspielige Unternehmen schien ihm als Ausgleich für den zügigen Studienabschluß angemessen, aber er versprach sich davon mehr als touristische Eindrücke, wie sie sein voluminöses, sorgfältig geführtes Fotoalbum »Reise um die Welt« dokumentiert. Er glaubt, sich mit einem ersten praktischen Schritt der Rolle zu nähern, die er als sachkundiger Berater im Zentrum der deutschen Außenpolitik spielen will.

Gegen seine Gewohnheit, den Filius kurzzuhalten, hatte Adolf Wilhelm Kessler dessen nach einer Theatervorstellung geäußertem Plan einer Weltreise, die »über Aegypten, Indien, Indochina, Java nach Australien, dann Neu-Seeland und Nordamerika«[1] gehen sollte, sofort zugestimmt. Mit Harrys Aufenthalt in New York verknüpfte er ganz eigene Erwartungen. Die zunächst in Aussicht genommene Route, von den Pyramiden durch den rätselhaften indischen Subkontinent in die Neue Welt, erwies sich als unpraktisch. Nordamerika, das den Schluß bilden sollte, machte nun den Anfang.

Es ist der zweite Weihnachtstag 1891. Nach dem Abschied von Mutter und Schwester ist Kessler auf der Gare St. Lazare um

11 Uhr vormittags in den Train Transatlantique nach Le Havre eingestiegen. Im Kupee streift sein Blick über die Mitreisenden. Die einzige Frau, eine alte Dame, ist »Vorsteherin einer Frauen-Universität in Virginien«,[2] eine Vorbotin weiblicher Emanzipation in Nordamerika, die für sein Verständnis der Geschlechterrollen neue Maßstäbe setzen wird. Ein Grieche mit einem langen, ungepflegten Vollbart und ein dünner, sehniger Amerikaner sind in ihrer Art so typisch, daß sie wenig neugierig machen; anders dagegen der Franzose mit Zylinder und kariertem Seidenhalstuch als einzigem Gepäck.

Mr. Edwin Terrell sitzt ihm gegenüber. Der »amerikanische Talleyrand«[3] aus Texas ist stolz auf San Antonio, »eine der schönsten Städte Amerikas«, deren Bevölkerung sich zu seinen Lebzeiten verdreifacht hat. Die »society« dort hält er für »elegant«, weil die größte Garnison der Vereinigten Staaten in der Stadt stationiert ist. Wenn nicht auf diplomatischer Mission, reist er zweimal im Jahr mit seiner Familie zum Vergnügen von San Antonio nach New York, »eine Entfernung wie die von London nach Constantinopel«. Mr. Terrell ist überzeugt, daß die Welt besser wird, wenn sich der amerikanische way of live durchsetzt. Dann werde Schweinefleisch, wie in Amerika üblich, nur gekocht verzehrt. Wer Ungekochtes esse, sei »kaum noch ein Mensch« und bekomme zu Recht Trichinen. Der businessman-diplomat ist wegen amerikanisch-belgischer Handelsverträge unterwegs nach Washington. Sein Lokalpatriotismus und die festen Überzeugungen geben Kessler einen Vorgeschmack der politischen Kultur, die er als Schattenseite im pulsierenden Leben der »Neuen Welt« empfinden wird.

Es lag nicht am hemdsärmeligen Umgangston, wenn dieser Vertreter der Neuen Welt den erwartungsvollen Neuling ernüchterte. Der Adelsstolz seiner Mutter hatte auf ihn nicht abgefärbt, er besaß vielmehr eine »Vorliebe für selfmade men, in der Industrie sowohl wie in der Literatur, Politik etc.; sie sind die einzigen, von denen man weiss, dass sie ihre Stellung wirklich mit Recht innehaben, dass sie wirklich ein bestimmtes Quantum Kraft repraesentieren«.[4] Dies resümiert am 2. Januar auf See die Unterhaltung mit einem neureichen amerikanischen Fabrikanten, der gern über sich, seine Kämpfe und Entbehrungen gesprochen und gleichwohl ein erstaunliches Verständnis für »Reform der Erbschaftssteuer, Sozialismus etc.« gezeigt hatte. Der Spaziergang durch Le Havre und die Besichtigung von Notre Dame waren wenig bemerkenswert gewesen. Erst als der Reisende auf Deck der »Normandie« erlebt, wie »der Lichtstreifen der die Küste bedeutete in Nacht verschwand und wir in wehmütig-grossartiger, tiefer Einsamkeit allein waren auf dem dunklen, rauschenden Meer; über uns die Sterne, die durch Nebel leuchten«,[5] beginnt endlich die große Tour. Die Nacht auf See lockert die Gefühlskontrolle des Gentleman. Wenn Kessler, anstatt zu beobachten, sich dem anströmenden Gefühl überläßt, wird er leicht Opfer literarischer Klischees. So fährt er anspruchsvoll metaphorisch und auch etwas kitschig fort: »Heute Nacht hat sich der Himmel geklärt; über die wogenden, schwarzen Wassermassen strahlen weithin in stillem Glanze die Sterne, und sie sind es, die in dieser wilden Einsamkeit dem Herzen am nächsten stehen, die als das Göttliche, Erlösende erscheinen, während die dunklen Wellen mit ihrer stürmischen Gewalt wie Mächte der Finsternis das Schiff umrauschen.«[6]

Erfrischend wirkt es dagegen, wenn er am Neujahrstag konstatiert: »Das Leben an Bord immer ziemlich das Gleiche. Etwas Abwechselung bringt eine kleine Komödie hinein, in der ich die Rolle des Joseph und eine alte, abgedankte Cocotte die Rolle von Potiphars Frau spielt.«[7] Wenn es zwei Tage später heißt, »die Verfolgungen meiner Frau in Rot dauern fort«,[8] ist der Erfahrungshintergrund zu ahnen, der ihn zwanzig Jahre später das Szenario der »Josephslegende« in einem Zuge niederschreiben läßt.

Auch das Kurzprotokoll der Arbeitsbedingungen im Maschinenraum der neuen Ozeandampfer hat nichts vom falschen »Glanz der Sterne« und den angeblichen »Mächten der Finsternis«, vor denen sich der Passagier der Luxusklasse sicher fühlt. Nach einem Gespräch mit dem Schiffskommissar über einen Heizerstreik auf der »City of New York«, das bei einem Champagnerdiner geführt wurde, berichtet Kessler unterkühlt wie ein englischer Fabrikinspektor: »Auf ihrer ersten Reise sind sechs an Hitzschlag gestorben, während ihrer Schicht werden sie in den Maschinenraum eingeschlossen. Auf den Schiffen der Ostasiatischen Linie müssen sie, während sie Kohlen einfüllen, mit kaltem Wasser begossen werden; im roten Meer steigt die Temperatur im Maschinenraum bis auf 60 Grad. Auf manchen Schiffen, namentlich Cargoboats, haben die Maschinisten 14 Stunden Dienst täglich. Ihr Lohn beträgt monatlich 90 francs, also täglich ca 2,40 Mark!«[9] Durch Untersuchungen über die Invalidenversicherung, die er in seiner Bonner Studienzeit im Auftrag des dortigen Professors für Nationalökonomie durchgeführt hatte, war Kessler ziemlich früh »von einer sentimentalen zu einer realistischen Betrachtung der sozialen Frage«[10] gelangt.

Auf der Reise lassen Kessler seine Versuche, Naturerlebnisse literarisch zu bewältigen, lange nicht los. Erst ein halbes Jahr später wird ihm bei einem Sonnenuntergang an der malaysischen Küste bewußt: »Warum kann ich was ich bei einem solchen Schauspiel empfinde nicht in Worte fassen. Ich fühle oft als sei ich ein blinder Maler oder ein händeloser Klavierspieler. Enfin, wenn man's nur selber empfindet!«[11]

Da war nichts zu machen: Überwältigende Naturerlebnisse lassen den Schreiber fast immer in einen Ton fallen, den er schriftstellerisch nicht beherrscht. Die »Notizen über Mexiko«, sein erstes Buch, das 1898 erschien, sind vor allem deshalb eine so schwer erträgliche Lektüre.

Doch nicht das Außergewöhnliche reizte diesen Weltreisenden. Er flüchtete auch nicht vor der westlichen Zivilisation wie Paul Gauguin, der im Jahr zuvor, um archaische Lebensformen zu finden, zum ersten Mal nach Tahiti gefahren war. Sein Interesse, soweit es nicht von Naturpanoramen wie dem Niagara-Fall oder dem Hochland von Darjeeling in Anspruch genommen wurde, richtete sich auf die erhabene Architektur alter Kulturen. Ihre Monumentalität hatte im Kontrast zum Klassizismus und Neobarock des 19. Jahrhunderts urwüchsige Machtdemonstration und künstlerischen Gestaltungswillen restlos zur Deckung gebracht. Die stummen Zeugen großer Vergangenheit luden ihn zu langer, einsamer Zwiesprache ein. Das koloniale Völkergewimmel kam gegen die ehrwürdigen Denkmäler nicht an. Kesslers ethnologisches Interesse war gering und richtete sich allenfalls auf exotische Kleidung, bei der den Ästheten die Vielfalt der Farben faszinierte. Abgesehen von den USA kümmerten ihn außereuropäische Mentalitäten kaum. Wenn hier und dort entsprechende Bemerkungen fallen, stimmen sie mit dem Zeitgeist überein. In den »Notizen über Mexiko« liefert das träge, durch das tropische Klima bedingte Nervensystem der Indios die Universalerklärung für die erbärmlichen Zustände des Landes. Die aktuelle Konzentration von Landbesitz zugunsten einer schmalen Schicht von Großgrundbesitzern und der Ausverkauf der Bodenschätze an ausländische Gesellschaften, die Mexiko »industrialisieren«, kommen dagegen nicht in den Blick. Kesslers Standpunkt war nüchtern eurozentristisch. Nur der Aufenthalt in Japan stellte diesen kurzfristig in Frage, als die verschwindende traditioneller japanische Alltagskultur den Besucher veranlaßt, die verheerende westliche Zivilisation anzuklagen und vor den Richtstuhl der Menschheitsgeschichte zu ziehen.

Es war eine Bildungsreise wie die Kavalierstour des 17. und 18. Jahrhunderts, auf der langen Überfahrt von Japan nach Indien gehörte auch ein Diener dazu. Der Erfahrung, in der Fremde auf sich allein angewiesen zu sein, setzte sich Kessler nicht aus; die Begleitung durch lokale Führer gehörte zum Setting: Selbst beim Opiumrauchen in der Chinatown von San Francisco kam kein Gedanke an ein Risiko auf.

Der touristische Aspekt war jedoch nur ein Teil des täglichen Programms. Wer an Kesslers Zielstrebigkeit, im Auswärtigen Amt Fuß zu fassen, zweifelt, wird hier eines Besseren belehrt. Wo immer er sich aufhält, sucht er die Verbindung mit führenden Persönlichkeiten. Die Begegnung mit dem amerikanischen Botschafter im Zug nach Le Havre war zufällig, aber sie ist typisch für diese Art von Kontakten. Bei seiner Gesprächsführung geht es ihm um Hintergrundinformationen, die bei einer diplomatischen Tätigkeit zu berücksichtigen wären. Sind die Kapazitäten, was öfter vorkommt, nicht gleich zu sprechen, nimmt der sonst Rastlose geduldig Wartezeiten in Kauf.

Ein fast skurriles Beispiel seiner Ambition, auf eigene Faust auswärtige Verhältnisse zu sondieren, ist der Besuch beim nominellen Herrscher von Perak auf der malayischen Halbinsel Malakka. In einem ärmlichen Haus trifft er auf einen intelligenten Mann in abgetragener Kleidung, der sich mit Opium über seine unwürdige Lage tröstet. Die englischen Beamten gestatten ihm nicht einmal einen Sekretär »mit einem Schnurrbart«.[12] Mit dem neunzehnjährigen Sohn des dortigen anglikanischen Bischofs, »äußerlich fast noch ein Kind«, muß er zufrieden sein. Im Gespräch stellt sich heraus, daß Kessler nicht der erste Deutsche ist, den der Sultan kennenlernt. Er hat sogar eine Vorstellung von Deutschland und den Deutschen. Das Sultanat soll im folgenden Jahr auch an der Chicagoer Weltausstellung teilnehmen, und der Hausherr zeigt seinem Gast einen Käfig für Kampftauben, den er als Beitrag Peraks dorthin schicken will.

In diesem entlegenen Winkel erwecken selbst die Sorgen der englischen Kolonialbürokratie Kesslers Interesse. Denn die Beamten müssen um ihre Posten fürchten, falls England das Sultanat offiziell annektiert. Dies erfährt Kessler abends im englischen Club der Hauptstadt Kuala Kangsar. Auf dem Heimweg läßt er es endlich genug sein und gibt sich der Stimmung hin, die der tropische Nachthimmel in ihm erweckt: »Ich glaube nicht dass Jemand die ganze mögliche Weichheit der Nacht schätzen kann, der nicht die Sterne über Palmen hat leuchten sehen.«[13]

So sehr die überseeischen Riesenstädte, Landschaftspanoramen und ehrwürdigen Bauwerke ihn beeindrucken, ihren ephemeren Höhepunkt findet Kesslers Reise an einem namenlosen, abgelegenen Ort. Als er einsam in einer schmalen Kutsche durch üppigen malaysischen Urwald fährt und ihn zum ersten Mal das Glücksgefühl durchströmt, »hier könnte ich mein Leben verbringen«, ist sein nächster Gedanke: »Und wie lange wird es dauern bis auch diese grandiose Vegetation Zuckerfeldern und Teeplantagen Platz macht, dass auch ja die alten Jungfern zuhause genug süße Kehlenlabsal zum gallensüßen Klatsch haben? Es ist eine grausame Schicksalsfügung, dass der Mensch so alles was ihm nicht dient, alles Unabhängige, Freie, knechten oder zerstören muss. Er legt damit allmählich der Welt die ihn hervorgebracht hat eine teleologische, auf seine Erhaltung gerichtete Bedeutung bei indem alles was diesem Zweck nicht dient mit der Zeit zugrunde gehen muß.«[14]

Die deprimierende Vorstellung, an der Ausbreitung von Kapital und Technik selbst schuldig zu werden, bekräftigte seine Weigerung, in die Finanzwelt einzutreten und die Geschäfte des Vaters zu übernehmen. Daß die eigene Familie an dem Zerstörungswerk mitwirkt, war ihm auf der Reise sichtbar geworden. Nur drei Monate sind vergangen, seit er im kanadischen Urwald die Papierfabrik besucht hat, deren Errichtung den Vater mit Stolz erfüllt. Mitten in der Einöde unterwirft der Vorposten der kapitalistischen Entwicklung durch Turbinen und Walzen die unberührte, Ehrfurcht gebietende Natur. Das Wunderwerk der Technik an den Stromschnellen des St. Maurice-River arbeitet selbst im Winter mit voller Kraft.»In wirbelnder, rauschender, fieberhafter Thätigkeit«,»von den Gewässern und Kräften der Wildnis getrieben«, erniedrigte die Maschinerie »die Götter der Vorzeit zu Dienern und Werkzeugen.«[15]

New York, die erste Station, wurde auch die wichtigste der Weltreise. Kesslers Aufenthalt, mit Abstechern nach Washington und Kanada, dauerte lange genug, um die amerikanische Metropole neben Paris und London als bewegendes Zentrum in Erscheinung treten zu lassen. Wie in Hamburg, zehn Jahre früher, bot die Stellung des Vaters auch hier von Anfang an ein Gefühl der Sicherheit und erleichterte die Auseinandersetzung mit der oft schockierenden Realität. Adolf Wilhelm Kessler hatte hier eine zweite Heimat gefunden, die seinem turbulenten Wesen mehr entsprach als Paris. In Amerika machte er nicht allein besonders gute Geschäfte, er liebte auch die unkompliziertere Lebensart, versammelte Freunde um sich und war in New York ebenso geselliger Mittelpunkt wie in der französischen Hauptstadt. Ein riesiges kanadisches Waldgebiet am St. Maurice-River von »etwa dreihundert englischen Quadratmeilen«[16] gibt einen Eindruck von dessen transatlantischen Aktivitäten. Zusammen mit einigen Freunden hatte er es gekauft, um dort im Winter Elche und Bären zu jagen. Neben diesem Vergnügen besaß die Papierfabrik am St. Maurice-River, die waldverschlingend Tag und Nacht arbeitete, nur untergeordnete Bedeutung.

Als die »Normandie« im New Yorker Hafen landete, stand der Bankier bereits ungeduldig am Kai. Sein Vaterstolz konnte es kaum erwarten, Harry im Brennpunkt der Neuen Welt in die Gesellschaft einzuführen. Es war stockdunkel, als das Schiff endlich festmachte. Wenig später fand sich der Junior bei »Lohengrin« im Opernhaus wieder, wo ihn der Vater der Frau des Eisenbahnmagnaten Austin Corbin und »Comte et Comtesse de Roffignac«[17] vorstellt. Den abrupten Wechsel vom Ozean in die

Adolf Wilhelm Kessler

Hochbahn in Bowery, N.Y. (aus Kesslers Album)

Oper wußte der Neuankömmling zu schätzen. Es interessierte ihn lebhaft, wie Wagner in der Neuen Welt aufgeführt wurde; auch an der großen Toilette der Damen hatte er, außer dem puritanischen Verzicht auf Brillanten, nichts auszusetzen. Daß Mrs. Corbin eine gute Figur machte, war nicht der Erwähnung wert, aber daß die Ranch des Pferde züchtenden Grafen Roffignac in Manitoba dem Chic seiner Frau keinen Abbruch tat, setzte den arbiter elegantiae, der offenbar mit vergleichbaren Exemplaren des europäischen Landadels Kontakt hatte, sehr in Erstaunen. Mit diesen Bekanntschaften begann eine Gesellschaftstour, bei der der junge, ansprechende Gentleman aus dem beneideten old Europe fast täglich mit der »society« in Berührung kam.

Das Straßenbild in New York brachte nicht allein durch die Reklame, sondern auch durch die Architektur die allgegenwärtige Konkurrenz zum Ausdruck. Die Vielfalt geschmackloser Häuser resultierte aus dem ökonomischen Kampf ums Dasein, der die Grundstücksbesitzer zu zweifelhaften Innovationen motivierte. Der europäische Ästhet resümierte jedoch überrascht: »Trotz alledem ist der Gesamteindruck nicht unschön; denn was eine wirkliche, auch menschliche, Kraft hervorbringt hat immer Etwas vom Naturerzeugnis an sich, kann dabei nie hässlich sein.«[18] Und nachdem er lange auf der Brooklyn Bridge hin und her spaziert war, wurde er fast andächtig: »Ich kenne Wenig das mit dem Blick von hieraus zu vergleichen wäre: unten der breite, majestätische Strom; an seinen Ufern die beiden Millionenstädte, mit ihrem wogenden Dächermeer, ihren Kuppeln und Türmen, ihren rauchenden Fabrikschornsteinen, ihren langen Werftreihen, die sich am Wasser hinziehen; auf den grünen Wellen des Flusses schaukeln unzählige Ruderböte, Dampfer rauschen dem Meer zu, Fähren mit langen Schweifen von weissem Dampf fahren emsig hin und her; und über die Türme der Stadt, über dem Mastenwald des Hafens hinaus glitzert die Bai, glänzen weisse Segel im Sonnenschein.«[19]

In New York war Kessler nicht allein Tourist. Er volontierte in der namhaften Anwaltsfirma Guthrie, das die Interessen von Eisenbahnen, Stahlwerken und Banken vertrat, und hatte reichlich Gelegenheit, einiges »über die Schwierigkeiten, Pläne, Kampfmethoden New Yorker Großfirmen« zu erfahren. Jedoch die »Halbgötter«, die dort ein und aus gingen, »zeigten sich naiver und weniger gut informiert«,[20] als er erwartet hatte.

Sollte der Vater gehofft haben, das Büro seines Freundes Guthrie könne Harry reizen, einer der »schwerreichen New Yorker Anwälte« zu werden, hatte er wieder einmal dessen Freude am Geldverdienen überschätzt. Immerhin erhielt der Stammhalter dort Einblicke in die amerikanische Wirtschaft, wie sie im deutschen Kaiserreich wenige Führungspersönlichkeiten besaßen: Der natürliche »Reichtum jenseits der ›Grenze‹, von dem etwas jedem fast ohne Ausnahme zufiel, wenn er diese Grenze vorwärtstrug, sei es in den Wald, wie am St. Maurice, sei es in der Prärie, wie im Mittleren Westen, sei es in den Boden, wie in den Bergen und Ölvorkommen am Pazifik«,[21] verlieh ihr die Kraft, der keine Wirtschaft eines europäischen Landes etwas entgegenzusetzen vermochte.

Mehr als über den Zug ins Große, den er von seinem Vater kannte, staunte der Neuling über Verhaltensweisen der »society«, welche an die europäische Provinzmentalität der Hauptstadt gegenüber erinnerten. Ängstliches Nachahmen europäischer Manieren, Nichtachten und Verkennen eigener kultureller Werte waren die Regel und kamen in der Wohnungseinrichtung und der Konversation dieser Kreise zum Ausdruck. Auch die Manie tonangebender Damen, ihre Abstammung von einem Lord aus der Zeit Wilhelms des Eroberers herzuleiten, verriet erstaunliche Unsicherheit. Nach einem Besuch bei Mrs. Paran-Stevens, die in New York »zum allerersten ›Set‹ gehört« und »Aeneas und Anchises« in Marmor, fast bis zur Decke reichend, in ihrem Salon plaziert, notierte er enerviert: »Auch heute wieder bemerkt, dass die Leute hier zu viel von ihren vornehmen Bekanntschaften in Europa sprechen; sie fliessen jeden Augenblick ein.«[22]

Überhaupt gab das geistige Klima der Riesenstadt Rätsel auf. In der New Yorker Presse befremdeten die moralischen Kreuzzüge, zum Beispiel die Empörung über verrufene Kneipen in der Bowery. Mit Artikeln »an der Spitze der Zeitung« betrieben die Blätter »das Geschäft als sehr wirksame Reklame für ihre Tugendhaftigkeit«. Daß dies gelang, bewies, wie »die Sache hier doch sehr grosse Kreise tief interessiert. Würden in Deutschland

sehr viele Leute ausser der Kreuzzeitung sich durch solche Fragen so mächtig erregen lassen?«[23]
Dann wieder das andere Extrem. Im Madison Square Theatre, New Yorks erstem Schauspielhaus, stand eine Frau auf der Bühne, deren ausgeklügelt obszöne Darbietung Kessler empörte, das Publikum jedoch zu ungeteiltem Beifall hinriß:»Eine Tänzerin tritt in einem dünnen bis auf die Füsse reichenden Musselinkleid auf; der Zuschauerraum u. der vordere Teil der Bühne werden dunkel gemacht; die Tänzerin wird von hinten beleuchtet; das Musselinkleid wird unsichtbar u. der Körper der Dame tritt grell umleuchtet hervor; sie wäre nackt anständiger d. h. weniger provokant, lüstern. Das Publikum, darunter Frauen, Familien etc. klatscht.«[24]

Die schamlose Person war die Serpentinentänzerin Loie Fuller, eine urwüchsige Tochter des Mittleren Westens, die als Schauspielerin und Sängerin mit Buffalo Bill auf Tournee gegangen war. Mit selbst entworfenen langen Schleiergewändern und einer ausgefeilten Lichtregie, zu der die Einführung einer elektrischen Unterbodenbeleuchtung gehörte, revolutionierte sie die Tanzkunst. Ihre körperbetonten Auftritte galten als typisch amerikanisch und bezeugten die kulturelle Eigenständigkeit, die Kessler in New York so schmerzlich vermißte. Allerdings urteilte er im Laufe von zehn Jahren erheblich anders. 1902 rangiert die Amerikanerin für ihn über Eleonora Duse, die,»im Gefühl befangen«,[25] eine sentimentale Zeit bediente. Nicht weniger als die japanische Schauspielerin Sado Yacco und Henry van de Velde strebte sie nach dem denkbar Höchsten, der Form, die von Sentimentalitäten befreit. Loie Fuller zählte mit Ruth St. Denis und seit Mitte der zwanziger Jahre Josephine Baker zu den amerikanischen Tänzerinnen, die,»rein aus einem tiefdramatischen Instinkt der Bewegung heraus«,[26] die geschmeidige Körperlichkeit griechischer Kunst aufleben ließen.

Im Januar-Februar häuften sich für Kessler junior die Ball-

Einladungen derart, daß der begehrte Tänzer kaum zur Besinnung kam. Der Elegant, der in Bonn und Leipzig nur bescheidene Ballvergnügen im universitären Umfeld kennengelernt hatte, war bei den Festen der großen Familien, die einander an Prachtentfaltung überboten, ganz bei der Sache; manchmal kehrte er erst morgens um 4 in seine Wohnung, 24 W. 22te. Straße, zurück. Die Mädchen waren wesentlich »hübscher wie die, die man in Europa auf Bällen sieht; grosse, schlanke Erscheinungen, mit dunklen Augen und einem Teint wie Milch und Rosen; nie verlegen und selten vorlaut, belesen ohne blaustrümpfig zu sein, reiten ideal und tanzen wie Sylphen«.[27]

Kessler wußte es zu schätzen, daß Amerikanerinnen sich freier bewegten als ihre europäischen Geschlechtsgenossinnen. Sie warteten nicht ab und gaben den Ton des Gesprächs an, wodurch die Unterhaltung mit ihnen von vornherein »etwas kameradschaftliches« bekam. Die Herrenwelt zeigte dagegen kein gesellschaftliches Talent und versuchte nicht einmal geistig zu glänzen. Ganz im Business aufgehend, nahmen die Männer an Bällen nur gezwungen und lustlos teil; zumal die jüngeren »zum großen Teil magenleidend langweilig und laut« waren.[28]

Nur im Athletic Club und im Armory waren junge Männer zu finden, die dem Gentleman-Ideal nachstrebten. Der neuzeitlichen, jugendlichen Körperkultur hatte man dort regelrechte Tempel errichtet. »Der Club fasst 2500 Mitglieder: grosse luftige Speisesäle und Lesezimmer, Türkische Bäder, Schwimmbassin in dem Preisschwimmen stattfinden, ein riesiger Turnsaal, mit Bahn zum Wettrennen, Fecht- und Boxsäle; ausserdem besitzt der Verein eine Insel im Sound, mit Sommerhaus, Park, Rennbahn, nach den Photographieen Alles gross und schön angelegt.«[29] Das Ganze wurde durch freiwillige Spenden der Mitglieder errichtet und unterhalten. Sein freundlicher Gewährsmann, der ihm alles zeigte, erwies sich als ein Musterexemplar; noch nicht dreißig Jahre alt, gehörte er dem Verein bereits seit fünfzehn Jahren an.

Die Serpentinentänzerin Loie Fuller um 1892

Doch selbst dieser außergewöhnliche Eindruck wurde, wie so oft in New York, noch überboten. Das ebenfalls durch Spenden der Mitglieder realisierte Armory, eine Kaserne, die dem 7. Milizregiment gehörte, war noch größer und bot noch mehr Komfort und Eleganz: »Die Räume alle ca 8 Meter hoch; auf der ersten Etage die Umkleidezimmer der verschiedenen Compagnieen; eine jede hat sich ihr eigenes Zimmer selbst eingerichtet: mit dem grössten Luxus, hohe Eichenschränke im Henri II Styl mit schönen Holzskulpturen, riesige Kammine, Sofas, Sessel; in jeden Zimmer steht ein Klavier; die Halle, in der exerciert wird, nimmt einen ganzen Block ein und ist auf den gewachsenen Felsen gebaut.«[30] Fünfhundert junge Kaufleute, »die fünf Jahre drin bleiben und in jedem Jahr während 6 Monate einmal wöchendlich exerzieren« bildeten die Truppe.

Kessler, der bald als Einjährig-Freiwilliger einrücken mußte, stellte gar nicht erst Vergleiche an mit dem, was ihn in Potsdam erwartete. Ihn begeisterte der Anbruch der neuen Zeit, der hier manifest wurde. Selbst im noblen Ascot hatte man aus Überzeugung die Wettkämpfe ausschließlich im Freien ausgetragen. Dagegen hatten sich in der amerikanischen Metropole, deren Geschäftssinn sich an jeder Straßenecke offenbarte, junge Leute freiwillig zusammengeschlossen, Zeit und Geld geopfert, um riesige Bauten zur Körperertüchtigung zu errichten, die nur mit den griechischen Gymnasien zu vergleichen waren, wo Leibesübung und rhetorische Gewandtheit als polare Einheit aufgefaßt wurden. Während das Körpertraining auf dem europäischen Kontinent noch ein tabubehaftetes Randdasein führte, gab es im Meer der Millionenstadt zwei Inseln, auf denen eine männliche Elite über militärischem Drill und sportlicher Akitvität Musik- und Literaturpflege nicht vergaß.

Wenn Kessler trotz seines Krisenbewußtseins zukunftsgläubig blieb und nie daran zweifelte, daß aus dem unvermeidlichen Zerfall der alten Gesellschaft eine neue Ordnung hervorgehen werde, dachte er an Keimzellen wie den Athletic Club und das Armory. Von dieser Exerzierhalle, über das mit einem Stadion verbundene Nietzsche-Denkmal in Weimar bis zu Ernst Mays Frankfurter Schwimmstadion, das er 1930 mit Aristide Maillol besuchte, um dem Bildhauer die neue Lebensauffassung in Deutschland zu veranschaulichen, zieht sich eine durchgehende Linie. Wettkampf und unbeschwertes Körperbewußtsein der Jugend, durch monumentale Bauten hervorgehoben und in ihrem symbolischen Wert gesteigert, waren für ihn Signaturen der zukünftigen Gesellschaft.

Der Abschied von New York fiel Kessler schwer, obwohl seine früheren Bemerkungen über die kulturelle Unfreiheit der Society und die Reklamehaftigkeit des Straßenbildes eher das Gegenteil erwarten ließen: »Morgens fort aus New York; ungern; bei jedem Abschied von einem Ort, an dem wir gelebt haben, lassen wir Etwas von uns zurück; die Menschen, die wir kennen gelernt haben, selbst die Gebäude, an den wir täglich vorbeigegangen sind, sind zum Teil unseres Ich geworden, von dem wir uns beim Weggehen trennen müssen.«[31]

Als er dies im Zug nach Florida schrieb, saß der Vater neben ihm; er ließ es sich nicht nehmen, Harry auch im Süden der Vereinigten Staaten mit seinen Freunden bekannt zu machen: Baumwollpflanzern und Viehzüchtern, deren Landbesitz europäische Maßstäbe überstieg. Die trübe Stimmung wird ihm als Hinweis auf eine baldige Rückkehr lieb gewesen sein. Die Lebendigkeit und Offenheit New Yorks hatten über die kulturkritischen Einwände gesiegt. Zwei hektische Monate genügten, um in der Riesenstadt ein Heimatgefühl aufkeimen zu lassen. Wirtschaftsanwalt in den USA wollte Kessler gewiß nicht werden; sein Trennungsschmerz läßt jedoch ahnen, wie anziehend er den ersten, zwiespältigen Kontakt mit der modernen Massengesellschaft empfunden hatte. Im Unterschied, jenen Kreisen, denen er sich in Berlin und London zurechnete, war Kessler schon sehr früh in der Lage, die Kraft und Vitalität einer Gesellschaft über seine distinguierten Vorurteile zu stellen. Die Nachwirkung dieses New York-Aufenthalts ist biographisch kaum zu überschätzen. Daß Kessler im Gegensatz zu seinen Freunden und Generationsgenossen der Turbulenz der Zwanziger Jahre gute Seiten abgewann und 1919 während der Januar-Unruhen »das Babylonische, unermesslich Tiefe, Chaotische und Gewaltige von Berlin«[32] schätzen lernte, ja daß er sich erst im Berlin der Weimarer Republik wohl fühlte, ist vor diesem Hintergrund leichter nachzuvollziehen.

Die Reise durch den amerikanischen Süden nach San Francisko war nicht mehr als eine Sightseeing-Tour mit gehobenem Anspruch. An die Stelle des produktiven Vergleichs zwischen Neuer Welt und Altem Europa, den New York abverlangte, traten täglich wechselnde exotische Eindrücke. Nur noch ein Mal kommt es zu einem divinatorischen Verweis auf das Potential, das den USA neben der wirtschaftlichen auch die kulturelle Überlegenheit bringen könnte.

Beim Besuch der Stanford Universität überraschte Kessler das »schönste und originellste architektonische Denkmal«, das er in den USA angetroffen hatte, »eine durchaus eigenartige, amerikanische Architektur«.[33] Der Gebäudekomplex, zu dem auch Wohnheime für Studenten und Studentinnen gehören, war noch dazu taufrisch. Die Universität, die der Eisenbahnmagnat Leland Stanford zum Gedächtnis seines mit sechzehn Jahren verstorbenen Sohnes errichtet hatte, war im Jahr zuvor eröffnet worden.

Das Hauptgebäude, dessen riesiger Säulenhof sich »um einen Garten voller Palmen und Aloes herumzieht«, ließ die »modernen europäischen griechischen und gothischen Paradestücke« weit hinter sich. In unmittelbarer Nähe lieferte ein Museumsgebäude, »im griechischen Styl nach Münchner Rezept gebaut«, den Beweis: »eine galvanisierte Mumie neben einem lebendigen Menschen«. Das Universitätsgebäude war so beeindruckend, daß

Kessler aus heiterem Himmel prophezeit:»Wenn die Architekten des Amerikanischen Südens und Südwestens von Florida bis Californien Talent haben und sich an ihre einheimischen Vorbilder halten, hat die Architektur hier eine Zukunft wie voraussichtlich in keinem Lande Europas.«[34] Dieser »Neuschöpfung« waren die Studenten und Studentinnen auf dem Campus ebenbürtig. Hier bot sich ein zukunftsverheißendes Bild, das auf europäischen Universitäten nirgends zu finden war:»Es sind kräftige, jugendfrische, sonnenverbrannte Gestalten, und die jungen Mädchen sehen frisch und wenig blaustrümpfig aus.«[35]

Der Abstecher nach Berkeley war nur ein Lückenbüßer. Denn die »Oceanic« fuhr von San Francisco drei Tage später als vorgesehen nach Yokohama ab. Die Verzögerung machte Kessler, der keinen Tag vom japanischen Frühling verlieren wollte, ziemlich nervös. Die Länge einer Reise über den Pazifik war stark vom Wetter abhängig; eine Fahrt nach Japan dauerte zwischen zwei und drei Wochen. Das englische Schiff, ein motorisierter Segler, bot Komfort für Passagiere der Ersten Klasse, war aber kein Luxusliner wie die französische »Normandie«. Die Mischung der Passagiere, langbärtige Missionare, englische Teehändler und Vergnügungsreisende, machte »einen sehr bunten Eindruck«. Der japanische Botschafter in Wien, Kôki Watanabe, war auch darunter. Als Kessler dies nach einigen Tagen bemerkte, nahm er sofort Kontakt mit ihm auf.

Die dreiwöchige Fahrt brachte genügend Ruhe, um wieder einmal die Klassiker zu lesen und in der ungewohnten Monotonie von Himmel und Wasser neue Seiten an ihnen zu entdecken. Bei gutem Wetter, wenn das Schiff ohne Motor mit geblähten Segeln dahinglitt, hat Homers »Odyssee«, die er seit Ascoter Tagen auf Griechisch las, Kessler sicherlich besonders angesprochen; auch den fünften Akt von »Faust« II empfand er der Reise nach neuen Ufern angemessen. Michel de Montaigne, der Begründer der neuzeitlichen Skepsis, hatte bereits den Gymnasiasten im Hamburger Pfarrhaus beschäftigt. Jetzt las er erneut, »gefesselt und bewundernd«, dessen umfangreiche, komplizierte »Apologie de Raymond Sebond«.[36] Die einzige moderne Lektüre auf dieser Fahrt war Friedrich Nietzsche. »Menschliches, Allzumenschliches« hatte er noch in Paris, drei Tage vor der Abreise, zu Ende gelesen. Trotz aller Bewunderung für das herausfordernde »Buch für freie Geister«, das 1878 Richard Wagners Bruch mit dem Abtrünnigen einleitete, hatte der Autor selbst ihn unangenehm berührt: »Der Fehler darin die Behandlung des Christentums u. Deutschtums; es liegt in ihr Etwas Nervöses, Unfertiges, Parvenühaftes, fast Protziges, Etwas, als sei das Gefühl mit dem Verstande nicht ganz mitgekommen; man könnte oft fast glauben, Nietzsche kämpfe gegen sich selbst.«[37] Dieser Eindruck hatte ihn jedoch nicht abgehalten, eine weitere Provokation hinzunehmen und »Also sprach Zarathustra« einzupacken. Die erste Lektüre dieses Werks, das einige Jahre später Kesslers bibliophilen Ehrgeiz entzündete, dürfte kaum erfreulicher ausgefallen sein. Ganz bestimmt war »Zarathustra« keine Offenbarung wie die ersten Begegnungen mit »Wilhelm Meister« oder »Parsifal«.

So wie Loie Fuller ihn zunächst schockierte, ging es ihm auch bei der ersten Begegnung mit Nietzsche: Das Avantgardistische befremdete, aber faszinierte ihn auch. Daran sollte sich in Zukunft wenig ändern. Seine paradoxe Situation als Mäzen erkannte Kessler bald. Als er im Februar 1895, noch zu Lebzeiten des Vaters, durch Eberhard v. Bodenhausen und Julius Meier-Graefe animiert, mit bescheidenen Mitteln Künstler zu unterstützen beginnt, verhehlt er sich nicht: »Es liegt eine gewisse Ironie darin, dass ich zwei Künstler, deren Werke mir im Grunde genommen so wenig sympathisch sind, wie die von Munch und Przybyszewki, auch noch unterstützen muß.«[38] Auch später stellte Kessler oft seine Aversion zurück und bemühte sich geduldig, das Befremdliche zu verstehen. Als Konservativer, der eigene Widerstände zu beschwichtigen hatte, wurde er zum überzeugenden Interpreten und gewann Einfluß in kulturinteressierten Kreisen der Oberschicht. Mit der ihm eigenen Ambivalenz aus anfänglicher Aversion und neugierigem Spürsinn für Qualität ging der Sammler und engagierte Kunstvermittler selten gänzlich fehl.

Trotz blütenbeladener Kirschbaumzweige und bezaubernder Geishas enttäuschte der japanische Aufenthalt die Idealvorstellung von fernöstlicher Grazie und Weltverlorenheit, die Kessler ins »Land der aufgehenden Sonne« mitgebracht hatte. Gleich bei der Ankunft in Yokohama, dem Tiefseehafen Tokios, glaubte der Initiand seinen Augen nicht zu trauen: »Die kleinen Japanerinnen die auf dem Bund zwischen europäischen Häusern und Telegrafenleitungen hertrippeln sehen ganz depaysé aus.«[39] Auch im Native Quarter dahinter »hat man immer den Eindruck als wäre eben asiatischer Rosenmontag, und es hätten die guten Bürger von Yokohama einmal zum Spass einige europäische Kleidungsstücke angelegt, wie wir Fez oder Turban tragen«.[40]

Nur die Männer aus dem Volk, die meist ein »kurzes blaues Wams mit riesigen weissen Zeichnungen auf Brust und Rücken« tragen, wirkten zusammen mit ihren Frauen im Kimono und klappernden Getas zumindest pittoresk. Dagegen bestand die Durchschnittstracht gediegener Japaner in »Kimono, Hornbrille und europäischem runden Hut«. Es dauerte zehn Tage, bis der anspruchsvolle Liebhaber des traditionellen Japan widerwillig Verständnis für die reale Situation des Inselreiches aufbrachte: »Den Japanern kommt es allerdings, wenn man ihnen vorschlägt zu ihrem alten Kostüm zurückzukehren vor, wie wenn man uns zumutete wieder Zopf und Schnallenschuhe zutragen oder das Bauernkostüm zu adoptieren.«[41]

Europäische Kleidung gehörte zum Sozialprestige. Dieser Habitus der gehobeneren Schichten war eine offensichtliche Folge der Modernisierung, die der Regierungsantritt des Kaisers Meiji im Jahr 1868 eingeleitet hatte. Ihre verborgene Seite, die militärische Stärke Japans, das zwei Jahre später Korea mit seinen Bodenschätzen unter seine Vorherrschaft brachte und danach Taiwan eroberte, ahnte Kessler nicht einmal. Im Gedränge eines Shintofestes erstaunten ihn lediglich die vielen Soldaten in Uniform: »von weitem sehen sie wie deutsche Infanteristen aus.«[42] Erst vier Jahre später erfuhr er in New York, warum die Japaner das große China so rasch besiegten: »Die japanische *Disziplin* (ist) noch strenger als die europäische; die Offiziere haben die Truppe am Schnürchen. Die Japaner machen jetzt selber ihre Gewehre und Geschütze und das japanische Gewehr soll *besser* als irgend ein europäisches sein.«[43]

Die moderne Großmacht blieb außer Sichtweite; nur die Anpassungsverrenkungen Japans nahm Kessler wahr. Die bedenkenlose Selbstverstümmelung schmerzte ihn. Schon auf der »Oceanic« hatte es ihn gestört, daß Watanabe sich europäisch kleidete und sogar seine Frau auf den Kimono verzichtete. Doch als er bei Watanabes in Tokio Visite machte, schien alles gutzugehen. Der Hausherr war abwesend, und die Botschaftergattin empfing im traditionellen Kostüm. Ihr japanisches Boudoir ohne Tisch und Stühle öffnete sich an einer Seite »nach einem bizarrschönen Garten«. Nach der bezaubernden Teezeremonie war leider Schluß mit der Romantik, und »Klatsch wie überall in der Welt bei Five oclock Teas«[44] raubte jede Illusion. Nur »im Volke selbst lebt, wo es vom Europäertum noch nicht verdorben ist eben wie in Griechenland die Zartheit der Empfindung, die die Seele beim schwächsten Hauch der Schönheit erzittern macht, die im Einfachsten und Kleinsten das Vollendete zu finden weiß. Eine Knospe in einem Stück Bambusrohr, einige Goldstäubchen auf einem Fries von schwarzen Papieren und der Ärmste hat einen Wohnraum der an echter Schönheit die Prunkgemächer von Versailles und von Potsdam übertrifft.«[45]

Kesslers Vorstellung eines von der Neuzeit verschonten Japan kam nicht von ungefähr. Der Pariser Kunsthändler Siegfried Bing, der sich für die klaren, einfachen und dabei eleganten Formen stark machte und bereits Anfang der siebziger Jahre japanisches Kunsthandwerk zu sammeln begonnen hatte, schürte diese Erwartung. Durch eine Niederlassung in Yokohama, die seine Bezugsquellen sicherte, war der Japan-Liebhaber in der westlichen Welt zum führenden Importeur ostasiatischer Kunst avanciert. Seit 1879 unterhielt Bing in der Rue Chauchat 19 ein renommiertes Geschäft, das neben Farbholzschnitten, Stoffen und Kunsthandwerk auch japanische Alltagsgegenstände zum Kauf anbot. Vincent van Gogh, der hier einen Stapel Holzschnitte erwarb, gehörte zu seinen begeisterten Kunden. 1888 war der gebürtige Hamburger von einer langen Einkaufstour zurückgekehrt und hatte begonnen, das dreisprachige Monatsmagazin »Le Japon artistique: documents d'art et d'industrie« herauszugeben. Die stundenlangen Aufenthalte, die Kessler in den Ateliers japanischer Kunsthandwerker zubrachte, wurden durch diese luxuriöse Zeitschrift angeregt.

Um dem halb asiatischen, talmihaft europäischen Straßenbild Yokohamas zu entkommen, ging es am nächsten Tag per Eisenbahn nach Kamakura, einem alten Machtzentrum des Inselreichs. Dort zeugten nicht weniger als 65 buddhistische Tempel, 19 Shinto-Schreine und viele Gräber von vergangener Herrlichkeit. Bereits der erste Eindruck war unauslöschlich. Als Kessler durch ein schräges Steintor, »bizarr-imposant«,[46] den heiligen Bezirk des Hachiman-Schreins betrat, überwältigte ihn der Einklang von Landschaft und Architektur. Dieses Raumerlebnis relativierte sogar seine bis dahin wichtigste ästhetische Erfahrung, die Geistigkeit mittelalterlicher Kathedralen.

Während bei europäischen Gotteshäusern ein landschaftlicher Kontext selten auszumachen war, war hier alles »berechnet und gewollt, die landschaftliche Schönheit, das ernste Dunkel der Pinienallee aus dem man zum Licht und Gold des Tempels e m - p o r s t e i g t ist ein Teil des künstlerischen Gedankens, des Kunstwerks selber. Und dann dieses E m p o r s t e i g e n zur Gottheit! Die Alten scheinen denselben Gedanken in ihren Tempelbauten ausgedrückt oder wenigstens empfunden zu haben: dum Capitolia, scandet cum tacita virgine pontifex. Im Mittelalter ist er uns verlorengegangen, ich kenne keinen einzigen Dom der ihn mit Absicht zum Ausdruck brächte. In dieser Verbindung von Kunst und Landschaft liegt vielleicht ein befruchtender Gedanke für unsere erstarrte europäische Architektur.«[47]

Diesen starken Eindruck vermittelte allerdings nur »der Anblick von Aussen, das grandiose Aufragen der Treppen und Höfe der Tempelburg, der Farbenglanz ihrer Pforten und Zinnen, die schimmernde Pracht im Waldesdunkel«. Das Tempelinnere »stimmt nicht zur Andacht«, es betäubte eher »durch die architektonische Seltsamkeit, durch die Phantastik der Tierformen, durch den geheimnisvollen Schimmer des Goldes im Zwielicht«.[48] An fast allen Pforten flatterten weiße Lappen, die auf den kultischen Zweck der überwiegend shintoistischen Heiligtümer hinwiesen.

Über den Shintoismus hatte Kessler sich so wenig informiert, daß er nicht einmal ahnte, warum die Japaner bei religiösen Feiern ihre sonst so vorbildliche Contenance beiseite ließen. Als er das höchste shintoistische Fest, das »große Matsuri zur Feier des Blühens der Kirschbäume im Uyeno Park«, besucht hatte, wo sich »ganz Tokio in Festtagskleidung« versammelte, um auf dem Tempel »oben ein Gebet zu verrichten und eine Münze in den Kasten zuwerfen«, war die Fröhlichkeit des religiösen Volksfests für ihn ein Ärgernis gewesen. Vor allem hatten ihn Betrunkene, die »mit Eimern voller Sake am Arme herumtaumeln«, und eine Rutschbahn, die in der Nähe des Tempels »das Kreischen der Fahrgäste weithin im Park«[49] hörbar machte, befremdet. Ihm schien dies unvereinbar mit dem ernsten, zurückhaltenden Charakter der Japaner, den er hoch schätzte.

Erst auf einer Fahrt mit der Rikscha im Landesinnern, als er mehrere Tempel dicht beieinander sah und ausstieg, um in die geheimnisvolle Stille der schattigen Haine einzutauchen, fand er die Einsamkeit, in der er den »tiefen Kern der Wahrheit«[50] in der Religion der Japaner zu erfassen glaubte. Die trübsinnigen Gedanken, in die sich Kessler am romantischen Ufer des Watarasegawa verlor, hatten mehr mit ihm selbst zu tun als mit der zuversichtlichen Naturreligion im Land der aufgehenden Sonne. Durch die Familientradition von Kind an geprägt, schien ihm der japanische Ahnenkult mit einem Mal vertraut. Die rohen, mit Inschriften verzierten Götzensteine am Wege hatte er zunächst bizarr gefunden, bis sie bei ihm allmählich ein latentes Grauen weckten. Die shintoistischen Ahnen, deren Kräfte die Natur beseelen und auf die Lebenden einwirken, begriff er nun als einen Zusammenhang, der ihn selbst tief berührte. In diesem Moment sah der zukünftige Erbe in der Ausnahmestellung, die er beiden Eltern verdankte, nicht die unvergleichliche Chance, sondern eine überdeterminierte Existenz, er fühlte sich als bedauernswerter Agent einer Vergangenheit, der nicht zu entkommen war.

Sein Gefühl persönlicher Ohnmacht wurde übermächtig: »Was beherrscht mit grösserer Gewalt unser Heute als unser Gestern, die Ereignisse der Vergangenheit, unsere Ahnen und ihre Thaten, das was gewesen ist und deshalb fortwirken muß in Alle Ewigkeit? Jenes Gestern ist der einzige erfahrungsmässige Gott, und der ist unerbittlich. Das Gefühl, dass ein jeder von uns mit seinen Handlungen an dieser lebendigen Gottheit weiterschafft wäre niederschmetternd, wenn nicht der Erlösungsgedanke wäre, die Zuversicht auf die endliche Erlösung von aller Causalität.«[51]

Sechs Monate nach dem Tod des Vaters im Mai 1895 steigerte sein Essay über den Dichter Henri de Regnier, Kesslers erste Veröffentlichung, die bedrückende Aussicht und artikulierte das Fremdheitsgefühl des Décadents noch verzweifelter: »Seine Empfindungen, seine Triebe, seine Instinkte sind nicht sein individuelles Eigentum, sondern von seinen Vorfahren ererbt oder von seiner Umgebung bedingt; er ist ihr Durchgangspunkt, die flüchtige Zusammenfassung von Teilen, die im nächsten Augenblick sich zerstreuen und neue Verbindungen eingehen können.«[52]

Aus dem Todestag des Vaters ergab sich für Kesslers Biographie eine unheilvolle Koinzidenz. Adolf Wilhelm war siebenundfünfzigjährig am 22. Mai einen Tag vor dem siebenundzwanzigsten Geburtstag seines Stammhalters in Paris gestorben. Seitdem überschattete dieses Datum Kesslers Geburtstage. Das abgeschlossene, erfüllte Leben des Vaters verband ihn »rückwärts mit der ganzen vergangenen Menschheit«, aber der bruchlose Übergang von Todestag und Geburtstag warf die bange Frage nach der eigenen Rolle und der Ungewißheit auf, ob auch ihn »einmal Etwas in die Zukunft fortpflanzen« werde.[53]

Die Zwangsvorstellungen, die sein Grübeln über den Shintoismus manifest werden ließ, waren keine flüchtigen Anwandlungen, aber sie nahmen auch nicht überhand. Noch in Japan erfuhr der zu depressiven Stimmungen neigende Millionärssohn eine Epiphanie, deren tröstliche Gewißheit ihn nicht mehr verließ: Sein leidenschaftlicher Traum von Hellas wurde lebendige Gegenwart. Seit Ascoter Tagen hatten ihn Texte antiker Autoren, vor allem griechischer Dichter, Philosophen und Staatsmänner, in einsamen Stunden begleitet. Ohne greifbare Anhaltspunkte hatte seine Phantasie Perikles und die Akropolis ins schemenhaft Ideale überhöht; allenfalls leblose Umrisse griechischer Tempel und antiker Körperschönheit hatten ihm vorgeschwebt. Für den

Nachgeborenen war die hellenische Vollkommenheit endgültig vorbei wie das Paradies nach dem Sündenfall.
Dieses elegische Verhältnis hatte nun ein Ende. Schon der erste Kontakt mit japanischen Altertümern, als er vom Eingangstor über die Stufen zum Hachiman-Schrein hinaufblickte, hatte ihm die sakrale Funktion antiker Tempel evident gemacht. Die Horazischen Verse über die frugale Zeit, »da noch mit schweigender Jungfrau zum Capitol steiget der Pontifex«,[54] waren ihm eingefallen und verstärkten die Suggestion.
Ein sonniger Vormittag an der Meeresküste von Kamakura tat ein übriges, Hellas sichtbare Wirklichkeit werden zu lassen. Als er von einem winzigen Gartenhaus, das steil über dem Meer am Felsen lag, über die weite Bucht mit spielenden Kindern am Strand blickte, breitete sich vor ihm eine wahrhaft antike Strandlandschaft aus: »Die idyllische Schönheit dieses Ausblicks ist unbeschreiblich. Preller hat in seinen Odysseelandschaften kaum etwas so Ideales geschaffen. Nach dem Frühstück steigen wir zu den Tempeln empor, über lange Stufenreihen in rauschenden Hainen, durch deren dunkles Laub das Meer hindurchleuchtet. Was Griechenland einmal war aber nicht mehr ist, was man in ecstatischer (Stimmung?) von seiner Schönheit träumt, das ist in dieser Landschaft zur Wahrheit geworden.«[55] Offensichtlich haben die imposanten Ideallandschaften des Weimarer Malers Friedrich Preller, die dieser zwischen 1833 und 1836 im Gartenhaus Gottfried Härtels, des Fürsten unter den deutschen Musikverlegern, in Tempera auf Gips ausgeführt hatte, Kessler während seiner Leipziger Studienzeit derart beeindruckt, daß diese Wandbilder seiner Griechenland-Nostalgie eine erste greifbare Gestalt gegeben hatten.

Der Tag am Strand von Kamakura war nicht der einzige große Moment seines Japanaufenthalts, aber Kessler achtete, dem Wechsel treu bleibend, auf psychische Ökonomie. Drohte ihn ein Erlebnis zu überwältigen, suchte er einen Ausgleich und ging zu kleineren Dingen über. Viele Stunden verbrachte der bescheiden beginnende Sammler bei Kunsthandwerkern, die mit Lack, Porzellan, Email, Stickerei und Elfenbein umgingen, und drang geduldig in deren Arbeitsweise und Formensprache ein.

Auch Relikte der traditionellen Alltagskultur fanden sein Interesse. Auf dem Lande zum Übernachten in einem Teehaus eingekehrt, entzückte ihn sein reinliches Zimmer mit Wänden aus weißem, über ein Holzleistengitter gespanntem Papier; in einer kleinen Vertiefung stand eine Vase mit einem Kirschblütenzweig vor einem Rollbild; schob man die vordere Wand zurück, ging der Blick auf einen kleinen Garten mit einer Zwergpalme, einigen verkrüppelten Pinien und einem Felsen, der so hoch wie ein gewöhnlicher Blumentopf war. Das Miniaturensemble zeugte von einer verfeinerten Kultur, die man im »zivilisierten« Europa nicht einmal erahnte: »Das Begnügen mit Wenigem, das Verschmähen des Zuviel, die Selbstbeherrschung und die vollendeten u. natürlichen Manieren auch des gewöhnlichsten Mannes, machen aus dem Durchschnittsjapaner ein Wesen, das vom Barbaren unendlich viel weiter entfernt ist, wie der grobe, Sensationslüsterne Europäer, wir haben die grössere geistige die vielleicht auch, obgleich ich das bezweifle stärkere moralische Kraft; aber an innerer, wirklicher Civilisation sind uns die Japaner unendlich voraus. Es ist für das ganze Menschengeschlecht jammerschade, dass wir diese zarte Blume der Gesittung berühren u. dadurch zerstören mussten, ehe wir fähig waren sie für uns zu Nutze zu machen u. sie dadurch überhaupt als ein festes Kapital für die Menschheit zu retten.«[56]

Vom Besuch des Kaiserlichen Kirschblütenfests versprach Kessler sich viel, und er ließ seine Beziehungen spielen, um mit Angehörigen der Deutschen Botschaft dabeizusein. Das Hoffest überzeugte ihn jedoch, kurz vor der Abreise, daß japanische Lebenskultur nurmehr im Abseits zu finden war. Der kaiserliche Park, hügelig mit weit auslaufenden Rasenflächen, bot eine herrliche Aussicht auf die Bucht von Tokio:»Der Hama Garten ist wirklich entzückend schön. Auf einer niedrigen Terrasse am Strande dehnen sich seine Rasen und Lauben frühlingshaft u. saftig aus, ein klarer See glitzert in seiner Mitte von purpurblättrigen Ahornbäumen umschattet und durch die rosigen Blüten der Kirschbäume sieht man die Dschunken mit geblähten Segeln auf dem Meere vorbeiziehen.«[57]

In dieser Umgebung bewegten sich die Großen des Landes derart europäisiert, daß der Kontrast zur anmutigen Gartenkunst kaum zu ertragen war:»Die japanischen Frauen in ihren Pariser Toiletten abschreckend, die Taille zu lang, die Beine zu kurz, das Ganze wie ein schlechtgeschnürtes Bündel. Die Ministerfrauen sehen aus wie Berliner Köchinnen auf dem Faschingsball und die Jünglinge der Hofaristokratie wie ›feine‹ Commis.«[58] Selbst die Kochkunst verzichtete auf die Genüsse, die Kessler in exquisiten Teehäusern zu schätzen gelernt hatte. An ein Menü aus »Seetangsuppe, rohem Fisch mit Kirschsauce, geschmorten Bambuswurzeln und Gras« war hier nicht zu denken. Die Kaiserliche Familie tat sich, in einem Zelt mit zwei riesigen Büfetts sitzend, an Speiseeis, Lachs und Paté de foie gras gütlich, die Lakaien bedienten in österreichischer Hoflivree.

Auch eine Aufführung im Kabuki-Theater stand auf dem Programm, an das sich Kessler in Japan hielt. Das Gebäude, das er in Tokio nachmittags besuchte, war neu und im europäischen Stil errichtet, die Zuschauer im Parkett saßen jedoch »in kleinen Logen mit fusshohen Brüstungen« auf dem Boden. Im Zuschauerraum herrschte Tageshelle, nur der Bühnenkasten wurde durch Lampen erleuchtet. Die Bühne erweiterte ein Laufsteg, über den die Schauspieler durch den Zuschauerraum ein und aus gehen. Kabuki ist eine deftige, oft burleske Theaterform, bei der die Schauspieler Schminkmasken tragen.

Vor allem über die Drehbühne, die das Tempo beschleunigte und sogar Teil der Inszenierung werden konnte, staunte der

Theaterenthusiast: »Der Szenenwechsel geschieht dadurch dass die Bühne einen vollkommenen Kreis um sich selbst beschreibt. Dadurch werden ganz neue Effekte ermöglicht. In der einen Szene kommt ein ganzes Schiff auf die Bühne; um darzustellen wie es den Kurs wechselt wird einfach die Bühne halb umgedreht. Ein grosser Teil des Stücks wird durch Pantomime u. Tanz ausgefüllt.«[59] Wie häufig, wenn Kessler etwas für ihn ganz Neues sah, hielt sich auch hier seine Begeisterung in Grenzen. Die Gefühlsausbrüche auf der Bühne waren ihm vermutlich zu laut, und die lebhaften Reaktionen im Publikum paßten nicht zu der von ihm so geschätzten Zurückhaltung, die er selbst bei den japanischen Schuljungen auf dem Nachhauseweg beobachtet hatte. Dennoch dürfte der Besuch ihn für Gordon Craigs Neuerungen auf der Bühne vorbereitet haben, immerhin hatte Danjuro IX, »der grösste Schauspieler Japans«,[60] auf der Bühne gestanden.

Tagelanger heftiger Regen weckte den Wunsch nach Abreise und erleichterte den Abschied. Um fünf Uhr früh lichtete der Dampfer, »ein mächtiges, schwimmendes Hotel« mit nur neun Passagieren an Bord, die Anker und fuhr Richtung Shanghai: »Hunderte von Fischerbarken schaukeln auf blaugrünem Wasser; manchmal einzeln, manchmal in ganzen Flotillen zu zwanzig und dreissig. Die Form dieser Japanischen Segelbarken ist wunderschön, die graziöse Curve des hohen Schiffsschnabels, das quergestellte, viereckige Segel erinnern an die altgriechische Schiffsform.«[61]

Mit der Ankunft in China Mitte Mai veränderte die Reise, die in New York und Kamakura lebensgeschichtliche Relevanz bekommen hatte, ihren Charakter. Exotische Lebenswelten drängten sich auf, die Fülle der Eindrücke wurde auf Dauer lästig und strapazierte selbst Kesslers Fassungsvermögen. In den fünf Wochen von Shanghai bis Kalkutta erlebte er nichts, das ihn innerlich berührt hätte. Die Glücksemphase im malaysischen Urwald, wo ihn das Gefühl durchströmt »Hier könnte ich mein Leben verbringen«, war nur ein kurzer Moment gewesen, ebenso rasch vorbei, wie er gekommen war. Langeweile machte sich bemerkbar und mangelnder Komfort störte: »Das Schiff ist miserabel; das saloppste das ich bis jetzt kennen gelernt habe, dazu nur Malaien die kein Wort Englisch verstehen an Bord.«[62] In den Tropen, wo es auch empfindlich kühl wurde und ein stürmischer Monsun sich dem Schiff entgegenstemmte, beschäftigte ihn Lektüre mehr als alles andere. Aber auch die gediegenen Romane von Dickens, Thackeray und Zola machten wenig Freude.

Erst in Bengalen erwachte wieder das Interesse an der Vielfalt tropischer Natur und dem pulsierenden Leben in den Vierteln der einheimischen Bevölkerung. Als er in Kalkutta ankam, fielen ihm sogleich die kolonialen Verwaltungsgebäude ins Auge, die zu allem, was in dem quirligen Handels- und Produktionszentrum wucherte und blühte, in schroffem Gegensatz standen: »In die Edengärten, dicht am Fluß, in unbeschreiblicher, tropischer Farbenpracht glühend, dunkle Palmen u. Magnolienbäume, rosige Lotuskelche auf ihren dünnen Stämmen hoch über dem grünen Wasser schwebend, Kaleidoskopische Blumensträuche, Gewirre von Blüten, Scharlach und Gelb, Violett und Rosa, im Schatten Carminroten Laubes und Purpurblühender Bananenbäume. Die europäische Stadt langweilig und englisch; gothischer Justizpalast, anglogriechische Regierungsgebäude. Ich möchte wissen ob es je etwas ungriechischeres, d.h. praetentiöseres, unzweckmässigeres und hässlicheres gegeben hat wie der Graecismus des Nachnapoleonischen Zeitalters, der Jahre 20 bis 40. In die Eingeborenen-Stadt; der Übergang vom englischen ins indische Calcutta wie wenn man nach einem pedantischen Commentar eine originelle Dichtung aufschlägt, dunkle, schattige Gassen an denen steil Tempel und Moscheen und schimmernde Bazare und phantastische Häuser, rosa und meergrün, goldgelb und scharlach in die zarte Glut des Abendhimmels aufsteigen.«[63]

Seit Knabentagen war Kalkutta die indische Stadt, die Kesslers Phantasie beschäftigte. Sein Lieblingsautor Thomas Macauly hatte dort als Mitglied des Hohen Rates zwischen 1834 und 1838 ein liberales Strafgesetzbuch für Indien durchgesetzt; seitdem war dessen Haus für ihn eine Wallfahrtsstätte. Macauly hatte nicht nur als mitreißender liberaler Redner und Schriftsteller im Licht der englischen Öffentlichkeit gestanden, für Kessler gipfelte das vorbildliche Leben des vielseitigen Mannes in seiner kolonialen Reformtätigkeit. Als sein lang gehegter Wunsch, dessen indische Wirkungsstätte mit eigenen Augen zu sehen, erfüllt war, gestand sich der auf Andacht gestimmte Pilger ein: »Wie oft hat dies Haus mir in der Phantasie vorgeschwebt; nicht so und doch weiss ich kaum was ich an der Wirklichkeit jetzt auszusetzen hätte. Es geht einem wenn die Wirklichkeit an die Stelle des Phantasiebildes tritt wie wenn man einen eigens gemachten angemessenen Schuh gegen einen fertiggemachten umtauscht; aber man lebt sich auch hierin ein. Durch das Fort William; auch eine zerstörte Illusion; diese altmodische Baracke würde keine zehn Schuss von einem modernen Panzerschiff vertragen; allerdings würde ein Kriegsschiff ohne Lootsen wohl schwerlich den Hooghly heraufgelangen.«[64]

In Indien war die Modernisierung, die Kessler in Japan auf die Nerven gefallen war, noch wenig fortgeschritten. Die englische Kolonialherrschaft trat außerhalb von Kalkutta nur durch Eisenbahnen, Landstraßen und Brücken in Erscheinung. Das öffentliche Leben, ein Gewirr von Völkerschaften, Religionen und Trachten, besaß ungeschmälerten Reiz. Wiederholt zog es ihn zu den Stufen am Ganges, wo Tausende von Pilgern geduldig auf ihr Bad im Fluß warteten, Scheiterhaufen schwelten und »Frauen in zartfarbigen Mänteln heiliges Wasser in blitzenden Erzkrügen zur Stadt hinauf«[65] trugen. Beerdigungsprozessionen oder Familienfeste in aller Öffentlichkeit wirkten derart bizarr, daß der Diarist nicht umhinkonnte, diese Eindrücke zu schildern. Der pointierte

Stil des Tagebuchs entwarf knappe filmartige Sequenzen, die durch Farbklänge gesteigert wurden. Monumentale Baudenkmäler boten ein Gegengewicht zu den unruhigen Impressionen des Straßenlebens. Dort gewann der Reisende die Distanz, die es ihm erlaubte, Fragen zur Morphologie der Kulturen und den Brüchen der Menschheitsgeschichte zu ventilieren. Mit der indischen Architektur erging es Kessler ähnlich wie mit dem Innern japanischer Tempel: »Die rein indischen Tempel wirken malerisch und phantastisch; architektonisches hat ihre Schönheit garnichts; kein einziges konstruktives Element kommt zur Geltung; Es ist als wäre Alles absichtlich verdreht, verrenkt, wegornamentiert. Und dann das Ornament selbst. Das einzige was die monströsen Schöpfungen der indischen Phantasie hätte acceptabel machen können wäre etwas Humor gewesen, ein Humor wie ihn die Japaner und auch die Chinesen ihren Darstellungen von Ungeheuern eingeflösst haben. Selbst bei den obszönen Darstellungen am Nepalesischen Tempel ist Alles pedantisch genau ohne einen Funken von Esprit vorgetragen.«[66]

Auch die Paläste und Moscheen der Großmogule ließen ihn ziemlich kalt, wenn er auch ihre Pracht und Grazie bewunderte. Die größte Moschee der Welt, Jâmi Masjid in Delhi, wirkte zwar imposant, »doch hat sie wie fast alle Werke Muhammedanischer religiöser Architektur etwas rationalistisches-seelenloses, das Alles Hingerissenwerden ausschliesst«.[67] In Agra störte ihn die »Mischbildung zwischen Orient und Renaissance bei der ein jeder Stil sein am meisten charakteristisches Merkmal verloren hat, der muhammedanische das Teppichornament, die Renaissance die Harmonie der Linien und Formen«.[68]

Arabischer Architektur begegnete Kessler hier nicht zum ersten Mal. Auf der Spanienreise, die ihm der Vater 1888 zum Abitur spendierte, hatte er die Ruinen des Alkazar von Cordoba gesehen: »Ich war ganz erstaunt über die Anmut und Schönheit maurischer Architektur und ihrer Färbung, ich habe nicht wieder eine solche Freude empfunden wie in der Halle der Botschafter oder im Hof des Harems, seit ich das herrliche goldene Licht durch die hohen Seitenschiffe der Mailänder Kathedralen einströmen sah.«[69] Seine reservierte Haltung ging also nicht auf grundsätzliche Vorbehalte zurück.

In Dehli, Agra und Jaipur wollten die Reflexionen über mohammedanische Kunst kaum enden und gerieten zu langen, detaillierten Betrachtungen, bei denen die großen Architekturepochen zu kulturmorphologischen Vergleichen herbeizitiert wurden. Kesslers ernsthaftes Nachdenken zeigt, daß er sich nicht, dank seiner »Allerweltsintimität«, überall zu Hause fühlte. Selbst das Tadsch Mahal drohte für ihn zum Problemfall zu werden: »Der Taj bedeutet für Indien dasselbe wie die Alhambra für Spanien oder die Cafés Chantants für Paris. Ich bin im ersten Augenblick enttäuscht gewesen, wie von der Peterskirche und vom Kölner Dom.«[70] Es dauerte, bis ihm die Schönheit des Ensembles vor Augen stand. Im farbigen Kontrast der »schlichten strahlenden Weisse« der Grabkapelle mit dem »Dunkelrot« der unruhig wirkenden Nebengebäude nahm schließlich das »größte coloristische Meisterstück (wie Shakespeare der grösste Dramatiker oder Homer der größte Epiker ist)« von ihm Besitz. Seine Eloge mündet in den Superlativ: »Ich glaube dass dies das einzige Gebäude der Welt ist, das ganz würdig wäre den Gral zu bergen.«[71]

Nach diesem erhabenen Eindruck konfrontierten drei Tage in Bombay Kessler erneut mit genuin indischer Alltagsrealität. Bei den Türmen des Schweigens, wo die Parsis ihre Toten den Geiern zum Fraß vorwarfen, reagierte der europäische Ästhet noch erstaunlich gelassen. Doch bald bedrückte ihn die abgründige Fremdheit der Menschen auf den Straßen: »Immer wieder versucht man durch die fanatischen, oder gleichgültigergebenen oder, von Ausschweifungen ermatteten Augenpaare hindurch das

Weltbild zu lesen, das sie erblicken. Für hundert verschiedene Inder hat derselbe Strauch, dasselbe Tier, derselbe Stern hundert verschiedene Bedeutungen, es ist ein Gott, ein Dämon, die Wohnung eines bösen Geistes.«[72]

Zum Glück blieben die Türme des Schweigens und das undurchdringliche Völkergewirr nicht die letzten Eindrücke. Beim Besuch der Grottentempel von Elephanta, der kleinen Insel im Hafen von Bombay, betrat Kessler noch einmal ein tropisches Paradies, »von Palmen und Jasmin überwuchert und von sonnigen, blauen Gewässern umflossen«.[73] Die architektonischen Meisterwerke dort ließen die indische Religiosität weniger absurd erscheinen. Die »grandios mystischen Tempelhallen« von Elephanta verdeutlichten, wie verständnislos die Europäer die indische Religiosität betrachteten: »Wenn sie grosse, eindrucksvolle Tempel hervorbringt bewundern wir sie und sonst sprechen wir von Fanatikern und Aberglauben und Gott weiss was Allem.«[74]

Diese ziemlich spät gewonnene Einsicht hielt nicht lange vor. Der erste Sonntag auf See beruhigte Kessler wie die Ankunft im europäischen Alltag: »Früh Gottesdienst; der Kapitän liest die Liturgie. Abends der alte Lord Radstock auf dem Sturmdeck eine Rede über die Christianisierung Indiens. Das große Unglück unserer Zeit ist, dass ein jeder vor die Alternative gestellt ist entweder Herz oder Verstand zu opfern, sein Gefühl zu ersticken oder seine Vernunft zum Teufel zu schicken. Man empfindet das, wenn man die alte Liturgie, die man als Kind all sonntäglich gebetet hat und die alten, wohlbekannten Hymnen wiederhört, und mit welcher unsäglichen Bitterkeit empfindet man es.«[75] Die Erlebnisflut war nicht allein anstrengend gewesen, sie hinterließ auch innere Leere. Als Trost, der aus der Einsamkeit herausführte, war ihm das ausgemacht patriarchalisch-christliche Milieu an Bord der »Thames« hoch willkommen.

Als der Heimkehrer sich ein paar Tage später mit dem Redner vom Sonntag Granville Waldegrave, 3rd Baron Radstock, ausführlich unterhielt, dachte er über Indien bereits strategisch wie ein Gentleman, der den Kontinent nur vom Hörensagen kennt. Dem von den Fortschritten der christlichen Missionen in Indien durchdrungenen Heidenmissionar pflichtete er nicht nur aus Höflichkeit bei. Als hätte er nicht wenige Tagen zuvor noch schmerzlich gespürt, wie hoffnungslos es war, sich der indischen Mentalität auch nur zu nähern, referiert Kessler die realitätsferne Ansicht des würdigen Predigers ohne leisesten Widerspruch. Die Missionstätigkeit in Indien sei schwierig, aber notwendiger als jede intellektuelle moralische Erziehung, sie allein schaffe im Gemüt des Volkes die Grundlage, auf der die Übernahme der »höheren Civilisation« erst fruchtbar werden könne. Daß der Diarist sich am Schluß selbst zu den »Gehirnhelden des 19ten Jahrhunderts« zählte, die an ihrer »blinden Überschätzung des Intellekts dem Herzen gegenüber zugrunde«[76] gehen könnten, markierte den einzigen Unterschied zum felsenfesten Christentum des englischen Herrenmenschen.

Kein Zweifel, die Weltreise hatte ihren Höhepunkt überschritten, Kessler hatte genug gesehen und war innerlich zurück in Europa. In Taormina angekommen, atmet er auf: »Es thut wohl nach Allem Phantastischen und Fremdartigen der letzten Monate einmal wieder bekannte Gegenden und Städte zu sehen. Selbst über die alte barocke in ein Theater umgewandelte Kirche in Taormina habe ich mich gefreut.«[77]

Die Rückreise dauerte nur sechzehn Tage. Lediglich die Fahrt durch den Suez-Kanal legte einen viertägigen Aufenthalt in Kairo und Umgebung nahe. Kessler will sich nicht nachsagen lassen, er sei in Ägypten gewesen und habe die Pyramiden nicht gesehen. Aber nicht nur Überdruß und Erschöpfung trieben zur Eile. Seine Weigerung, sich auch noch auf ägyptische Altertümer einzulassen, zog eine selbstkritische Bilanz seines touristischen Treibens in den letzten Monaten: »Denn schließlich hat doch jedes Werk von Menschenhand nur Wert insofern es für Einen das Zeichen, das Hieroglyph für ein Gefühl, einen Zustand, eine Idee des menschlichen Geistes ist; nur diese Verknüpfung mit einer Regung des Menschengeistes bewirkt, dass es etwas Lebendiges, ein Stück des großen Weltlebens, der Natur selbst sei, und nicht blos ein von Menschenhand verdorbenes Gotteswerk. Das gilt von der Kreuznagelung Dürers wie von dem ärmlichsten Thongötzen den Schliemann in Troja gefunden hat. Und wenn Einem, wie mir hier, das Seelenleben entgeht das das Werk erzeugt hat, was bleibt dann übrig als eine bedeutungslose Schlacke, eben, ein Hieroglyph.«[78]

Diese Erkenntnis wurde grundlegend und verflüchtigte sich nicht wie manche andere kluge Feststellung im Tagebuch. Wenn Kessler in Zukunft zwischen den europäischen Hauptstädten pendelte, wochenlang in italienischen Kirchen Kunstgeschichte trieb oder einsam durch griechische Landschaften ritt, war sein Bewegungsraum weit, blieb aber überschaubar. Der Norden, der viele Zeitgenossen reizte, blieb außerhalb seines Gesichtskreises. Obwohl sein Verständnis für Edvard Munchs Malerei wuchs, verspürte Kessler keine Neugier auf das karge Milieu der Christiania Boheme oder die langen Schatten im Dämmer der Mitsommernächte. Sosehr ihn die Ballets Russes begeisterten, konnte nicht einmal Sergej Diaghilew ihn dazu bewegen, sich in St. Petersburg oder Moskau umzusehen.

Auch nach Wien und den Ländern der k.u.k. Monarchie zog es ihn nicht gerade hin. In der Donau-Metropole bedrückte es ihn, die »Deutschheit« unverkennbar »in der Sterbestunde« liegen zu sehen: »Sie wird ins Tschechische, Polnische, Magyarische, Jüdische versickern wie ein großer Fluß, der das Meer nicht erreichen kann.«[79] Aber dies war es nicht allein. Als er sich im März 1907 wegen eines Vortrags über Paul Gauguin zehn Tage in Wien aufhielt, überfiel ihn die Dürftigkeit Berlins und machte ihn bitter. Sein Spaziergang durch den belebten Prater, dessen frischer, freudiger Eindruck den Hyde Park ebenso wie den Bois de Boulogne an Weitläufigkeit übertraf, ließ nur die Feststellung zu: »Unser morner Tiergarten, in dem nur schlechte, weisse Puppen durch die Bäume gucken, ist eine traurige Erinnerung hier. Wien hat das Luxusleben, das mit dem Übrigen von Berlin zusammen erst eine wirkliche deutsche Hauptstadt wie Paris und London machen würde.«[80] Als er einen Tag danach mit Hugo von Hofmannsthal in der Inneren Stadt umherging und der leidenschaftliche Vertreter des alten Österreich ihm die ehrwürdigen Adelspaläste zeigte, wurde ihm die Ärmlichkeit der deutschen Metropole, wie nie zuvor, bewußt. Die gewaltigen Gebäude, »die meistens noch im alten Stil bewohnt werden«, legten das kulturelle Desaster der kleindeutschen Lösung bloß: »Dagegen erscheint Berlin allerdings bettelhaft, '66 wie ein Geusen Aufstand, in dem wir unsere Aristokratie abgeworfen haben. Seitdem fehlt unserer Kultur die grosse Lebensform, sie hat nur noch Mittelstand. Diese Spaltung seit dem Dreißigjährigen Krieg zwischen Nord und Süd, die '66 vollendet worden ist, hat unserer Kultur den Luxus und den grossen Stil im Leben amputiert. Werden wir sie uns aus Eigenem wiederschaffen können wie Amerika?«[81]

Mit Ausnahme der USA hatte Kessler überall in der Welt moderne Technik und kapitalistische Ökonomie unheilvoll auf dem Vormarsch gesehen, so daß er zu weiteren Fernreisen wenig Neigung verspürte. Illusionslos resümierte er vier Jahre später die Erfahrung, die seine neunwöchige Tour durch Mexiko erhärtet hatte: »Unsere Zeit ist möglicherweise die letzte gewesen, zu der man noch reisen konnte, schon wir kommen kaum noch aus unserer Zivilisation hinaus, das Bild bleibt sich von Weltteil zu Weltteil erstaunlich gleich.«[82]

Warum Kessler im Oktober 1896 auf seiner zweiten Reise in die USA und nach Kanada darauf verfiel, anstatt wie geplant nach

Nordafrika nach Mexiko zu gehen, liegt im dunkeln. Eine ältere Reisebeschreibung in Nietzsches Bibliothek, die dessen Mexiko-Sehnsucht bezeugt, und erste Fotografien der Bauten der Mayas in Yukatán, die der Archäologe Theobert Maler 1895 in der Zeitschrift »Globus« veröffentlicht hatte, sollen die Tour angeregt haben, die Kessler fast 6000 Kilometer im mexikanischen Landesinneren umherführte. Für die Vermutung, die Strapaze habe er als Jünger Friedrich Nietzsches, der sich nach »milder Höhenklarheit« in Oaxaca sehnte und »die Hochlande von Mexiko« als Gegenbild zum »alten Sündfluteneuropa« pries, auf sich genommen, gibt es bei Kessler keinen Hinweis.[83] Daß er bei Theobald Maler in Ticul zu Gast war und sich von ihm manche Entdeckung in der Umgebung zeigen ließ, macht es jedoch plausibel, daß Kessler zuvor durch dessen Fotografien auf die vom Urwald überwachsenen Funde neugierig geworden war, und entspricht seinem gewohnten Vorgehen. Wenn ihn etwas interessierte, suchte er stets Kontakt zur ersten Garnitur wie diesem Pionier der Maya-Forschung.

Als die »Notizen über Mexiko« 1898 bei Fr. Fontane & Co., dem Verlag des »PAN«, erschien, hatte Kessler das dreißigste Jahr erreicht. Sein Buch war der Mutter nicht nur gewidmet, er hatte es in der Tat für sie geschrieben. Für Alice von Kessler war die Erfolglosigkeit der diplomatischen Karriere ihres Sohnes längst ausgemacht. Deshalb hatte sie Harry nach dem Tode ihres Mannes, der dies nicht geduldet hätte, ermuntert, sich literarisch zu versuchen. Daß er ernsthaft an den »Notizen« arbeitete, war ihr nicht genug gewesen. Als er sich mit einer dramatischen Totgeburt, »Der Einsame«, trug, drängte sie den aus gutem Grund Abstandnehmenden, das Stück weiter auszuarbeiten. Am 23. Oktober 1897 hält das Tagebuch fest: »Mama treibt mich, mich dramatisch zu versuchen.«

Die Selbstanzeige des Mexiko-Buches, am 30. April 1898 in Maximilian Hardens »Die Zukunft« plaziert, richtete sich gegen eine auf exotische Eindrücke fixierte Reiseliteratur: »Jetzt gibt es keine Entfernungen mehr, die genügen, um Abenteuer glaubhaft zu machen; die Geographie und das Wirtschaftsleben lernen wir zu Hause aus Handbüchern und Weißbüchern besser als auf der Reise aus dem Baedeker kennen; und Familienjournale haben, was für die Sinne neu war, durch Wort und Bild gewöhnlich gemacht.«[84] Mit keinem der üblichen Reiseschriftsteller wollte Kessler verwechselt werden, er wollte mehr bieten als Plaudereien über das wilde Land in den Tropen, wo Maximilian, ein Bruder Franz Josephs I., als »Kaiser von Mexiko« ein tragisches Schicksal erlitten hatte.

Die »Notizen über Mexiko« waren ein ambitioniertes schriftstellerisches Experiment, das ein lebendiges Verständnis für die versunkene Hochkultur des Landes, der deprimierenden mexikanischen Gegenwart zum Trotz, wecken sollte. Der Hauptgegenstand des Buches, die Denkmäler der Maya und Azteken, gehörten noch zu den Themen, die Kessler bereits in Japan und Indien beschäftigt hatten, sein Standpunkt hatte sich jedoch inzwischen geändert. Sein Interesse an Monumentalbauten verband er nun mit einer Innenperspektive, einer Entdeckungsreise ins »Seelenleben« vergangener Kulturen.

Diese Intention, sich als Reisender von »Kunstwerken und Gesellschaftsformen, die für ihn längst keine Bedeutung hatten, auf eine neue Weise rühren« zu lassen, »weil sie Bekenntnisse von Seelen sind«,[85] erinnert an Sigmund Freud, als dieser bei den ersten Behandlungen seiner Patienten auf die eigene Phantasie angewiesen war, weil die Schulmedizin für seinen Versuch, ihrem »Geheimnis« nahezukommen, nicht mehr ausreichte. Während Freud sich nicht selten gezwungen sah, seine Mutmaßungen im Laufe der Untersuchungen erheblich zu korrigieren, beruhen Kesslers divinatorische Deutungen fast ausschließlich auf seinem einmaligen intensiven Eindruck.

Die lockere Form des Tagebuchs, die Kessler dem Mexiko-

Buch gab, war literarische Fiktion. Phantasmagorien von Himmel und Unterwelt, Leben und Tod bilden sein verborgenes Zentrum. Diese Elementarerfahrung, die er im Lande der Maya und Azteken gemacht hatte, kreist seine Darstellung unaufdringlich ein und läßt die Phantasie des Lesers zwischen gegenwärtigem Zustand der Natur- und Baudenkmäler und ihrer erahnten ursprünglichen Erscheinung hin und her eilen.

Den ersten grandiosen Höhepunkt bietet die Besteigung des Popocatepetl, des mexikanischen Fudschijama. Der 5452 Meter hohe Berg versetzte den untrainierten Autor, der mit diesem Abenteuer eine kaum zu überschätzende körperliche Leistung erbrachte, nicht nur metaphorisch in den »Himmel«: »Von allen Seiten umgibt er uns hier; umstrahlt uns kupferglühend im Morgenrot, die Sonne umkreist uns, und unter uns liegt das Erdenrund im Himmelsblau wie ein zweites Gestirn.«[86] Halluzinationen steigern seine Ekstase zum Höhen- und Freiheitsgefühl Zarathustras.

Der Aufstieg in den Himmel korrespondiert in den Höhlen und unterirdischen Tempeln von Loltoun in Yucatán mit dem Gang in die mütterlich konnotierte Unterwelt. Ihr Eingang »liegt in einem Dickicht unter Gestrüpp und gestürzten Baumstämmen versteckt. Man steigt über Stufenfolgen und an Baumwurzeln in einen Schacht hinunter, der zu einer meilenlangen Folge von unterirdischen Hallen hinabführt.«[87]

Auf der »Erde« befand sich bei Mitla die »Stadt der Toten«, ein Gräberfeld in einem entlegenen Tal, das zugleich Heiligtum und Festung für die Bewohner der Umgebung gewesen war. Dort kam jene »geheimnisvolle Verwandschaft« zwischen altamerikanischer und früher europäisch-asiatischer Kultur zutage, der Kessler in Mexiko nachspürte. Die »Stadt der Toten« bewies ihm »die innere Notwendigkeit aller menschlichen Entwicklung, die dadurch bezeugt wird, daß hier ganz unabhängig von der anderen europäischen Zivilisation, nur drei bis vier Jahrtausende verspätet, eine menschliche Kultur ihren Lauf begonnen hatte, die auf demselben Wege war, der in der alten Welt von Chaldäa und Ägypten zu Goethe und Kant geführt hat«.[88]

Doch die Gewißheit menschheitsgeschichtlicher Kontinuität, die über Jahrtausende hinwegträgt, wurde bereits zehn Tage später in Uxmál, wo die Städte und Fürstenhöfe der Maya im Urwald lagen, gründlich in Frage gestellt. Mit ihren auf mehreren übereinandersteigenden Terrassen errichteten Bauten hatte diese Architektur, die im Kontext des Buches das soziale Leben symbolisiert, für Kessler nicht das geringste mit europäisch-asiatischer Lebensgestaltung gemein: »Sie ordnet sich nicht horizontal auf eine Fläche, sondern vertikal in die Höhe.« Die »Versammlung von dicht aneinandergerückten Akropolissen, die von Palästen und Tempeln gekrönt, jetzt aus dem Urwald aufragt«,[89] befremdete als urbaner Lebensraum den Cottage-Liebhaber. Aber nicht nur dies. Obwohl er in Chicago noch wenige Wochen zuvor »zwanzig Stock hohe Geschäftshäuser aus Eisen und Marmor«[90] bewundert hatte, vermochte er die vertikale Bauweise der Maya nicht mit Louis Sullivans Stahlskelettarchitektur, der jüngsten Manifestation des amerikanischen way of life, in Verbindung zu setzen.

Was die »Notizen über Mexiko« für heutige Leser unerfreulich macht, sind Einsprengsel, welche völkerpsychologische Begründungen Wilhelm Wundts und kolonialherrschaftliche Ansichten zu einem undurchdringlichen Netz von Vorurteilen verknüpfen. Die Verhaftung an den Zeitgeist war vielleicht nicht zu vermeiden, aber Kessler schien es auch wenig zu kümmern, daß sich seine Argumente gegenseitig entkräfteten.

Die mexikanische Dekadenz muß für vieles herhalten: »Jede neue Generation fängt mit einem geringeren Grundkapital an, weil mehr verbraucht als ersetzt worden ist. Die Folge davon ist eine Art von zugleich angestammter und in jedem einzelnen wieder neuentwickelter physiologischer Trägheit.«[91] Im Schlußabsatz des Buches sind die Mexikaner jedoch wieder »eine noch unentwickelte Rasse«[92], die, angemessen behandelt, eine Zukunft habe. Der dekadente Hang der Mexikaner zur Untätigkeit schädige vor allem die wirtschaftliche Produktivität des Landes, wobei Kessler im gleichen Absatz nicht verschwieg, »daß der spanische Grundherr jeden Verdienst, jedes Ersparte, so oder so, als Raub oder Zins, immer bald wieder an sich bringt«.[93] Der Autor beklagte: »Der Indianer baut auf seinem Feld nur gerade so viel, wie er für sich und seine Familie zum Unterhalt braucht: ein wenig Korn und einige Magueypflanzen zur Pulquegewinnung« – und fährt nach einem Gedankenstrich fort: »Im Grunde genommen ist der indianische Bauer nicht faul, sondern genügsam. Er fühlt sich offenbar in seinem Zustand ziemlich wohl; denn er lässt sich in seiner Ärmlichkeit nicht einen gewissen Luxus entgehen; die Frauen tragen am Halse und an den Ohren Schmuck, Glasperlen und Silbersachen. Die Matten sind fein geflochten.«[94]

Ähnlich zwiespältig urteilte Kessler über den mexikanischen Präsidenten und dessen Politik. Porfirio Diaz und seine Ley Fuga, ein Gesetz, dem zufolge Unzufriedene und Oppositionelle »auf der Flucht« erschossen werden durften, benannte er unmißverständlich als bedrückende Schattenseite der mexikanischen Gegenwart.[95] Aus der Nähe betrachtet, machte der Tyrann, »ein schöner Mestize«, jedoch eine gute Figur. Trotz seines militärischen Rangs zivil in Londoner Tuch von gutem Zuschnitt gekleidet, benahm er sich wie ein Gentleman. Seinem »vornehmen Äußeren« waren die ihn umgebenden europäischen Diplomaten hoffnungslos unterlegen.[96]

Kesslers Epilog über die »düstere Endtragödie der mexikanischen Monarchie« in Querétaro spart nicht an Sentimentalität. Dieser Schlußakkord erinnert an den süddeutschen Jugendstil-Illustrator Josef Sattler, der Kesslers erstes Ex Libris zeichnete: das der aufgehenden Sonne zugewandte, androgyne Jünglingsprofil mit wallendem blondem Haar. Kessler schildert den Weg, der aus der Stadt durch idyllische Natur zur Hinrichtungsstätte führt. Maximilians Schönheit und Jugend vor Augen stellend, beschwört er »die Würde und Anmut seiner letzten Stunden«, welche der Gestalt »einen eigentümlichen, ritterlichen und menschlichen Zauber« verliehen hätten. Der tapfere Jüngling mußte scheitern, »weil er versuchte, eine noch unentwickelte Rasse mit europäischen Mitteln, das heißt anständig, zu regieren«.[97] Nach dem Schulmeister-Prinzip »wer nicht hören will, muß fühlen«, hatte Mexiko nun, was es verdiente. Seit 1884 war der Diktator Porfirio Diaz an der Macht, weil er, anders als der habsburgische Parsifal, keine Skrupel hatte, das Land mit brutaler Gewalt zu befrieden.

Der opernhafte Schluß, bei der die Verklärung des Helden in eine knappe Verbeugung vor dem Tyrannen übergeht, verweist auf ein weiteres Dilemma Kesslers als Schriftsteller. Wenn er, wie bei seiner Bekehrung durch die Matthäus-Passion, mehr darstellen will, als er erlebt hat, schmückt er bedenkenlos aus. Hier fällt er seiner auf Publikumswirkung berechneten Phantasievorstellung selbst zum Opfer. Es gehört zu den Vorzügen des Tagebuchs, daß es aufs Melodrama verzichtet und über den Abstecher nach Querétaro lediglich vermerkt: »Abends spät hier an« und »Nachmittags die Rückreise angetreten«.[98]

DRITTES KAPITEL

Ankunft in Preußen

Anfang Oktober 1892 trat Harry Graf Kessler seinen Dienst bei den 3. Garde-Ulanen in Potsdam an und war erstaunt, wie »glatt« alles verlief. Der in Hamburg aufgewachsene Bankierssohn, der keine Verbindung zu aristokratischen Kreisen in Preußen besaß und den Bonner »Borussen« nach väterlicher Intervention nicht beitreten durfte, mußte mit Reibungen rechnen. Doch in dem handfesten Milieu, das ihn an Ascot erinnerte, fühlte er sich bald gut aufgehoben. Auch die schwache Lunge machte mit. Nicht ohne Stolz trug der Einjährig-Freiwillige sein Anfangspensum ins Tagebuch ein: »Der erste richtige Dienst. Früh um 5 im Stall. Von 7–8 Fussexerzieren, von $^1/_2$ 10 – $^1/_2$ 11 Reiten, beides unter Reventlow. Nachmittags 4–5 Freiübungen 5–6 Instruktion. Sonst den ganzen Tag Stalldienst, Klopfen etc.«[1]

Die 3. Garde-Ulanen, deren Kaserne noch heute in der Jägerallee 23 zu finden ist, waren angesehen, aber ohne altpreußische, junkerliche Tradition wie etwa das 1717 errichtete Kürassier-Regiment Königin in Pasewalk. Dort hatte Walther Rathenau im Jahr zuvor gedient und das ungewohnte Gemeinschaftsgefühl genossen, aber am Schluß war die Demütigung nicht ausgeblieben: dem Eindringling hatten die Offiziere lediglich den Mannschaftsgrad eines Vizewachtmeisters zugebilligt. Harry Graf Kessler wollte ebenfalls den Status eines Reserveleutnants erreichen, aber er wählte nicht von ungefähr eine Truppe, die erst 1860 im Zuge der preußischen Heeresreform aufgestellt worden war und sich in den Kriegen 1866 und

1870/71 ausgezeichnet hatte. Bei den Garde-Ulanen war das gute Verhältnis zur Mannschaft bei einer Beförderung zum Offizier wichtig. Als einziger Einjährig-Freiwilliger des Jahrgangs kam Kessler »von Anfang an in die engste Berührung mit dem Offizierskorps«.[2] Dieser bruchlose Übergang zur Kommandohöhe entsprach der hochgespannten Erwartung, die Kessler mit seinem Eintritt ins Auswärtige Amt verband, wo er ohne Präliminarien als Gesprächspartner der Führungselite akzeptiert zu werden hoffte.

In der Woche reduzierten sich die Tagebucheinträge auf wenige Zeilen. Der Dienst war ziemlich anstrengend, Hinweise auf Erkrankung oder Unwohlsein finden sich jedoch nicht. Häufig angeführte Liebesmahle im Kasino oder Kneipen bei den Canitzern in Leipzig, zu denen es ihn noch hinzog, zeugen von Stehvermögen. Kesslers Verhalten war zufriedenstellend, so daß er bald in den Genuß einiger Privilegien kam. Nach einem Monat vom Stalldienst befreit, durfte er kurz darauf mit den Offizieren im Kasino speisen.

Die Ankunft in Preußen konnte kaum zukunftsträchtiger sein. Der schneidige Kavallerist machte bei Pferderennen des Regiments mit und wurde bald zu den »Schleppen« hoffähiger Aristokraten eingeladen. Seit Herbst 1894 ritt er, mit Zylinder und in rotem Frack, bei der jährlichen Parforcejagd der preußischen Könige im Grunewald. Am Schluß pflegte Wilhelm II. blutgetränkte »Brüche«, abgebrochene Zweige, als Jagdtrophäen unter sein Gefolge zu verteilen.

Im Januar 1895, beim Neujahrsempfang im Berliner Schloß, wurde er durch zeremonielle Namensnennung den »Majestäten auf den Stufen der Thrones unter dem rotsamtenen Baldachin«[3] vorgestellt. Beim Hofball, eine Woche später, konsternierte Kessler das Ergebnis der Renovierung, auf die Wilhelm II. sich etwas zugute hielt: »Der weiße Saal ähnelt jetzt einem Hotel Esssal; zu viel Gold und zu wenig echtes Material. Die Farben der Frauenkleider wirken in dieser weißen Halle in der rohen Helligkeit des elektrischen Lichtes grell; in giftigen Kontrasten von Grün und Rot sitzt die lange Reihe der Fürstinnen und Botschafterinnen zu beiden Seiten des Thrones beieinander; der Glanz ihrer Diamanten ist in der krassen Beleuchtung hart und unecht; die hohen Damen sehen aus wie eine von einem farbblinden Regisseur geordnete Bank schlecht aufgeputzter Theaterprinzessinnen.«[4] Noblesse war nur noch in den Nebentrakten vorhanden: »Nach diesem Prunk wirken die brokatbehangenen, mildbeleuchteten Zimmerfluchten und Gallerieen wohltuend, in denen Pagen warten und Leibgarden der Kaiserin vor den Gemächern auf dem Parkett Posten stehen.«[5] Beim Kleinen Hofball, wiederum eine Woche später, gehörte auch er zu den Geladenen; im intimeren Rahmen von »800 Menschen«[6] bewegte sich der Kaiser nicht so angespannt und wirkte frischer.

Die Berliner Erfolge des Stammhalters beeindruckten die Kesslers wenig. Der Stachel saß tief, daß Bismarck sich nach seiner gezielten Annäherung ebenso schnell zurückzog, als er feststellte, daß sie keine politischen Ambitionen mit dem Kaiser verbanden, von sonstigen Intrigen gegen das undurchsichtige, auswärtige Ehepaar, das sich bis zuletzt der Gunst Wilhelms I. erfreute, zu schweigen. Schon lange waren sie unzufrieden, daß Harry keine Anstalten machte, dem Vater nachzustreben, aber auch nicht daran arbeitete, wie die konzessionsbereitere Mutter hoffte, ein namhafter Theaterautor zu werden und sich in den Kopf setzte, Lorbeeren im Dienst des Deutschen Reiches zu verdienen. Vor allem deshalb hatte es der Vater strikt untersagt, in Bonn den Borussen beizutreten, die das Königreich Preußen mit aristokratischem Führungspersonal versorgten. Den Eltern das Gegenteil zu beweisen und dort Erfolg zu haben, wo er ihrem Einfluß nichts zu verdanken hatte, muß für den Erben ein starker Antrieb gewesen sein.

In diesen Jahren sympathisierte Harry Graf Kessler mit dem

konservativen preußischen Adel, davon überzeugt, daß die Gegner der »Reform in Staat und Kunst« sich nicht mit den Junkern deckten: »Heute stehen der Adel und die Konservativen überhaupt in beiden Fragen wohl in der Mehrzahl viel weiter links, wie die Stände, die in den vierziger und fünfziger Jahren den sogenannten Liberalismus gepachtet hatten.«[7]

Das Handicap seiner familiären Verbindungen in London und Paris betrachtete er als Vorzug, der ihn prädestinierte, den Blickwinkel der deutschen Außenpolitik zu erweitern. Die Stellung, die ihm im Auswärtigen Amt vorschwebte, gebot es, zu warten, ohne sich auf den Umwegen einer diplomatischen Karriere zu verzetteln. 1894 und 1897 gingen beide Versuche, mit Hilfe des Reichskanzlers von Hohenlohe-Schillingsfürst – als deutscher Botschafter in Paris einst häufiger Gast im Elternhaus – von oben einzusteigen, in diese Richtung. Noch im Jahr 1902 verhielt er sich kaum klüger, als er während des Gesprächs, zu dem Lichnowsky ihn ins Außenministerium gebeten hatte, ohne weiteres vorschlug, ihn im Hinblick auf die Krönung Eduards VII. »jetzt gleich der Londoner Botschaft«[8] zu überweisen, wo er sich »rasch einarbeiten und nützlich machen könnte«. Das »Amt« wußte seine Privilegien zu wahren. Zeigte dieser überzogene Vorschlag einmal mehr, wie extravagant dieser Anwärter seine Rolle in der deutschen Außenpolitik auffaßte.

Bei aller Liebe füllten die schönen Künste Kessler nicht aus. Er war kein blasser Ästhet, die väterliche Energie, die in ihm steckte, verlangte außerordentliche Aktivität. Im aristokratischen Milieu der höheren Verwaltung oder des Auswärtigen Amtes anzukommen, genügte ihm nicht. Er wollte zu denen zählen, welche die Politik im Deutschen Reich nach innen und außen neu ausrichteten. Diese Herausforderung lockte ihn. Denn seit Bismarcks Demission war es fraglich, ob dessen Schöpfung weiter bestehen könnte. Zwei Tage nach seinem Debüt bei der Parforcejagd im Grunewald mutmaßte der Diarist: »Problem der heutigen deutschen Geschichte: ob Bismarck im deutschen Reich blos seiner gewaltigen Persönlichkeit einen Körper geschaffen hat, der verfallen muß, nachdem jene ihn belebende Seele geschwunden ist, oder ob er Etwas an sich Lebendiges erzeugt hat, das auch ohne seinen Erzeuger fortleben und sich dabei entwickeln kann.«[9]

Die Berliner Salons waren eine erste Bewährungsprobe für den Einfluß, den Kessler auf die Politik zu gewinnen gedachte. Ansonsten besaßen sie eingeschränkten Unterhaltungswert. Mit den in jeder Hinsicht glänzenden Empfängen der Londoner Aristokratie oder den exotischen Routs in Paris waren die Salons von Cornelie Richter und der Baronin von Spitzemberg nicht zu vergleichen. Sich hier möglichst wenig zu langweilen, war schon viel. Die Marionetten des Zeitgeists zu beobachten und im Tagebuch festzuhalten, tröstete den Habitué über manches hinweg. Sein Wunsch, »dabei«zusein, war vorhanden, aber nicht zwanghaft. Er konnte wochenlang allein durch griechische Landschaften reiten, ohne den bon ton der Salons zu vermissen; bei Exkursionen auf den Spuren Franz von Assisis versank im umbrischen Einklang von Landschaft und Architektur die übrige Welt. Daß Kessler jeden Anschein von Streberei vermied, legte die Familienehre nahe und forderte die Selbstachtung. Anstatt als hungriger Karrierist zu erscheinen, nahm er eher den Ruf eines Dandys in Kauf.

Im gesellschaftlichen Verkehr, selbst mit guten Freunden, blieb Frustration nicht aus: »Bei Hindenburgs gefrühstückt. Alle flach und ohne Überzeugung hin u. herredend; dazu ein halb kaltes, unsoigniertes Frühstück: ein zweckloses, stilos ermüdendes Zusammensein. Eine Bordellnacht ist erhebender; man ist dort bei dem, was man thut, wenigstens d a b e i.«[10] An solchen Tagen durchschaute Kessler auch die enorme Kraft- und Zeitvergeudung, die seit Ludwig XIV. den anspruchsvollen

Verkehr der Aristokraten untereinander prägte: »Nichts drückt mehr auf das geistige und sittliche Niveau von Europa als diese Tag für Tag überall in der ›Gesellschaft‹ fabrizierte Atmosphäre. Sie ist der eigentliche Feind. Regel: jedes Zusammensein, das nicht kräftigt, vergiftet, wie jede Speise, die nicht kräftigt, vergiftet.«[11]

Von außen kommend in der Berliner Gesellschaft aufzutreten, erforderte Umsicht, in Kesslers Fall gehörte auch eine Portion Mut dazu. Das Terrain für ihn war lediglich durch die Empfehlungen Leipziger Studienfreunde, Raoul Richter und dem Canitzer Lothar von Spitzemberg, vorbereitet. In Hof- und Adelskreisen, wo Adolf Wilhelm Kessler und seine triumphal auftretende, anglo-irische Gattin als Parvenues wenig geachtet waren, mußte der Neuling vorsichtig lavieren. Dort hatte der gründerzeitliche Reichtum der Kesslers noch mehr Anstoß erregt, seit ihn ein reußischer Grafentitel adelte. Der seltene Gunsterweis Wilhelms I. bewirkte das Gegenteil und bestärkte das Gerücht, der alte Kaiser sei wieder einmal den Reizen einer schönen Frau erlegen. Preußische Konservative bestritten, daß dieses Adelsprädikat außerhalb des Fürstentums Reuß Gültigkeit besaß. Der im Juni mit Säbelübergabe zum Reserveoffizier ernannte Deszendent war erleichtert, als ihm das seit dem Großen Kurfürsten für die Legitimität von Adelstiteln zuständige »Heroldsamt« am 1. November 1894 bestätigte, daß er den Grafentitel im Königreich Preußen zu Recht trug.

Schon nach kurzer Zeit sah Kessler sich in Berlin akzeptiert und ging in ersten Häusern ein und aus. Der Junggeselle, der auf keine Liaison Rücksicht zu nehmen hatte, wurde als zuvorkommender Tischherr geschätzt, der außerdem gut tanzte. Auch ihm blieben die jungen Damen nicht gleichgültig; vor allem wenn die Verlobungsanzeigen eintrafen, ging es im Tagebuch nicht ohne Stoßseufzer ab.

Der Umgang in ersten Familien stärkte das Selbstwertgefühl, konnte jedoch schwere Depressionen nicht verhindern, deren Kessler kaum Herr zu werden vermochte: »Ich habe Zeiten, in denen mein Interesse an meinem Gesamtleben, an aller Zukunft und Vergangenheit, auf Null steht, während die Augenblicksinteressen ebenso lebhaft anziehen wie jemals; die Existenz verläuft dann in einer Aufeinanderfolge von Anregungen ohne Zusammenhang; galvanisierte Froschschenkel. Fragmentarisches Auflodern der Lebenslust auf einem eintönig grauen Untergrunde.«[12]

Im September 1900 wurde der Sog so stark, daß Kessler sich beim Bezirkskommando meldete, um an der Intervention gegen den Boxer-Aufstand in China teilzunehmen. Erlösung von Depressionen bewirkten die Sommermanöver, deren Anstrengungen der Rittmeister gern auf sich nahm. So gewann er in Potsdam die ziemlich riskante Wette, eine Strecke von 10 Kilometern in einer Stunde zu Fuß zu bewältigen. Von drei Kameraden auf dem Fahrrad begleitet, hatte er die Distanz bereits nach 53 Minuten absolviert. Drei Tage später, am 17. Juli 1902, berichtet das Tagebuch von einem nächtlichen Distanzritt Richtung Jüterbog über fast hundert Kilometer.

Das Auswärtige Amt ließ auf sich warten. Politische Ambitionen hatten ihn motiviert, ein ungeliebtes Jurastudium aufzunehmen. Der Status eines Reserveoffiziers, der Bürgersöhnen zu gesellschaftlichem Aufstieg verhalf, hatte Prestige, aber nur der »Justizreferendar« schuf die Basis für eine Verwaltungskarriere oder die diplomatische Laufbahn. Richter, Staats- oder Rechtsanwalt wollte Kessler nie werden. Die überraschende Aufforderung der Offizierskameraden, bei den Ulanen zu bleiben, war ein Angebot, über das er nachdachte. Nachdem er Anfang 1894 sein Jurastudium mit der ersten juristischen Staatsprüfung und Promotion abgeschlossen hatte, begann er ohne jeden Ehrgeiz am 2. Oktober sein Referendariat auf dem Amtsgericht Spandau.

Für den Rest der Ausbildung ließ er sich Zeit und beendete seine juristische Laufbahn nach vielen Unterbrechungen erst am 10. Oktober 1900 mit dem Assessorenexamen.

Als Kessler in Berlin die Szene betrat, gehörte der Salon der Gräfin Schleinitz, nachmaliger Gräfin Wolkenstein, der »Gesichter und Zeiten« ein Denkmal setzen, längst der Vergangenheit an. In der Wilhelmstraße, wo sie gegen Bismarck frondiert und als Richard Wagners Berliner Vertraute Fäden für Bayreuth gezogen hatte, war das Kronprinzenpaar Friedrich und Victoria von Preußen häufig zu Gast gewesen. 1890 hatte Cornelie Richter mutatis mutandis die tonangebende Rolle der Gräfin Schleinitz übernommen. Seit Kessler in Potsdam diente, war er dort willkommen und gehörte zu den Habitués.

Außer zu ihrem Jour fixe lud Frau Richter zu musikalischen Soireen, Vorträgen und Lesungen ein. Angehende Virtuosen erwartete bei der Tochter Giacomo Meyerbeers, die Wagners Musik verehrte, ein interessiertes Publikum. In musikalischer Hinsicht war ihr Salon so extravagant, daß auch Cosima Wagner gerne kam, wenn sie sich in Berlin aufhielt. Daß der belgische Feuerkopf, Henry van de Velde, bei ihr am 17. März 1900 eingeladen war, um über »Die Renaissance im modernen Kunstgewerbe« vor hundert sorgfältig ausgesuchten Zuhörern zu sprechen, zeigte ihre Toleranz. Sie selbst fühlte sich in ihrem gründerzeitlichen Ambiente wohl und beabsichtigte nicht, daran irgend etwas zu ändern. Der Vortrag ging nicht zuletzt auf Kesslers Initiative zurück, der van de Velde in Berlin unbedingt »durchsetzen« wollte.

Die Sterne Cornelie Richters brachten den Abglanz der allerhöchsten Sphäre: Kuno von Moltke, Flügeladjutant Wilhelms II., der dort »über seine Mission zu Bismarck« berichtet, Bernhard von Bülow, seit 1897 Staatssekretär im Auswärtigen Amt, und Philipp von Eulenburg, enger Freund und Berater des

Kaisers. Hier lernte Kessler Moltke kennen und ging mit ihm in das Atelier seines damaligen Favoriten Joseph Sattler. Im November 94 hatte der Flügeladjutant dem Kaiser tatsächlich einige Zeichnungen Sattlers vorgelegt, und der Protektor war glücklich: »Eine der grössten Freuden, die ich gehabt habe, daß durch Moltke so Sattler geholfen ist.«[13]

Die Illusion, der Kaiser wäre von Anton von Werner und Reinhold Begas abzubringen, hielt lange vor. Kessler war längst nicht der einzige, der dies für möglich hielt. Wilhelm II., feindlich gestimmt gegen alles, was von akademischer Routine abwich, zögerte die offene Kampfansage hinaus. Demonstrativ protegierte er Historienmaler und idealisierende Porträtisten der Hofgesellschaft, duldete es aber noch 1897, daß Max Liebermann auf der Großen Berliner Kunstausstellung eine Goldmedaille erhielt. Erst am 18. Dezember 1901, als der Kaiser sein ureigenes Projekt, die Siegesallee, eröffnete und sich für eine Kunst stark machte, die »erhebt, statt daß sie in den Rinnstein niedersteigt«,[14] vollzog er den endgültigen Bruch.

In dem Maße, wie das allerhöchste Mißfallen wuchs, verlor Cornelie Richters Salon die Brückenfunktion. Ein Diner mit dem gerade zum Reichskanzler ernannten Bernhard von Bülow, das Henry van de Velde in seinen Memoiren beschreibt, spiegelt die nunmehr aussichtslose Situation. Das Treffen im Meyerbeer'schen Palais am Pariser Platz wurde sorgfältig inszeniert. Alles war darauf angelegt, daß der Fürst »im Anschluß an dieses Diner den Kaiser über meine Person, mein Schaffen und meine Mission unterrichten würde. Cornelie Richter glaubte, daß ein günstiger Bericht Bülows an den Kaiser diese Abneigung mildern könnte. Der runde Tisch war mit einer Überfülle von Blumen und prachtvollem Tafelsilber geschmückt. Es fiel kein Wort, das das beabsichtigte Gespräch hätte in Gang bringen können. Fürst Bülow roch den Braten und vermied geflissentlich, den Gesprächsbereich auch nur zu streifen. Mit seltener

Virtuosität führte er das Wort während des ganzen Diners, das als Musterbeispiel einer Geselligkeit gelten konnte, deren Sinn darin besteht, fade Worte ohne jede Bedeutung auszutauschen.«[15]

Bei Luise Begas-von Parmentier bot sich dagegen »eine Mischung von Bohème und grand monde«. Die Gastgeberin, eine erfolgreiche Malerin, die den Verein der Künstlerinnen und Kunstfreundinnen dominierte, kam aus Wien und versammelte interessierte Hofdamen, Schriftsteller, Maler und Musiker um sich. Ihr berühmter Schwager Reinhold Begas, der die Siegesallee ausstaffierte, brachte ihrem Salon das Renommee.

In der Genthiner Straße ging es nicht so distinguiert zu wie bei Cornelie Richter. Die dortige Prominenz nebst »besserer Hälfte« konnte über den provinziellen Beigeschmack der Berliner Kultur nicht hinwegtäuschen: »Wildenbruch, ein ›Herr Professor‹ wie sie du Maurier zeichnet: kleine, dicke Figur, Brille, glattes, zurückgestrichenes Haar; dazu kurze, energische Bewegungen und eine lange, spitze, provokante Nase; er selbst sagte zu Skarbina bei Gelegenheit eines Porträts, das er für unvorteilhaft hielt, wenn die Nachwelt das sehe würde sie sagen: Na, schön ist er nicht gewesen. Julius Wolff eine sympathische, vornehme Erscheinung: feingebogene Nase, weisser Spitzbart, ruhiger, abgeklärter Gesichtsausdruck, schlanke Figur. Die beiden Dichtergattinnen könnten Einem gegen das ganze Geschlecht des Lesbias und Beatrices einen Verdacht einflößen: die Wildenbruch, übrigens eine Enkelin Carl Maria von Webers, hat ein wie von Heerdfeuer gerötetes Gesicht und dito Körper, soweit die Decollettierung darüber Schlüsse zuliess; Frau Wolff hat Ähnlichkeit mit Darwin: zum Überfluß sang Dulong noch das Wolffsche ›Spähe Liebchen Spähe‹, und das Liebchen sass auf dem Sofa und erinnerte an Darwin. Meyer-Graefe trug wieder einen unglaublichen Frack mit Sammtaufschlägen u.sw.; die Modernsten wissen sich schließlich auch nicht anders wie die Romantiker von

Anno 30 von ihren Mitmenschen zu unterscheiden. Die Ideen haben von Grund aus gewechselt; die Pose ist geblieben. Wildenbruch über ein von Grimm komponiertes Gedicht von Klaus Groth aus dem Quickborn: So 'was könne man garnicht komponieren; es sei zu tief.«[16]

Eine nüchternere Atmosphäre herrschte bei der Baronin Spitzemberg und der Gräfin Schlippenbach, genannt Sascha. Vor allem politische Neuigkeiten wurden hier ventiliert, man sorgte sich um die Zukunft des Reichs, wobei gelinde Opposition gegen kaiserliche Allüren durchschimmerte. Bedauerliche Vorfälle in den Ministerien wurden personalpolitisch beurteilt. Franz Ludwig Prinz von Arenberg, ein führender Zentrumsmann, der sich für Kolonialpolitik stark machte, glänzte in beiden Salons, deren Gastgeberinnen befreundet waren. Er verfügte über Interna aus den Parteien, deren Zustimmung im Reichstag immerhin notwendig war. Die Teilnehmer beider Kreise kamen überwiegend aus den Bundesstaaten und identifizierten die Interessen des Deutschen Reiches nicht unbedingt mit denen des Königreichs Preußen.

Schon der Einjährig-Freiwillige hatte die Wochenenden in Berlin verbracht, wo er häufig auch übernachtete. Bei diesen Aufenthalten folgten Salonbesuche, Aufführungen und Diners einander wie Perlen an einer Schnur. Theater und Oper brachten Abwechslung in sein Potsdamer Militärleben, aber die faszinierenden Höhepunkte fehlten. Selbst bei einem Gastspiel der Duse, die er in mehreren Stücken sah, reagierte Kessler verhalten. Seine meist aufzählende Berichterstattung ist nicht allein dem verwöhnten Diaristen anzulasten. Nach der Dürreperiode der Bismarck-Ära entwickelte sich das Berliner Kulturleben erst allmählich. Die Zeiten, in denen Hofmannsthals »Elektra« mit Gertrud Eysoldt in Max Reinhardts Kleinem Theater nur einen Abend vor Hauptmanns »Rose Bernd« bei Otto Brahm uraufgeführt wurde, lagen noch fern. Der Spiritus rector der »Freien Bühne« hatte das Deutsche Theater noch nicht übernommen; bis Max Reinhardt als Regisseur debütierte, dauerte es noch zehn Jahre. Seit 1894 dirigierte Richard Strauss die Philharmoniker, aber erst vier Jahre später dirigierte er an der Berliner Hofoper, wo man allerdings die Namen der Ersten Kgl. Preußischen Hofkapellmeister nicht auf dem Programmzettel vermerkt.

Im März 1893 bildete die Uraufführung der »Weber«, der Zensur für eine sonntägliche Matinee abgetrotzt, die unerhörte Ausnahme. Im Theater am Schiffbauer Damm, einem Neubau in Rokoko, eben erst eröffnet, tat Kessler sich zum ersten Mal der Abgrund der deutschen Gesellschaft auf. Noch mehr als das Geschehen auf der Bühne erregte ihn das Publikum. Es wollte nicht aufhören, dem eigenen Verderben stürmisch zu applaudieren: »Contrast zwischen dem entzückend zierlich, zart u. luxuriös ausgestatteten Theater, das bis auf den letzten Platz von einem elegant gekleideten, überraffinierten, frenetisch klatschenden Publikum erfüllt war u. dem Stück, dessen hohlwangige, fieberäugige Hungergestalten all diesen zarten mittelst Raubbau gezüchteten Culturblumen den Untergang verkündeten. In dem grossen Drama das sich abspielte waren die Hauptpersonen das Publikum u. die Tendenz des Stückes; und das Drama war vielleicht fast weltgeschichtlich.«[17]

Zwei Jahre später stand er selbst mit einem hochkarätigen adeligen Amateurensemble auf dieser Bühne. Aufgeführt wurde Eugène Labiches Vaudeville »Embrassons-nous, Folleville« in französischer Sprache, »die Kaiserin, die Prinzessin Heinrich, der ganze Hof, alle Botschafter und Gesandten anwesend«.[18] Von der Erschütterung der »Weber« blieb da kaum mehr als eine ferne Erinnerung, die den in Berlin arrivierten Reserveoffizier bereits irreal anmutete.

Was Kessler in Potsdam umtrieb, war von Untergang und chiliastischer Zeitenwende weit entfernt. Im Frühling und Sommer 1893 glich sein Dienst eher einem Freizeitvergnügen, mit Pferderennen und ausgiebigen Bierabenden. Vor allem aber hatte es ihm ein junger Mann aus Süddeutschland angetan, der Anfang Mai in das Regiment eingetreten war: Otto von Dungern, ein erstklassiger Reiter. Mit dem Neuling hatte der sonst so reservierte Gentleman bereits nach zehn Tagen Bruderschaft getrunken. Denn in den blonden, fünf Jahre jüngeren Freiherrn, noch kindlich naiv in Manieren und Gesichtsausdruck, war er heftig verliebt. Das Knabenhafte, »mehr Willenskraft als Muskeln«, zog ihn an. »Dieser Mut in einem etwas zarten Körper«, »die menschlichste aller Schönheitsformen« wirkte unwiderstehlich: »Sie umschwebt gewisse Knaben und ganz junge schwangere Frauen wie der süsseste, geheimnisvollste aller Düfte.«[19]

Bei den schamhaft glückseligen Andeutungen im Tagebuch – manöverbedingte gemeinsame August-Nächte in Bauernkaten, Baden in brandenburgischen Seen, Mondscheinspaziergänge und »Photographieren lassen« in Potsdam – kommt man nicht umhin, an das Verhältnis des introvertierten Tonio Kröger zum »bastblonden« Schulkameraden Hans Hansen und dessen »stahlblauen Augen« zu denken. Die Beziehung überdauerte das Freiwilligenjahr und intensivierte sich bei den Manövern. Selbst bei tagelangem Regen und Sturm blieb der schneidige Reserveoffizier in aufgeräumter Stimmung. Ganz der Sohn seines Vaters, zog Kessler ein Biwak am Lagerfeuer auf einem brandenburgischen Kartoffelacker jedem Rout in einem Berliner Salon vor.

Otto von Dungern entstammte einer angesehenen landadeligen Familie und war auf dem Gut der Eltern in der Nähe von Staffelstein in Oberfranken aufgewachsen. In der Schule ein hoffnungsloser Fall, war der junge Mann, der unbedingt Offizier werden wollte, in Bayern beim Militär nicht unterzubringen gewesen. Schweren Herzens ließen die Eltern, preußenfeindliche

Konservative, ihren einzigen Sohn nach Potsdam gehen. Auch die Familie des Freundes und ihre antibismarckische Haltung, aufgrund der sie 1866 von Hessen-Nassau nach Bayern übersiedelten, interessierte Kessler; er fühlte sich in Oberau wohl und war dort dreimal zu Besuch. Castor und Pollux bei den 3. Garde-Ulanen konnten kaum unterschiedlicher sein. Während Kessler das freiherrlich Bodenständige bewunderte, das dominierende Interesse für Pferde und Jagd, konnte von Dungern für die kulturellen Neigungen seines kosmopolitischen Verehrers kaum Verständnis aufbringen.

Von Dungern, der mit zwei älteren Schwestern aufgewachsen war, vertraute ihm wie einem älteren Bruder und verschloß sich zugleich. Kessler konnte seiner nicht sicher sein. Der Zwanzigjährige gehörte zu einer Clique der jeunesse dorée um Sepp von Radowitz, die dessen Nonchalance bewunderte. So jung wie Otto von Dungern war er »ein charmanter Mensch, der es faustdick hinter den Ohren hat«. So schmerzlich es berührte, daß der Geliebte diesen Ausbund eines Charmeurs »vergöttert«, ließ die lächelnde Galanterie des altadeligen Sprößlings auch Kessler keineswegs kalt. Aber Radowitz verkörperte eine raffiniert abgründige, aristokratische Lebenswelt, der er doch lieber fernblieb: »Eine solche bewußte Beherrschung aller Mittel, Jemanden zu fesseln, hätte ich bei einem so blutjungen Menschen für unmöglich gehalten; unauffällige Liebenswürdigkeit, verdeckte Komplimente, leichthinfliessende heitere und schlüpfrige Geschichten – keine Zoten – mit dazwischengestreuten ernsteren Bemerkungen, geschmackvoll angebrachte wohlklingende Verwandtennamen, diese als gröberes Geschütz zur Sicherheit einem noch halb Unbekannten gegenüber, alles das mit einer einschmeichelnden Grazie vorgebracht, der man die innere Zielbewußtheit und Überlegenheit wie durch einen Samthandschuh hindurch zu fühlen bekam, – er hat mich in der That, obgleich ich ihn die ganze Zeit wie ein Uhrwerk durchschaute, bezaubert.«[20]

Indessen war Kessler kein Pharisäer und wunderte sich, wie selbstverständlich er selbst sich mit den Fehlhandlungen des Geliebten identifizierte: »Seine eigene Schuld gesteht man sich im geheimsten Inneren, und wenn es nur in der Gemüts-Stimmung ist, ein; man nennt das Gewissen. Aber für die Handlungen Jemandes, den wir lieben, haben wir kein Gewissen; wir hassen den Geschädigten natürlich und ohne Nebengefühle.«[21]

Diese Feststellung löste jedoch bei Kessler keinen Zweifel an der männlichen Fähigkeit zu ungetrübter Sachlichkeit im persönlichen Umgang aus. So fand er etwa durch Meier-Graefes Frau Anna bestätigt, »dass Frauen, selbst die gescheutesten, immer auch mit dem Geschlechtsteil urteilen. Sie können ihre verdammte Dankbarkeit gegen Den, der sie begattet hat, nicht aus ihrem Denken fernhalten. Siehe selbst Cosima Wagner. Eine unausrottbare Sklaverei, in die der weibliche Geist geschlagen ist.«[22]

Dem süddeutschen Freiherrn, der 1908 zum persönlichen Adjutanten des Kronprinzen Wilhelm aufstieg, genügten die aristokratischen Verbindungen als Lebensform. Im Innersten blieb er für Kessler unerreichbar. So wie die Mutter auf einer ganz anderen Gefühlsebene ihm die Geborgenheit versagte. Der um beide unermüdlich Werbende suchte die Schuld bei sich und vertraute dem Tagebuch abstruse Selbstvorwürfe an: »Früh nach Berlin zurück. Abends in ernster, bitterer Stimmung. Es gibt Jemand, der mein ganzes Wesen erfüllt und für den ich mein Leben lassen möchte, so banal das klingt; und zweitens trotz Trübungen und Verstimmungen ist die Liebe zu meiner Mutter eine, vielleicht die tiefste Wurzel meines Seins; Und doch, wie wenig denke ich, wie wenig thu' ich bewusst Tag für Tag im Hinblick auf Beide.«[23]

Besonders das Schuldgefühl der Mutter gegenüber überrascht, um so mehr, als Kessler am Vortag im Leipziger Museum »Die neue Salome« betrachtet und gespürt hatte, wie diese Figur bei jedem Besuch »an tiefer, schicksalsähnlicher Bedeutung«[24]

gewann. Max Klingers Skulptur, 1893 entstanden und im Jahr darauf bereits Attraktion des Museums, thematisierte nicht die Enttäuschung der Jungfrau wie Oscar Wilde: Eine Wächterin mit männlich anmutenden Händen und Handgelenken, die Arme schützend vor ihrem Körper, starrt ins Leere, an den Hüften, von ihrem Kleid umrahmt, die Häupter von Herodes und Joanachan, ein entschlafener Greis und ein geköpfter Jüngling mit geöffneten Augen. Unangreifbar thront sie über den Toten, die sterben mußten, damit sie deren Berührung ertragen kann. Als Kessler seine Beziehung zur Mutter in der »Neuen Salome« zu erkennen glaubte, war das Ende des krebskranken Vaters absehbar. Adolf Wilhelm Kessler starb am 22. Mai 1895. Daß der Sohn sich im geköpften Joanachan wiedererkannte, läßt erahnen, wie anhaltend er unter der unnahbaren Mutter litt.

Die Heirat von Dungerns mit Thekla Freifrau von Schmidt-Pauli, der Tochter des Kommandeurs des 1. Garde-Ulanen-Regiments in Potsdam, stürzte Kessler in eine tiefe Krise. Als der Freund im Januar 1896 telegraphisch seine Verlobung mitgeteilt hatte, hatte es ihn noch gewundert, wie gelassen er blieb. Erst am Polterabend am 5. Oktober befiel ihn Depression: »Schließlich thut sich mit der Heirat doch ein Abgrund der Freundschaft auf, und es ist schwer Gedanken- und Herzensgewohnheiten, die fast vier Jahre lang der ruhende Pol in aller seelischen Erscheinungen Flucht gewesen sind, aufzugeben; Mann und Frau sind ein neuer psychologischer Organismus, der den früheren Menschen, den man geliebt hat, zerstört; es tritt so für die Freundschaft eine Art von Tod ein, bei dem es fraglich bleibt ob ihm eine Auferstehung folgen wird.« Bei der Hochzeit in der Garnisonskirche fungierte er, ein Fräulein von Möllendorf am Arm, unter den Brautführern und reiste noch am selben Abend nach Hamburg. Am nächsten Mittag flüchtete er von Cuxhaven über New York Richtung Mexiko. An Bord der »Columbia« rettet er sich in Blaise Pascals »Gedanken über die Religion«.

Max Klinger, »Die neue Salome«, 1893
In dieser Skulptur begegnete Kessler seinem Familienschicksal.

Kesslers Liebe zu Otto von Dungern grundierte die Suche nach Heimat, eine Sehnsucht, die sich erfüllte. Als er mit dem Zug Richtung Paris durch die Potsdamer Gegend fuhr, notierte er am 5. Juni 1906: »Von Dungern, wie er war, lebt für mich heute schon fast mehr im eigenartigen Potsdamer Licht und Himmel und Wasserschimmer als in ihm selber, wenn ich ihn mit Frau und Kindern wiedersehe.«

Die überschaubare Welt der Potsdamer Ulanen und die sichere Erwartung, ins Auswärtige Amt gerufen zu werden, gerieten bald in Widerspruch zum Kunstinteresse, das immer stärker hervortrat. Kesslers Galerie- und Atlierbesuche häuften sich, auch in London und Paris. Diskussionen mit Künstlern, Literaten und Gleichgesinnten warfen Fragen über Kunst und Gesellschaft auf, die den Neophyten intensiv beschäftigten. Wie deutlich ihm bewußt wurde, daß die diplomatische Position ferner rückte, je länger er, wie sein Lieblingsheld Wilhelm Meister, den zukünftigen Status in der Schwebe hielt, ist kaum auszumachen. Vermutlich war dies ein Thema, das er gern beiseite ließ. In Tagebüchern und Briefen ist hierüber nichts zu finden.

Von den Erträgnissen des ererbten Pflichtteils führte Kessler ein von materiellen Sorgen freies Leben.[25] Nach dem Tod des Vaters forderte niemand Rechenschaft über seine Lebensführung und drängte ihn wie zuvor beim Studium, der juristischen Ausbildung und dem Erwerb des Doktortitels. Alice von Kessler, die nun über das Vermögen verfügte, lag es nicht, die Position ihres verstorbenen Gatten dem Sohn gegenüber einzunehmen. Das Gerücht über ihr Verhältnis zu Wilhelm I. hatte ihr Deutschland gründlich verleidet; für ein Avancement ihres Filius im Auswärtigen Amt war sie nicht zu erwärmen. Nicht zuletzt als Remedur von Ambitionen, die sie für aussichtslos hielt, ermunterte sie Harry bei kulturellen Aktivitäten und unterstützte ihn anders als ihr Gatte in dieser Richtung auch finanziell großzügig.

Sich der Moderne und ihrem zweifelhaften Milieu anzunähern, nötigte Kessler zu einem abenteuerlichen Paradigmenwechsel. Noch im April 1890 hatte ihn der Salon des Indépendents, dessen Hauptattraktion der jüngst verstorbene Vincent van Gogh war, entsetzt: »Such orgies of hidiousness and nerveshaking combinations of colours I thought impossible outside a madhouse; violet trees in a red field and beneath a yellow sky, women with their faces all covered with red spots as if they had the measles.«[26] Das prachtvolle Palais am Cours de la Reine hatte dem jungen Kessler von Impressionismus, Auguste Rodin oder Paul Verlaine nicht einmal eine Ahnung vermittelt. Die dumpfe Atmosphäre im Hamburger Pfarrhaus erlaubte lediglich den Rückzug in Vergangenheitsferne. Vor dem Luxus, den Alice von Kessler verschwenderisch ausbreitete, und Pastor Blümers kaffeebraunem Interieur mit dem Stahlstich der Sixtinischen Madonna über dem Sofa war er zu griechischen Tempeln und mittelalterlichen Kathedralen geflüchtet. Das Studium antiker Texte sowie der englischen und deutschen Literaturgeschichte hatte den Blick ebenfalls auf die Retrospektive verwiesen.

Die Kunst der Gegenwart, die schließlich zum Lebenselixier wurde, begann Kessler erst in der kargen Reichshauptstadt zu interessieren. Der bis ans Ende seiner Tage überzeugte Avantgardist ging konsequent, aber behutsam vor. Noch im November 1894 war ihm »jene schwüle Venusbergatmosphäre, die von allem Modernen, mag es sein was es will, unzertrennbar ist, wie die Geilheit von Zeugungsakt«,[27] nicht geheuer. Wie bei der Politik Bismarcks gab es jedoch für den pietätvollen Erben auch hier keinen Zweifel, daß ein Festhalten am Bewährten nicht länger in Frage kam.

Julius Meier-Graefe begleitete die ersten Schritte. Der verbummelte Corpsstudent war 1890 in Berliner Künstler- und Literatenrunden gelandet, wo er gegen den »überholten« Naturalismus polemisierte und wie Hermann Bahr im Wiener Café

Griensteidl »Vision«, »Seele« und »Kunst der Nerven« beschwor. Sein Ausgangspunkt war der skandinavisch dominierte Kreis in der engen Weinstube »Zum schwarzen Ferkel«, in dem August Strindberg, Edvard Munch und Stanislaw Przybyszewski verkehrten. »Décadence« war für die Strömung, der er vertraute, nichts Pejoratives, sie signalisierte Feinfühligkeit, Verlangen nach Stimmung, Befreiung vom Alltag und erotische Träume. Daß der enragierte Moderne mit seiner Stiefmutter, »die mit ihrer hausbackenen Gemütlichkeit aus einem Benedixschen Lustspiel stammen könnte«, einträchtig zusammenlebte, belustigte Kessler, stärkte aber insgeheim das Vertrauen in den Gewährsmann.

Die organisatorische Energie Meier-Graefes blieb von seiner bohemehaften Lebensauffassung unberührt. Sein Vater, der Hütteningenieur Eduard Meier, der das Thomasverfahren in Deutschland eingeführt hatte und in Oberschlesien zum Magnaten der Eisenindustrie aufgestiegen war, hatte ihm mit einer turbulenten Jugend, die alles andere als eine derartige Karriere erwarten ließ, ein heikles Beispiel vermacht. Mit Verve vertrat Julius sein Projekt, der Gründerzeitkultur auf den Leib zu rücken. Eine aufwendige Kunstzeitschrift, wie es sie in Deutschland noch nie gegeben hatte, sollte der »Moderne« zur Anerkennung verhelfen. Dem industrialisierten Barock mit echtem Luxus den Kampf anzusagen, war kostspielig, ohne ökonomischen Erfolg zu versprechen. Für die kunstgewerbliche Durchlüftung der durch schwere Portieren verdunkelten, unventilierten Räume der Oberschicht setzte der Enragé nicht nur das Geld anderer aufs Spiel; als er 1899 in Paris das Einrichtungsgeschäft »La Maison Moderne« mit eigenen Werkstätten gründete, verschleuderte er bedenkenlos sein gerade ererbtes Vermögen.

Sein Plan, zwei kurz zuvor in Paris und London erschienene Vorbilder von erlesener Qualität zu kombinieren, war ebenso ehrgeizig wie intelligent. Der »PAN« würde dem Beispiel der Pariser »La Revue Blanche« folgen, welche Originalgraphiken der

Nabis und von Toulouse-Lautrec beilegte, und sich zugleich an der Reformbewegung für angewandte Kunst orientieren, die das Londoner Magazin »The Studio« propagierte. Im Deutschen Reich sollten dadurch sowohl unbekannte Talente in Kunst und Literatur gefördert als auch die Geschmackshygiene der oberen Zehntausend in Angriff genommen werden. Das Projekt hieß nicht nur »PAN«, es wurde aus synergetischer Wunschphantasie geboren.

In Deutschland wurden Bücher und Zeitschriften nicht nur ohne Geschmack entworfen, das rückständige Buchgewerbe, das schlechte Qualität lieferte, paßte dazu. Dies wollte Meier-Graefe ändern und durch die erhöhten Ansprüche des »PAN« ungewöhnliche Leistungen erzwingen. Die angestrebte Synästhesie von Kunst und Dichtung erforderte, jede Seite der großformatigen Hefte typographisch zu gestalten. Das Wechselspiel des Texts mit Kopf- und Randleisten würde ungeahnte ästhetische Reize hervorbringen. Es verstand sich von selbst, daß nur Papiersorten erstklassiger Qualität in Frage kamen und der Druck höchsten Ansprüchen zu genügen hatte. Kostbare Vorzugsausgaben in einer Auflage von hundert Stück, der Originalgraphiken beilagen, waren dazu bestimmt, die Sammelleidenschaft vermögender Herren an den »PAN« zu binden.

Meier-Graefe, der froh war, das vom Vater verlangte Technik-Studium los zu sein, neigte zu exaltiertem, mystisch überhöhtem Symbolismus und schwärmte für Joris Huysmans und Stanislaw Przybyszewski. Das geheimnisvoll Dunkle in der Literatur begann nun auch Kessler, der die Romane Émile Zolas gleich nach Erscheinen, aber ohne innere Anteilnahme gelesen hatte, zu faszinieren. Vor allem aber nahm ihn sein exzentrischer Mentor zum notleidenden Edvard Munch mit, der im November 1892 die Räume des Vereins Berliner Künstler in der Wilhelmstraße angemietet hatte und seine fünfundfünfzig, über zwei Stockwerke verteilten Bilder nach einer Woche wegen heftiger Proteste der Vereinsmitglieder abhängen mußte. In Munchs Bilder sah Meier-Graefe »die spezifisch erotische Nuance« des »Schwarzen Ferkel«-Kreises »frescohaft symbolisiert«.[28] Max Liebermanns Naturalismus hingegen stieß ihn und seinen näheren Umgang, Richard Dehmel, Otto Julius Bierbaum und Stanislaw Przybyszewski, heftig ab. Von Kunstgeschichte ahnte der neue Cicerone kaum etwas und redete, wenn ihn ein Werk oder ein Autor begeisterte, schnoddrig daher. Sein Enthusiasmus war jedoch ansteckend, so daß Kessler am 1. November 1894 der Genossenschaft »PAN« beitrat und mit ihm zusammen Kunstausstellungen und Ateliers besuchte.

Meier-Graefe propagierte nicht nur den »PAN«, er war auch die treibende Kraft, die dem Unternehmen feste Konturen gab. Er war es, der in Freiherr Eberhard von Bodenhausen, der ihm einen literarischen Versuch zur Beurteilung anvertraut hatte, »den denkbar besten Repräsentanten«[29] erkannte und zum Aufsichtsratsvorsitzenden vorschlug. Auch die seltsame Idee, die exquisite Zeitschrift, welche moderne Tendenzen in Kunst und Literatur durchsetzen sollte, mit einem Aufsichtsrat aus Museumsdirektoren, Geheimräten und Bankiers ins Leben zu rufen, ging auf ihn zurück.

Wie unwohl sich der »commis voyageur des Pan« schon kurz nach der Gründung der Genossenschaft, ein Jahr bevor das erste Heft erschien, in seiner Haut fühlte, ließ er Edvard Munch wissen: »Immer wenn mich mal die blödsinnigen geschäftlichen Sorgen einen Augenblick in Ruhe lassen, habe ich eine leidenschaftliche Sehnsucht nach Euch, nach Künstlern, es ist ja hier eine Jauche um einen herum, daß man immer ausspucken möchte. Denke Dir, täglich diesen infamen ekelhaften Geldprotzen nachlaufen nach jedem elendem tausend Mark Millionen Bücklinge machen, es macht einen ganz elend. Und doch ist es das einzige Mittel.«[30]

Der »PAN« lud zu großartigen Soupers im Kaiserhof; für die

Mäzene, die auf persönlichen Umgang mit Künstlern und Schriftstellern Wert legten, bot dies den angemessenen Rahmen. Kessler, seit vier Wochen Mitglied der Genossenschaft, beobachtete die Zugpferde des Unternehmens aus der Nähe. Er verfuhr dabei wie ein Offizier, der insgeheim seine neue Truppe inspiziert, bevor er als Chef in Erscheinung tritt. Richard Dehmel, der noch als Sekretär des Verbandes Deutscher Versicherungen sein Brot verdiente, stach deutlich hervor. Er schien dem Bild eines libertinen Dichters am ehesten zu entsprechen: »Dehmel erinnert entfernt an einen Böcklinschen Faun; aber er verdirbt diesen Eindruck durch Posieren mit Schlangenhautfarbigen Kravatten und einem satanischen Augenaufschlag.«[31]

Der Pole Stanislaw Przybyszewski dagegen faszinierte wie eine Dostojewski-Figur, schon sein Äußeres verwies auf den slawischen Intellektuellentypus: »Das rötliche Haar fällt wirr auf eine stark zurücktretende Stirn. Das Auge scheint zuerst blöde; aber sein nervöser, leidender Ausdruck passt zu den weichen fast verschwommenen slavischen Gesichtszügen. Wenn das Gespräch auf die Mystiker kommt, so wird es noch leerer und abwesender, wie es sonst schon war; der Visionär tritt hervor. Er spricht dann leise, wie träumend, in seiner weichen, gedehnten, ausländischen Weise.«[32] Seine Gegenargumenten nicht zugängliche Unbeirrbarkeit entsprang einer monologischen Denkstruktur: »Wenn man ihn unterbricht, so schweigt er bis man ausgeredet hat und fährt genau da fort, wo er aufgehört hatte; er hat den Sinn der Bemerkung garnicht gehört. Man empfindet gleich, daß er nicht posiert, dass er wirklich ein Mystiker ist, der in Huymans, Rops, Slovatsky, verwandte Seelen gefunden hat. Seine Erscheinung und seine Art und Weise entsprechen dem Bilde, das ich mir von Dostoievkys Raskolnikoff mache. Merkwürdigerweise hat dieser Träumer, wie er mir versichert, seit sieben Jahren keinen Traum mehr gehabt.« Wie bei Friedrich Nietzsche, in dessen slawischem, undomestiziertem Äußerem Kessler die Signatur der Zukunft erblickte, begegnete er hier einer intransigenten Gegenfigur, an der die verhängnisvolle Modernisierung der westlichen Welt abprallte. Als René Schickele ihm nach der Oktoberrevolution von seinen Kontakten mit Lenin im Berner Café du Théâtre berichtete, bei denen der Führer der Bolschewiki als »eine Art Mystiker oder Marxistischer ›Staretz‹«[33] erschienen war, erweckte dies bei Kessler sofort Verständnis und Sympathie. Die Selbstlosigkeit, die Lenin das Erbe eines Millionärs jahrelang »mit unendlicher russischer Güte«[34] an die Genossen verteilen ließ, erfüllte einmal mehr sein Ideal asketischen, slawischen Heilsbringertums.

Hinter der Faszination des polnischen Visionärs blieben die anderen Kreativen weit zurück. Unter ihnen ragte allein Berlins umstrittenster Maler hervor; als vertrauenerweckender Vermittler verbürgte er bei den Kommerzienräten den guten Ruf des Projekts: »Liebermann hat einen energievollen Börsenjobberkopf; neben seinem jüdischen Habichtsgesicht verschwimmen mir die Erscheinungen von Halbe, Hartleben und Bierbaum zu einem allgemeinen Eindruck von burschikosem Bierstudententum, bei Halbe modifiziert durch nervöse Verlegenheit und bei Bierbaum durch den Zauber seiner hellen, liebenswürdigen Augen.«[35]

Max Liebermann zählte für Kessler in dieser Zeit zu den Oberflächennaturalisten, bei denen er wie im 17. Jahrhundert bei David Teniers und Adriaen van Ostade den Blick Rembrandts schmerzlich vermißte. Obwohl malerisch hors ligne, krankte der Leuchtstern der Berliner Realisten an »Impotenz der Phantasie«[36]. Acht Jahre später, bei der Gründung des Deutschen Künstlerbundes, war der Präsident der Berliner Secession der Hauptverbündete. Daß Kessler Max Liebermanns Format sofort erkannt hatte, spricht für ein Unterscheidungsvermögen, das durch ästhetische Vorbehalte nicht zu beirren war.

Als im April 1895 die erste Nummer des »PAN« erschien, war

die Aufmerksamkeit weit größer als erhofft. Beim Festbankett im Kaiserhof stellte Kessler erfreut fest, daß neben Künstlern und Literaten »nur Jugend«[37] im Saal anwesend war. Die Zeitschrift entwickelte sich positiv. Im Laufe eines Jahres verdoppelte sich die Genossenschaft und wuchs auf rund 600 Mitglieder. Die Normalauflage begann bei 1500 und endete im Juli 1900 bei 1100 Exemplaren. Rund 500 Mitglieder hielten bis zum Schluß durch.

Der »PAN« wurde, über Deutschland hinaus, eine gute Adresse, die sich für Kessler vorzüglich eignete, sein kulturelles Engagement zu strukturieren. Aber nicht nur dies. Nicht zuletzt lernte er die Hintertreppen kennen, im neuen Milieu eher der Normalfall als eine bedauerliche Ausnahme. Den gänzlich verarmten Paul Verlaine im Schlafzimmer aufzusuchen oder dem ausgemergelten Edvard Munch im ungeheizten Atelier, wo »ein bitteres Gemisch von Terpentinausdünstungen und Cigarettenqualm Einem in die Nase steigt,[38] Modell zu sitzen, waren Zumutungen, die der Diarist in nüchterne Bestandsaufnahmen verwandelte. Hinzu kam, daß Berlin, Paris und London zwar Zentren der modernen Strömungen bildeten, aber nicht selten waren umständliche Expeditionen in vorstädtische, eher ländliche Gegenden nötig, um die stadtflüchtigen Künstler aufzusuchen.

So unbehaglich der Kontakt mit den Kreativen mitunter wurde, das Taktieren mit dem Aufsichtsrat und der passive Widerstand, den der Redakteur Cäsar Flaischlen leistete, waren schlimmer. Hier lernte Kessler die Hindernisse kennen, welche die Kräfte des Beharrens mutigen Experimenten entgegensetzten. Dem Geschäftsträger des »PAN« blieb nicht lange verborgen, wie schwer es war, den Hütern des guten Geschmacks einen Platz für Extravagantes, noch nicht Akzeptiertes abzutrotzen. Kessler nahm es sportlich. Die Widerstände steigerten seinen Einfallsreichtum und den Willen, sich durchzusetzen. Wenn er im

Rückblik von zwanzig Jahren den »Kulturrevolutionarismus«[39] des »PAN« betonte, war dies, gemessen an den Widerständen, kaum übertrieben.

Der übliche Hinweis auf den elitären Charakter der Zeitschrift und deren finanzielle Probleme erfaßt deren Bedeutung nicht. Denn ihre Gründer, allen voran Julius Meier-Graefe, sollten recht behalten: die Dauerwirkung des Experiments war kaum zu überschätzen. Der »PAN« setzte dem gründerzeitlichen Ungeschmack in der höheren gesellschaftlichen Sphäre ein Ende und initiierte das moderne deutsche Design; selbst Massenblätter wie »Jugend« und »Simplicissimus«, die ein Jahr später in München herauskamen, hatten der exklusiven Kunstzeitschrift viel zu verdanken. Die anspruchsvolle Konzeption, durch eine »rein künstlerische Publikation, die sich nicht nach den Wünschen des großen Publikums richtet«,[40] einen Klimawechsel zu begünstigen, trug Früchte.

Allerdings ist auch der Makel des Kompromisses nicht zu übersehen. Das Genossenschaftsprinzip, das durch beschränkte Haftung das Geschäftsrisiko mindern sollte, führte zu Rücksichten, die in jedem Heft zu spüren waren. Auch das ungleiche Niveau beeinträchtigte die Zielsetzung und wurde zur ständigen Sorge der Redaktion. Neben Jugendstilikonen wie van de Veldes Plakatentwurf »Tropon« oder der »Kuß« von Peter Behrens, Dichtungen von Paul Scheerbart, Johannes Schlaf und Hugo von Hofmannsthal standen Belanglosigkeiten, die lediglich beanspruchen konnten, made in Germany zu sein. Mitunter ergaben Text und Bild die gewünschte Synästhesie, nicht selten aber überlagerte die Illustration das Wort, dessen Wirkung eine häufig outrierte Typographie zusätzlich schmälerte.

Wie ein Fanfarenstoß sollte ein unpublizierter Nietzsche-Text das erste Heft eröffnen. »Zarathustra vor dem Koenige« bot zweifellos eine Szene, die es in sich hatte. Ihr Leitmotiv, »Die Zeit der Könige ist vorbei«, bedurfte keines Kommentars. Was aber

Paul Verlaine, der Wortführer der Symbolisten, um 1890

Hans Thoma, einer der alten Herren, mit denen man sich gutstellen mußte, geliefert hatte, war eigentlich inakzeptabel. Seine starren allegorischen Kopf- und Fußleisten wirkten wie eiserne Beschläge einer altertümlichen Gefängnistür. Die Brisanz der Szene, die bedrohlich in eine Massenversammlung vor dem Palast einmündet, war kaum effektiver zu eliminieren. Dagegen hatte Richard Dehmels »Trinklied« in derselben Nummer dem üppigen Figurenrahmen Georg Lührigs den starken Eindruck zu verdanken, der prompt die ersten Proteste von Mitgliedern des Aufsichtsrats auslöste. Ohne die dithyrambischen Menschenleiber hätten die Verse, die Meier-Graefe am Lebensende als »so etwas wie der Hymnus eines Kreises, der sich als Generation zu fühlen begann«,[41] teuer waren, kaum die philiströse Empörung auf sich gezogen.

Anstatt sich mit der Rolle prestigeträchtiger Galionsfiguren zu begnügen, nahmen Autoritäten wie Alfred Lichtwark, der Leiter der Hamburger Kunsthalle, und der Berliner Museumsdirektor Wilhelm Bode ihre Aufsicht erstaunlich ernst. Nicht allein, daß sie ihr kunstpädagogisches bzw. kunsthistorisches Interesse geltend machten, die Koryphäen äußerten sich auch dezidiert zum literarischen Teil, den sie vor allem überflüssig fanden. Gedichte von Stéphane Mallarmé und Paul Verlaine in französischer Sprache wirkten auf sie wie ein rotes Tuch und ließen sie auf nationale Orientierung drängen.

Es dauerte nicht lange, da hatte der Mohr seine Schuldigkeit getan. Bei der dritten Nummer, für die Meier-Graefe Toulouse-Lautrecs Achtfarbenlithographie »Mademoiselle Marcelle Lender, en buste« erworben hatte, riß dem Aufsichtsrat die Geduld. Die Zurückweisung des Blatts wurde mit dem Vorwurf unlauteren Geschäftsgebarens verbunden. Daß es dem verantwortlichen Redakteur gelungen war, Lautrec zum Verzicht auf ein ansehnliches Honorar zu bewegen, besänftigte die Gemüter kaum. Noch anstößiger als das Brustbild der Pariser Soubrette war der Umstand, daß die Lithographie in Paris gedruckt und somit eine ausländische Firma beauftragt worden war.

Auch Kessler hatte die Maßregelung gebilligt, obwohl ihm »für Meier Graefe u Bierbaum p e r s ö n l i c h die Sache leid«[42] tat. »Mademoiselle Lender« lag zwar den Vorzugsausgaben des dritten Heftes bei, aber da hatten der Spiritus rector und Otto Julius Bierbaum, der zweite verantwortliche Redakteur, nach einer Abstimmungsniederlage im Aufsichtsrat bereits ihre Plätze geräumt. Meier-Graefes Zorn verrauchte erstaunlich schnell, im Handumdrehen gewann er den Vorkommnissen eine gute Seite ab: »Übrigens geschah es uns recht, denn Bohemiens sollen auf Geheimräte verzichten und sich nicht mit plutokratischen Federn schmücken. Ich hatte allen Grund, die Gegenpartei zu segnen, denn nun verließ ich wutentbrannt Deutschland, siedelte 1895 nach Paris über und fing endlich an zu arbeiten. Mein Kunststudium hat erst damals begonnen.«[43]

Der Vorsitzende des Aufsichtsrats, Eberhard von Bodenhausen, ein Studienfreund Kesslers in Bonn und Leipzig, als Referendar in einer Potsdamer Verwaltung tätig, hatte den alten Herren Schützenhilfe geboten. Um der »Auslandswut«[44] der Redakteure einen Riegel vorzuschieben, hatte er ein Exempel statuiert, wobei er Meier-Graefe sogar zum Duell forderte.

Mit Alfred Lichtwark, den er gern konsultierte, stimmte er überein, daß ausländische Vorbilder, ob gut oder weniger gut, vor allem gefährlich seien. Nur aus eigener Kraft könne deutsche Kunst und Kultur sich wieder erneuern. Die Reform des Kunstgewerbes durfte nicht zu Lasten der deutschen Wirtschaft gehen. Als der Hamburger Museumsdirektor den »Kultus der historischen Stile«, den das deutsche Kunstgewerbe nur widerwillig aufgab, im »PAN« anprangerte, betonte er zugleich, englische Importe seien der falsche Weg, die Konsumenten zu erziehen: »Den Feind aus unsern Grenzen zu vertreiben, mit anderen Worten, den heimischen Markt zu bewahren, unserer

Industrie den Käufer im Lande erhalten, muss unser nächstes Ziel sein.«[45]

Als Bodenhausen den auslandswütigen »PAN«-Redakteur zum Duell forderte, fungierte Harry Graf Kessler als Kartellträger. Der stattliche blonde Herr beeindruckte ihn »durch eine kalte, aber fast ideale Schönheit«, seine Gesichtszüge wirkten »eher englisch oder griechisch als deutsch«.[46] Bodenhausen, der Sproß aus altem niedersächsischem Landadel, besaß die ästhetische Neigung seiner amerikanischen Mutter. Sie war eine begabte Pianistin gewesen, die mit Hans von Bülow vierhändig Klavier spielte. Im landrätlichen Milieu des Gatten hatte sie es nicht ausgehalten. Im Vaterhaus durfte über sie nicht gesprochen werden. Die Trennung der Eltern war eine schwere Hypothek, die Bodenhausens Lebenszuversicht überschattete.

Kessler arbeitete gern mit ihm zusammen, obwohl das Verhältnis von beiden Seiten auf Distanz blieb. In dieser Hinsicht ist der Eintrag vom 27. April 1895 ebenso knapp wie aufschlußreich: »Abends nach Tisch bei Bodenhausen, wo noch Meier-Graefe; wegen der Böcklin Ausstellung in Paris. Ich soll mit Moltke sprechen; vedremo. Dann wegen des Beigebens der Épreuve Littéraire zum Pan. Verhindert, dass sie auch, wie Meier-Graefe wollte, der gewöhnlichen Ausgabe beigelegt wird.«

Bodenhausen ging aufs Ganze und beabsichtigte, obwohl er noch nicht dort gewesen war, eine vom »PAN« organisierte Böcklin-Ausstellung in Paris. Diese Demonstration deutscher Kunst im Ausland würde zumindest im Reich zu heftigen Diskussionen führen und auch die Zeitschrift ins Gespräch bringen. Um den politischen Effekt des Kulturexports zu steigern, sollte der Kaiser über Kuno von Moltke gewonnen werden, seine Böcklin-Bilder auszuleihen. Kesslers »vedremo« deutet Zweifel am Gelingen dieses Schachzugs an. Noch am Tag zuvor hatte er erlebt, wie umstritten Arnold Böcklin nach wie vor in Berlin war. In der Galerie Schulte hatte seine »Kreuzabnahme« wegen der »Farben« und der »völkerpsychologisch richtigen Pose der Magdalena geradezu Anstoß« erregt.[47] Als Protektor dieses Malers war der Kaiser wohl kaum bereit, seine Popularität zu mindern.

Beim zweiten Punkt, der heiklen Entscheidung, die französische Monatszeitschrift, die mit dem »Pan« kooperierte, der Normalausgabe von 1400 Exemplaren nicht beizulegen, hatte er Bodenhausen bedenkenlos zugestimmt und ließ Meier-Graefe, der den Kulturaustausch mit Frankreich ernst nahm, allein.

Obwohl sie miteinander nicht warm werden konnten und gegenüber Dritten die Zurückhaltung des anderen beklagten, fungierte Kessler uneingeschränkt als Bodenhausens Vertrauensmann. Dieser wiederum trug ihm, als sich der Hinauswurf der unbotmäßigen Redakteure anbahnte, prompt »auch in Lichtwarks Namen« an, »die Direktion des ›Pan‹ zu übernehmen«.[48] Die ehrenvolle Offerte lehnte Kessler sofort ab. Als der Freiherr jedoch mit der landadeligen Familientradition, die allenfalls den Staatsdienst erlaubte, brach und ab April 1897 die Tropon Werke in Mühlheim an der Ruhr leitete, übernahm Kessler faktisch dessen Position.

Friedrich Nietzsche gehörte zu den Exponenten, die Kessler zu seinem wachsenden Engagement für die Gegenwartskunst ermutigten. Auch er zählte zu den jungen Männern zwischen Zwanzig und Dreißig, die das heroisch Märtyrerhafte, im Turiner Zusammenbruch gipfelnd, der eigenen Biographie anverwandelten. Nietzsche-Zarathustra verschmolz zur Kultfigur, in der die jüngere Generation ihre rebellischen Wünsche, aber auch ihre Gefährdung wiedererkannte. Diese Vorliebe war vor allem unter Schriftstellern und Künstlern verbreitet. Um so bemerkenswerter, daß Kessler, bevor er in den Dunstkreis der »PAN«-Genossenschaft geriet, an Nietzsches Werk »die Seelengeschichte eines Genies«[49] bewunderte.

Friedrich Nietzsche auf dem Krankenlager

Bei einem Berliner Treffen der Canitzer polemisierte er gegen wohlfeiles Zerpflücken seiner Dogmen und machte sich für ein »lyrisches« Verständnis der Schriften stark. Bereits im Januar 1894 formulierte er in dieser Diskussion sein Urteil über den Dichter des »Zarathustra«, das weitgehend zugleich die eigene Situation beschrieb: »Nicht seine Philosophie und nicht einmal seine dichterische Kraft sind an ihm die Hauptsache, sondern der Mensch, der in seinen Neigungen und Abneigungen, in seinem Streben und in seinen Träumen der Ausdruck einer neuen Art, des geistig Vornehmen aber nervös Zerrütteten im Kampfe mit der steigenden Demokratisierung ist.«[50] Nietzsches Erkrankung führte er deshalb nicht auf Syphilis, sondern auf Vereinsamung und geistige Überanstrengung zurück.

Der Nietzsche-Überschwang, den Arno Holz 1896 in seinem Lustspiel über verlumpte »Sozialaristokraten« mit dem Refrain »Nitschken schon jelesen?« verspottete, wurde auch im »PAN« kultiviert. Das »Zarathustra«-Fragment auf der ersten Seite des ersten Heftes ersetzte das Editorial. Um das unbekannte Universalgenie vorzuführen, erschienen eine Komposition, Dichtungen und Briefe Nietzsches. Auch für Einblicke ins Privatleben war gesorgt: zwei Porträts des Kranken, ergänzt durch eine Philippika der Schwester »Einiges von unseren Vorfahren«, die den Verdacht erblichen Wahnsinns zurückwies.

Kesslers erster Besuch in Naumburg Ende Oktober 1895 war dazu angetan, seine Auffassung vom Allroundgenie zu bekräftigen. Als Fritz Koegel, ein Archivmitarbeiter, auf dem Klavier den »Hymnus an die Freundschaft« vorspielte, »ein mächtiges, heroisch-herbes Werk im Styl zwischen Bach und der Neunten Symphonie stehend«, hatte der Gast eine Offenbarung erlebt. Kessler glaubte, die »echte musikalische Verkörperung der eigentlich Nietzschisch-Zarathustrischen Affekte« bereits im Werk von 1873/74 zu hören.[51] Der starke Eindruck stachelte seinen Ehrgeiz zur ebenbürtigen Ausgabe des »Zarathustra« an und gab den Anstoß für das Buchprojekt, mit dem er 1897 Henry van de Velde beauftragte. Erst 1908 erschien die »Monumentalausgabe« des »Zarathustra« im Insel Verlag.

Bei Kesslers Nietzsche-Verehrung ist nicht zu übersehen, wie anziehend er dessen Schwester Elisabeth fand. Bei seinem ersten Besuch im Naumburger Nietzsche-Archiv hatte er bei ihr, was nicht seine Art war, sehr lange verweilt und dort »zu Mittag und zu Abend gegessen«. Er schilderte sie, die zwei Jahre jünger als seine Mutter war, als »zierliche, noch hübsche Frau«, der ihre Energie erfreulicherweise nicht im Gesicht geschrieben stand.[52]

In Weimar nahm er das Fremdenzimmer im zweiten Stock ihres neuen Hauses gern in Anspruch. Auch Wilma, seine in Paris lebende Schwester und engste Vertraute, quartierte er einmal dort ein, während er selbst im »Erbprinzen« nächtigte. Die familiäre Nähe, die er bei Frau Förster empfand, beeinflußte später die Wahl seines Wohnhauses, das in der Cranachstraße 15 unter der Villa Silberblick lag. Daß auch sie Nietzsches Angriffe auf das Christentum mißbilligte, bekräftigte ihr Einverständnis.

Die Leiterin des Nietzsche-Archivs wiederum nahm nicht allein Kesslers Kontakte vertrauensvoll in Anspruch. Beim Tod ihres Bruders am 25. August 1900 telegrafierte sie ihm, er möge am Tag der Trauerfeier so früh wie möglich nach Weimar kommen. Daß es für sie selbstverständlich war, daß Kessler dem Bildhauer Curt Stoeving beim Abnehmen der Totenmaske helfen sollte, weist ebenfalls darauf, wie eng sie ihr Verhältnis zu Kessler auffaßte.

Schon einen Tag früher herbeigeeilt, betrachtete er den Toten: »Der Ausdruck ist von der letzten Krankheit jammervoll schmal und abgezehrt; aber den Schmerz des Mundes verdeckt wulstig der grosse frostgraue Schnurrbart; und diese Grösse der Form erscheint überall durch die Abzehrung hindurch; die breit gewölbte Stirn, die derben und starken Wangenknochen, treten noch klarer als bei Lebzeiten unter der Haut hervor; der Gesamtausdruck ist trotz des Jammers Kraft.«[53]

Wie andere Angehörige seiner Generation faszinierten Kessler Nietzsches lodernde Schriften weniger als der Kämpfer. Der Analytiker, der in »Menschliches, Allzumenschliches« die Hintergründe der Moral obsessiv beleuchtete, reizte zu ausführlichem Widerspruch. Schriften wie »Die Morgenröthe« und »Die fröhliche Wissenschaft« durchblätterte er allenfalls. Wie erleichterte es den gläubigen Christen, dem die herausfordernde Verachtung der »Herdentiere« zuwider war, als er im August 1901 vom Herausgeber des »Willen zur Macht« hörte, daß »das erste Kapitel vom vierten Buch der Umwertung« zum ersten Mal die Konzession enthielt, »dass auch die ›Viel zu Vielen‹ nötig sind, als Fundament, auf dem erst der Übermensch sich erheben kann«.[54]

Im Unterschied zu den Zeitgenossen, welche die »Umwertung aller Werte« oder der »Übermensch« begeisterte, brachte Kessler die neue Heilslehre den unschätzbaren Gewinn, die eigene ästhetische Wahrnehmung mit Nietzsches Lebensphilosophie zu verschmelzen. Der Ästhetiker, der von der Kunst keine Ideen, sondern die »Suggestion auf die Muskeln und Sinne«[55] verlangte und l'art pour l'art als »das virtuose Gequak kaltgestellter Frösche, die in ihrem Sumpf desperieren«[56] verspottete, begleitete ihn auf Schritt und Tritt.

Kunstwerke als Kraftfelder wahrzunehmen, hat Kessler von Nietzsche mindestens so gelernt wie von van de Velde, der ihm die Energie der geschwungenen Linie nahebrachte. Die Einleitung zum Mappenwerk »Impressionisten«, das 1908 bei Bruckmann in München erschien, ist hierfür ein hervorragendes Beispiel. Der Essay, der zum Besten gehört, was über den Impressionismus geschrieben wurde, analysiert die »übergroße Kompliziertheit« der impressionistischen Malweise und macht zugleich das »wie ein Rauch aus den Dingen emporsteigende Weltgefühl«[57] der Bilder evident. Sprachliche Anleihen sind hier allerdings nicht zu finden. Daß Kessler der suggestiven Diktion Nietzsches nicht erlag, unterscheidet ihn wohltuend von weniger skrupulösen Verehrern wie Maximilian Harden und Walther Rathenau.

Dem »starken Willen« ästhetisch auf der Spur, entdeckte Kessler bei einem langen London-Aufenthalt im September-Oktober 1902, daß die assyrischen Bildhauer nicht anders als der Neoimpressionist Paul Signac auch die »Einzelheiten ihres Werks künstlerisch wirksam zu gestalten« suchten. Schon die frühen Künstler hatten sich also nicht mit dem Umriß zufriedengegeben: »Deshalb Umsetzung jeder Einzelheit in ornamentale (rhythmische, harmonische) Formen.« Nietzsches »großer Stil«, der »Wille zur Macht« in der Kunst, manifestierte sich »in der Harmonie, im Rhythmus, in diesen Beiden; im Zusammenspiel alles Gleichzeitigen unter ein Gefühl und im Zusammenstimmen alles Successiven unter ein Gefühl«.[58] Die »physiologisch-artistische Zusammenstellung von Nerven und Seeleneindrücken«[59] macht das Kunstwerk erst für den Betrachter lebendig.

Aber der »grosse Stil« war »nicht notwendig hart«. Zu konstatieren »Darin irrt Nietzsche« fiel Kessler nicht schwer. Gegen den an Texten erzogenen Philologen, den Musik brennend interessierte und Gebirgslandschaften in sich aufgenommen, aber kaum Kunstwerke studiert hatte, führte er »die göttliche Milde von Phidias, Tizian, Sophokles« an und vermutete ketzerisch: »Ich weiß nicht, ob nicht im Gegenteil diese hehre Milde gerade zum Wesen des grössten Stils gehört: die Anstrengung ist überwunden, man beherrscht sich und Andere ohne Gewalt. Die Herbheit Michelangelos bedeutet vielleicht, dass er nicht wirklich ganz gereift ist. Man vergleiche ihn daraufhin mit Tizian.«[60] Dem großen Unzeitgemäßen die Früchte seiner ästhetischen Erfahrung zu opfern, kam Kessler nicht in den Sinn.

Die umfassende, nicht zuletzt auf die Gesellschaft wirkende Macht der Kunst, die Nietzsches Lebensphilosophie beschwor, stand Kessler immer vor Augen. Wenn die Gegenwartskunst die soziale Kohärenz vermissen ließ, welche einst die antike Tragödie besessen hatte, gab Kessler die Hoffnung nicht auf: Kunst, die auf Resonanz verzichtete, war ihm nicht vorstellbar. Im Hinblick auf »l'art pour l'art« teilte er Dehmels Abneigung gegen »die Wortmaler, die Leute der Blätter für die Kunst«.[61] Als Hofmannsthal drängte, ihm Gedichte aus dem »Teppich des Lebens« vorzulesen, blieb er derart unbeteiligt, daß der Gekränkte vorschlug, ihr Gespräch über Stefan George, auf dem Hofmannsthal bestanden hatte, ein anderes Mal fortzusetzen.[62]

Trotz seiner Depressionen war Kesslers Vitalitätsbedürfnis ausgeprägt, häufig ritt er in der Umgebung von Potsdam und im Tiergarten umher, in London sah er gern Boxkämpfe. Am

25. April 1903 war er mehr als üblich hingerissen: »Einige prachtvolle Kämpfe; namentlich als ein schöner, schlanker Kerl von etwa 25 Namens Charley Knock, der klassisch und knapp wie eine griechische Bronze gebaut war, eine Art von Riesen besinnungslos hinstreckte. Der schwere Riese stand hin und her torkelnd zwei oder dreimal auf und holte zum Boxen aus: aber der Andere streckte ihn, fast ohne die Beine zu bewegen oder den Leib zu rühren, blos die Faust geradeaus schnellend jedesmal mit einem Schlag krumm hin. Etwas Schöneres habe ich kaum gesehen. Das Publikum, die schwarze, blasse Masse schrie, pfiff, stürmte wie besessen. East End und Griechenland in eins gemischt, und ohne eigentlichen Kontrast. Im Gegenteil.« Seine Lust am Faust-Kampf nicht verbergend, scheute er sich, wann immer es ging, Freunde und Bekannte nach Whitechapel, einen der ärmsten Stadtteile im Londoner East End, einzuladen.

Von der durch das spritzende Blut der Boxkämpfer erregten Menge[63] und von den Music Halls, wo das biertrinkende Publikum die Refrains begeistert mitsang, war es zum »titanisch-barbarischen Wesen des Dionysischen« nicht weit. Auch war es für Kessler keineswegs ausgemacht, daß Nietzsche hier das letzte Wort gesprochen hatte. Als er im Januar 1896 die »Geburt der Tragödie« zum ersten Mal las, hatte sich ihm die Frage aufgedrängt, ob Nietzsche den Genießenden nicht zu eng auffaßte und die »eigene Individualität des Wertenden«, dieses »culte du moi«, ausreichte; ob es nicht vielmehr, im Hinblick auf die Gewalt der tragischen Wirkung, geboten sei, die Einzelindividualität durch »Einführen der grösseren Individualitäten von Volksklassen, Völkern, Rassen etc« zu ersetzen.[64]

Diese harte Forderung, das Individuum als kulturellen Gradmesser preiszugeben, befremdet. Doch bisweilen vertraute Kessler kulturrevolutionäre Anwandlungen dem Tagebuch an. So bezweifelt er nach der Feier seines 29. Geburtstags, die im Berliner Bristol für ihn nicht sehr anregend verlaufen sein dürfte, ob die

Whitechapel um 1900. In Londons ärmster Gegend
sah Kessler sich Boxkämpfe an.

Richtung, die der »PAN« eingeschlagen hatte, nicht in die Irre führte: »Ich weiß nicht, ob nicht das Volk weil naiver ästhetisch viel empfänglicher ist als unsere sog. Gebildeten und ob sich nicht auf die Empfindungen, die jetzt zu Schauerstücken und Kolportageromanen verbraucht werden, die grosse Kunst bauen liesse, die alle Künstler seit vierhundert Jahren vergeblich auf die Gefühle der künstlich entästhetisierten Gebildeten zu erbauen versuchen.«[65]

Obwohl die neue machtvolle Kunst nur »durch langsame Entwicklung« hervorzubringen sei, gebe es keinen anderen Weg:

»Nur im Volk findet man z. B. diese Einheit der Empfindung einem Reiz gegenüber in grossen Massen, auch die unmittelbare Hingebung u.s.w. Es scheint mir ein wunderbares, seit der Renaissance vernachlässigtes Material, der edle Naturmarmor für den die Künstler jetzt lieber in künstlichem, rasch vergehendem Stuck arbeiten.«[66]

Das gefährdete Dasein der Propheten entsprach, wie Nietzsches Schicksal zeigte, keineswegs der gesunden Sinnlichkeit, die im Volk noch aufzufinden war. Bei ihrer Gratwanderung zwischen Hellsicht und Wahnvorstellungen verlief deren Leben in der Regel höchst unglücklich. Die nervöse Zerrüttung der Avantgarde war für Kessler ein unvermeidliches Zeitphänomen, ein Ausdruck der Décadence, der er sich nahe fühlte. Die luminosen Randzonen, in die sich schöpferische Genialität flüchtete, um den modernen Sachzwängen zu entgehen, zogen ihn an. Wenn die Schwester den kranken Philosophen bei häuslichen Konzerten und Lesungen vorführte, trieb dies den Kult des umnachteten Genies ins Extrem. Aber eine Borderline-Erfahrung konnte auch für Kessler in den kostbaren Moment der Parusie übergehen.

Das galt etwa Ludwig Derleth, »ein dark horse, halb Genie, halb Neurotiker«.[67] Um einige Gedichte für den »Pan« zu erhalten, suchte Kessler den dichtenden Lehrer, der seine bäuerliche Herkunft aus Unterfranken kultivierte, in München auf. Die Wohnung, die er mit seiner Schwester teilte, war mit Bauernmöbeln ausgestattet, sein Tonfall mag Kessler angenehm an den Freiherrn von Dungern erinnert haben

Kessler, der ihn zuvor im Wirtshaus kennengelernt hatte, konnte es kaum erwarten, den zwei Jahre jüngeren Dichter aufzusuchen: »München, 18. Juli 1896. Vormittags bei Derleth. Eine wunderbar glühende, exaltierte Natur, düster, aber mit jähen Freudenausbrüchen, die wie ein Krampf seinen ganzen hageren Körper verbiegen und erschüttern. Er gleicht dann einem Wahnsinnigen. Als ich kam sprang er mir schon die Treppe herunter entgegen, immer zwei Stufen auf einmal, packte mich, drückte mich, es sei ein Omen, ein Omen, dass ich gekommen sei, jetzt müsse für ihn Alles gut werden, jetzt sei er in die glückliche Periode seines Lebens eingetreten: Kommen Sie, kommen Sie. Er schleifte mich fast gewaltsam die Treppe hinauf in sein Zimmer, wo schon die Gedichte in seiner kleinen feinen Hand sauber abgeschrieben zurecht lagen. Und hier wurde er auch sofort wieder das vertrocknete, ganz nach innen gekehrte Wesen, als welches ich ihn sonst kenne, das eckige, gelbe Gesicht ausdruckslos und tot. Es ist dann, als ob ihm die äusseren Organe fehlten und er die Aussenwelt weder wahrnehmen noch sich ihr mitteilen könnte. So ist auch sein Stil: mystisch dunkle Gesänge, Folgen wunderbarer, geheimnisvoller Töne, in denen von Zeit zu Zeit ein Bild die düstere, schlummernde Gedankenwelt wie ein Blitz in der Nacht erhellt. Nur langsam lernt man bei dieser phantastischen Beleuchtung sehen; versteht man aber erst, dann bannt Einen auch die wilde Magie dieser Flammendurchleuchteten Nacht.« Damit nicht genug. Wie ein Psychiater schreibt Kessler danach die Krankheitsgeschichte samt hereditärem Hintergrund sorgfältig auf.

Seine psychologische Neugier hinderte ihn nicht, den Dichter hochzuschätzen. Als die zuständigen Redakteure Cäsar Flaischlen und Otto Erich Hartleben, die sich in Einklang mit dem Aufsichtsrat wußten, dessen Gedichte hochgradig unverständlich fanden und sich weigerten, so etwas abzudrucken, zögerte Kessler nicht, seinen Bruch mit dem »PAN« anzukündigen. Bis 1899 wurden dort Gedichte von Derleth veröffentlicht; es kam zu weiteren Treffen mit dem »Propheten« und zu weiteren Protokollen seiner Vorstellungswelt.

Ein Dichter wie Derleth artikulierte die Macht des Irrationalen, die in der Zivilisation unter der Oberfläche verschwand. Sie zu ignorieren, konnte gefährlich werden. Die Gesellschaft brauchte für sie ein Ventil, damit sie nicht plötzlich »in irgend einer Form z. B. als religiöser Fanatismus oder als Sozialismus, Communismus, Anarchismus von Grund aus bedrohen kann«.[68] Seit Kessler 1892 mitten in New York die gewaltige St. Patrick's Cathedral, »gothisch ganz aus weissem Marmor«, gesehen hatte, war er überzeugt, gerade in der modernen Massengesellschaft komme der einzelne nicht ohne religiöse Geborgenheit aus: »Bei der unendlich prosaischen und eintönigen Überhastung des hiesigen Lebens hat das Herz noch dringender als in Europa das Bedürfnis wenigstens *einen* Kreis zu haben in dem es seine Sehnsucht nach Allem idealen, geheimnisvollen, unfassbaren, nach allem was nicht Dollars und Cents sind ist seine Sehnsucht, einmal zu glauben, statt zu rechnen voll befriedigen kann.«[69]

Kessler begleitete nicht nur im Manöver seine Ulanen am Sonntag in die Kirche, er faßte es nicht als Zumutung auf, bei anderen Gelegenheiten den Gottesdienst zu besuchen oder an kirchlichen Zeremonien teilzunehmen. Sein Verhältnis zur Kirche und ihren Institutionen war ungetrübt. Weder die eigene Sündhaftigkeit noch ein obsessives persönliches Verhältnis zu Gott trieben ihn um. Vor allem in Hinsicht auf die Orientierungslosigkeit der Massen gab es für ihn eher zu wenig als zuviel Christentum. Die seit dem 18. Jahrhundert immer stärker werdende Säkularisierung bedauerte er als irreversiblen Verlust. Daß ein Denker wie Nietzsche das Anachronistische des Christentums nicht sah und es noch immer als Quelle der »Sklavenmoral« anprangerte, sah er als ärgerliche Dummheit an.

Kessler zweifelte nicht, daß die Ausbreitung der christlichen Religion trotz aller Gewalttaten ein zivilisatorischer Prozeß war, der allmählich Europa zur Blüte gebracht hatte. Nach einer langen Periode barbarischer, oberflächlicher Übernahme wurde die fremde Lehre zwischen 1150 und 1200 nicht mehr als Zwang empfunden: Die Lehre Christi hatte die Seelen der Menschen von innen ergriffen und ihr Verhalten einschneidend verändert.

Im Jahrzehnt vor der Jahrhundertwende, als sich die erhoffte politische Neuordnung nach Bismarcks Rücktritt verflüchtigte und im Deutschen Reich die Stagnation trotz wirtschaftlicher Konjunktur überwog, gewann die mittelalterliche franziskanische Bewegung bei Kessler ein erstaunliches Gewicht. Zarathustras Vision des Neuen Menschen, die schemenhaft blieb, weil sichtbare Ansätze zur Veränderung rasch verschwanden, war für ihn nur durch einen Rekurs aufrechtzuerhalten, bei dem nietzscheanisches Zukunftspathos sacht in weltflüchtige, schwärmerische Sehnsucht überging: Ein gesellschaftliches Leben, von Prunk und materieller Gier erlöst, das innerliche Schönheit erfüllte.

Der reformierte Protestant pilgerte nach Assisi wie zu einer Wallfahrtsstätte: »Mittags zu Fuss nach Assisi weiter. Im Grunde genommen dürfte man Assisi nie anders nahen. Die Stimmung dieser Landschaft, ihre weiche, seelische Schönheit umfängt Einen dann wie ein berauschender Duft. Alles zarteste Färbung und zitterndes Licht, in das die Heilige Stadt wie von Märchenschimmer übergossen am Bergeshang emporragt. Als ich vor dem Thore anlangte, ging gerade die Sonne hinter den Hügeln von Perugia unter und den rotleuchtenden Fensterreihen der Grabeskirche entschwebte der Orgel und Stimmenklang des Abendgottesdienstes weithin über das Thal hinaus. Nirgends ist der Abend so erschütternd weihevoll wie gerade hier. Ich habe die tiefe, fast schmerzliche Erregung wieder empfunden wie vor fünf Jahren.«[70]

Während er sich in Umbrien ekstatischen Momenten öffnete, in denen er den Einklang mit der längst vergangenen franziskanischen Rebellion und ihren Relikten erlebte, verschloß Kessler sich vor den sozialen Bewegungen der Gegenwart. Die sprunghaft wachsende deutsche Sozialdemokratie trat nicht einmal in seinen Blick. Die christliche Morgenröte des 13. Jahrhunderts war das Paradigma der Zeitenwende, die er herannahen sah. Seit 1890 nährte das Studium der italienischen Kirchenkunst die chiliastische Erwartung; sie nahm ihn derart in Besitz, daß er den tiefen Umbruch als Tatsache ins Mittelalter projizierte: »Das eigentliche Wunder beim Christentum sind nicht seine Märtyrer – die hat jeder Glaube; noch seine Verbreitung seit Constantin; Politik und Grausamkeit haben andere Glaubensformen noch schneller verbreitet; sondern die intime geistige Revolution, durch die es im 11ten, 12ten u 13ten Jh. eine neue Art von Mensch, ein bis dahin noch nicht vorhandenes Wesen, den christlichen Übermenschen hervorgebracht hat.«[71]

Die »Umwertung aller Werte« war Franz von Assisi als erstem gelungen. Im von grausamen Städtekriegen zerrissenen Italien, wo die Florentiner bei der Eroberung Pistojas den Frauen die Nasen abschnitten, hatte er begonnen, »to preach of heaven and a better world and a happier life«.[72] Er war nicht allein geblieben; seine aus der Fülle des Herzens gesprochenen und durch seine Lebensführung bekräftigten Worte hatten die Seelen der gepeinigten Menschen ergriffen und den Glaubenseifer der frühen Christen wiedererweckt.

Doch der heilige Franz war nicht allein ein Wiedererwecker, sein Umgang mit der Natur hatte ein unbefangenes Gefühl für das Lebendige inauguriert, das es im Christentum zuvor nie gegeben hatte: »Francis was the first man who for centuries has looked upon nature without distorting it by symbolism; he loved it for it for itself and as a work of God and he taught others to love it and study it.«[73] Fünfzehn Jahre später, als Kessler die Qualität eines Menschen an der »Weite und Tiefe seiner Sinnlichkeit« bemißt, heißt es, fast schon häretisch: »Der grösste religiöse Geist des Abendlandes, Franz von Assisi, ist zugleich der grösste aller Sinnlichkeitserwecker gewesen.«[74]

Auch in der Kunst hatte die gegen Reichtum und Genußsucht gerichtete franziskanische Bewegung ihre Spuren hinterlassen. Vor allem in der Bildhauerei trat die neue Innerlichkeit hervor, »the soul became more important than the body, the expression more important than the form, the face more important than the limbs«.[75] Dagegen waren Quattro- und Cinquecento lediglich eine »Reaktion des Alten, des Classizismus (der die ›Schönheit‹, die Sinnenfreude) und des Realismus (der die ›Wahrheit‹, die Richtigkeit) will«.[76]

Als der Bankierssohn den »poverello« für sich entdeckte, konnte von »Franziskus-Begeisterung« noch nicht die Rede sein. Henry Thodes bahnbrechendes Werk »Franz von Assisi und die Anfänge der Kunst der Renaissance in Italien« (1885) hatte ihn auf den Paradigmenwechsel aufmerksam gemacht. Diese Lektüre war eine der ersten gewesen, die er seinem Spürsinn verdankte. Obwohl Richard Wagners Schwiegersohn, wurde Thodes umfassender Gesichtspunkt erst beachtet, als Paul Sabatiers in viele Sprachen übersetztes »Leben des Heiligen Franz von Assisi« aus dem Jahr 1893 Furore machte.

Die Verehrung für Franz von Assisi immunisierte Kessler gegen das »Zarathustra«-Ideal, das nach der Jahrhundertwende deutsche Männerbünde zu Grausamkeit und Härte verpflichtete. Als er nach dem ersten Besuch in Assisi, die »Fioretti«, den Legendenkranz über das Leben des Heiligen, auf der Fahrt von Paris nach Leipzig las, berührten ihn das Mitleid und die Brüderlichkeit mit der geringsten Kreatur »tender« und »exquisitely sweet«.[77] Daß Kessler sich in den zwanziger Jahren dauerhaft Pazifismus und Völkerbund zuwandte, ging dieses Vertrauen nicht zuletzt auf die »advent of the democratic modern spirit«[78] im 13. Jahrhundert zurück, die Europa ein menschlicheres Gesicht verlieh.

Seit seiner Reise durch Umbrien im April 1896 war Kessler mit dem großen Thema »Kunst und Religion« beschäftigt. Anders als bei den »Notizen über Mexiko« motivierte ihn kein literarischer Ehrgeiz, es war vor allem das Bedürfnis, seinen ausgedehnten kunsthistorischen Studien einen Abschluß zu geben. Nach zweijähriger Arbeit war schließlich sein umfangreichster Essay fertig geworden, der 1899 im »PAN« erschien. Trotz langen Nachdenkens war der komplizierte Text nicht zur Kopfgeburt geraten. Die religiös-ästhetischen Erfahrungen, die ihm zugrunde lagen, wurden um die Bedingungen der Möglichkeit eines modernen Gesamtkunstwerks zentriert, um die Frage zu beantworten, was von der Kunst in einer entgötterten Welt noch zu erwarten sei.

Die Ästhetik gegen die »Verwilderung des künstlerischen Empfindens« zu schützen, indem man sie an »den Verstand und die Erfahrung« knüpfte, war das Ziel. Gestützt auf die »physiologische Psychologie« Wilhelm Wundts, dessen Vorlesungen er in Leipzig eifrig besucht hatte, analysierte Kessler die Erregungswellen in der religiösen Menge und näherte sich über die Rolle der Seher und Priester der inneren Beziehung zwischen Künstler und Publikum. Dabei ging er allerdings so umständlich vor, daß es selbst die Geduld der Freunde strapazierte. Auf seine verhaltene Nachfrage reagierten Bodenhausen und Hofmannsthal enthusiastisch, ohne sich jedoch auf die neuartigen Gedankengänge einzulassen.

Kesslers avantgardistischer Ansatz hatte dies nicht verdient. Mit der Einführung der charismatischen Persönlichkeit und ihrer Funktion nahm er hier bereits den Typus vorweg, der später bei Max Weber vom Schamanen bis zum politischen Führer reicht. »Die Menge bietet dem gemeinsamen Fühlen eine natürliche und starke Resonanz«, aber die »religiöse Erregung in der Menge« kann »erst ganz zur Entfaltung kommen, wenn ihr von außen Vorstellungen gegeben werden«.[79] Die Inbrunst der Gemeinde verschmolz mit den Visionen des Sehers zu der elementaren Einheit, auf der in abgeschwächter Form auch der Künstler mit dem Publikum kommuniziert. Die Wirkung der Kunst ist nichts Akzidentielles, sondern Teil der magischen Funktion, die mit der fortschreitenden Säkularisierung schwächer wird. Je mehr die

Künstler ihre Vorstellungen und Phantasien mit der »Mengenerregung« in Einklang brachten oder starke Gefühle durch künstlerische Mittel hervorriefen, desto tiefer wirkten sie auf das Publikum.

Die religiösen Bewegungen lösten die durchgreifenden Kreativitätsschübe aus, die selbst die größten Künstler übertreffen: »Immer wieder zeigt die religiös erregte Menge sich als eine Wunder-Retorte, aus der die Seelen bereichert um neue Farben des Fühlens hervorgehen. In den Sufischaren des Orients wird die mystische Gefühlsgemeinschaft der Seele mit dem All geboren. Den Ursprung des neuen europäischen Fühlens, der Skala des Mitleidens, der Gefühlsphantasie, des Sentimentalen, bezeichnen jene gewaltigen und noch rätselhaften Schwärmerzüge der Kreuzzugszeit, deren Begeisterungstaumel noch in trockenen Chroniken einen Widerschein wie von der Flamme und Größe der Euripideischen Bakchen bewahrt, und deren Passions- und Liebesgluten zu reinem Licht gesteigert in der Seele von Franz von Assisi widerstrahlen.«[80]

Dagegen fiel der Ausblick auf die Gegenwart enttäuschend aus. So produktiv einst Kunst und Religion einander gesteigert hatten, in der entgötterten Welt stand keine neue Kunstblüte zu erwarten. Künstlerischer Voluntarismus reichte nicht aus, um eine Brücke zu griechischen Tempeln und gotischen Kathedralen zu schlagen. Gegenwärtig »stehen die rein ästhetischen Bestrebungen in ihrem Wert für die Kunst hinter der religiösen Bewegung zurück; sie bereiten mühsam in wenigen und auserwählten Seelen den Keim des Kunstschaffens; die Religion aber streut die schöpferischen Anschauungen mit der Fruchtbarkeit der Natur in die tausendköpfigen Massen aus«.[81]

Was Kessler hier, bis heute unbeachtet, zur Klärung der Interdependenz von Kunst und Religion beitrug, ging weit über die ästhetischen Debatten um 1900 hinaus. Sein illusionsloses Resümee stand quer zur Heimatkunstbewegung, die eine breite

Anhängerschaft gewann. Ihre völkischen Hauptvertreter, Adolf Bartels und Friedrich Lienhard, etablierten sich in Weimar, um der großstädtischen Dekadenz den Kampf anzusagen. Der immer tieferen Kluft zwischen verständnisloser Masse und der Sphäre der Kultur wollten sie Einhalt gebieten, durch Bodenständigkeit die Zersplitterung und Anonymität des industriellen Zeitalters überwinden. Weihefestspiele im Freien sollten Remedur schaffen und mit hallenden Chören das völkische Gemeinschaftsgefühl wiedererwecken. Ein Beispiel war das Harzer Bergtheater in Thale, das der Dramatiker Ernst Wachler, ein Mitstreiter Bartels und Lienhards, 1903 eröffnete.

Als auch Kessler sich Weimar zuwandte, um dort eine deutsche Dependance der Moderne zu errichten, war die kein Grund, die Strahlkraft einer dritten Weimarer Kunstblüte zu überschätzen. Wie es um die »rein ästhetischen Bestrebungen« der Gegenwart bestellt war, wußte er nur zu gut. Als Karl Max Fürst Lichnowsky, Vortragender Rat und Personaldezernent im Außenministerium, dem erwartungsvollen Aspiranten im April 1902 bedauernd mitteilen mußte, zur Zeit sei die Aufnahme in den diplomatischen Dienst nicht möglich, gab dies den Anstoß, strategisch vorzugehen und auf einem anderen Weg, vom kulturellen Sektor aus, den Einstieg in die große Politik zu erzwingen.

VIERTES KAPITEL

Weimar versus Wilhelminismus

Nach zweijährigen Demarchen und Vorverhandlungen war es am 24. März 1903 soweit, daß Harry Graf Kessler in Weimar »sein« Museum am Karlsplatz übernehmen konnte. Beim Eintritt ins erste öffentliche Amt, das er als seiner würdig ansah, war er fast fünfunddreißig Jahre alt, und auf dem Hinterkopf lichtete sich das Haar bedenklich. Daß man ihn bereits im Oktober 1902 zum ehrenamtlichen Kuratoriumsvorsitzenden des »Großherzoglichen Museums für Kunst und Kunstgewerbe« ernannt hatte, war für die Weimarer Bürokraten kein Signal gewesen, daß sie zur Eile antrieb. Die Verzögerung war schließlich dem Großherzog peinlich geworden, und er hatte darauf Wert gelegt, ihm zu versichern, mit diesem Manöver habe er »wirklich Nichts«[1] zu tun.

Die Position, die Kessler ungesäumt nutzte, moderner Kunst den Weg zu bereiten, hatte er vor allem der Gunst der Umstände zu danken. Im Großherzogtum Sachsen-Weimar-Eisenach, das etwa doppelt soviel Einwohner wie Charlottenburg hatte, war der Reformstau nicht zu übersehen. Nach der fast fünfzigjährigen Regierungszeit Carl Alexanders mußte sich etwas ändern, als der vierundzwanzigjährige Enkel Wilhelm Ernst am 5. Januar 1901 die Nachfolge antrat. Der Thronwechsel, obwohl keineswegs unerwartet, trieb die Personnage am kleinen Hof derart um, daß Kessler den Sturm im Wasserglas amüsiert verfolgte. Aus Rachegelüsten, Änderungswünschen und Besitzstandswahrung waren unterschwellige Allianzen entstanden, deren unentschiedene Zielrichtung von außen moduliert werden konnte. Um die Kluft zu bewältigen, die im Großherzogtum zwischen den Ausläufern der Goethe-Zeit und den Erfordernissen des technischen Zeitalters zutage trat, waren auch ungewöhnliche Schritte nicht auszuschließen. Wie Wilhelm Ernst Kessler bald anvertraute, hatte man ihn, obwohl sein Vater bereits 1894 gestorben war, auf die Thronfolge kaum vorbereitet. Die Aufgabe, das Großherzogtum aus anachronistischen Verhältnissen herauszuführen, überforderte den jungen Regenten. Französisch bei der Hoftafel abzuschaffen, war eine seiner ersten Anordnungen. Daß dies nicht genügen würde, wußte auch er.

Die ungeklärte Situation bot Spielraum für das »neue Weimar«, das Elisabeth Förster-Nietzsche vorschwebte, als sie im September 1896 von Naumburg ins Mekka deutscher Kultur gezogen war. Durch Franz Liszt hatte es seinen Ruf erneut gefestigt und wurde ab 1896, als Adolf Bartels dorthin kam, zum Tummelplatz von zunächst marginalen Eiferern der Heimatkunst. Aber auch erfolgreiche Bühnenautoren wie der alte Ernst von Wildenbruch und der junge Ernst Hardt, der mit seinem Drama »Tantris der Narr« Wilhelm II. für sich begeistert hatte, meldeten, indem sie sich in Weimar niederließen, ihr Anrecht auf den Parnaß an. Seit 1897 residierte Elisabeth Förster auf dem Silberblick über der Stadt in einer Villa, die ihr die Nietzscheverehrerin Meta von Salis-Marschlins zur Verfügung gestellt hatte, und ging daran, das abgelegene Haus, in dem ihr kranker Bruder seine letzten Jahre zubrachte, in eine Kultstätte für Nietzsche-Zarathustra zu verwandeln. Obwohl ihr »Nietzsche-Archiv« mit dem Goethe-Haus um das Deutungsmonopol konkurrierte, wollte auch sie am Goethe-Nimbus der thüringer Residenz partizipieren.

In Staatsminister Carl Rothe, der die Geschicke des Ländchens lenkte, hatte sie einen Verbündeten gefunden; auch auf seine Gattin Luise, die schon lange einen Wandel herbeiwünschte,

Villa »Silberblick«, Postkarte mit Gruß von Elisabeth Förster, 1899

konnte sie sich stützen. Luise Rothe, geborene Eggeling, ebenfalls Pastorentochter, kam aus einem kunstinteressierten Milieu, ihr Vater wirkte dort auch als Kunstpädagoge und trat in der Weimarer Landeszeitung »Deutschland« für moderne Bestrebungen ein. Der Landschafter Ludwig Freiherr von Gleichen-Russwurm, wegen seiner »Spinatmalerie«[2] beim alten Großherzog Carl Alexander in Ungnade gefallen, hatte ihr Unterricht erteilt und sie mit der Malerei der französischen Impressionisten vertraut gemacht. Daß Kessler zunächst als Weimarer Kunstschuldirektor ausersehen wurde, hatte Luise Rothe veranlaßt.

Anfang März 1901 war Elisabeth Förster zehn Tage in Berlin gewesen, wo Kessler ihr zu Ehren in der Köthener Straße und bei Cornelie Richter Frühstücke und Soireen organisierte. An einem Vormittag war sie, von ihrem Adlatus begleitet, in die Nationalgalerie gegangen, um Hugo von Tschudi die von Max Klinger modellierte Totenmaske ihres Bruder zu übergeben. Auch bei Henry van de Velde, der ihr bereits »über Erwarten schöne« Probedrucke des »Zarathustra« vorlegen konnte,[3] war sie mit Kessler zusammen zu Gast gewesen. Nach Weimar zurückgekehrt, dankte sie ihm: »Vom ersten bis zum letzten Augenblick meines Aufenthaltes in Berlin haben Sie in der liebenswürdigsten Weise für mich gesorgt.« Vor allem hatte die in künstlerischen Dingen besonders unerfahrene Provinzlerin einen guten Eindruck von Kesslers belgischem Protegé erhalten: »Und welches befriedigende Gefühl habe ich gerade durch das Zusammensein mit v. d. Velde gewonnen, daß er nun zu der vorzüglichen Schrift, die mit Ihrer kunstverständigen Anweisung so herrlich geraten ist, auch die richtigen Umrahmungen wählen wird. Ich habe zu seinem künstlerischen Empfinden ein großes Zutrauen gewonnen!«[4]

Die Abwechslung hatte ihr, ein halbes Jahr nach dem Tod des Bruders, gutgetan. Wenige Monate später fand sie den Weg, der ihre Interessen mit denen Kesslers und van de Veldes und nicht zuletzt auch den Belangen des Großherzogtums in Einklang brachte. Nietzsche-Überschwang, Kunstgewerbe-Bewegung, französische Moderne und Oppositionsgelüste gegen kaiserliche Anmaßung führten zu jener eigenartigen Kombination, die nirgendwo sonst in Deutschland anzutreffen war.

Bereits in Berlin hatte Elisabeth Förster den belgischen Avantgardisten, der nicht zu den Proselyten der neunziger Jahre gehörte, zum ersten Todestag Nietzsches nach Weimar eingeladen. Als van de Velde sich 1887 als Maler gescheitert fühlte, hatte er in der Einsamkeit eines belgischen Dorfes mit »Zarathustra«, der Bergpredigt, Bakunins »Gott und Staat« und dem »Kommunistischen Manifest« über den »Sinn, die Natur und die Funktion der Linie« meditiert. Vor allem der »Philosoph mit dem

Hammer« hatte ihn mit Gedanken erfüllt, die ihn »besser ernährten als wirkliche Nahrung«, und in die Lage versetzt, die tiefe Krise überwindend, neues Terrain zu betreten.[5]

Seine Reise nach Weimar besaß damit einen lebensgeschichtlich bedeutsamen Hintergrund. Kaum in der Villa »Silberblick« eingetroffen, schockierte ihn die Präsenz des gescheiterten Geistesriesen, die Ausstrahlung der lebensgroßen Kohlezeichnung, die Hans Olde nach eigenen Fotos gemacht hatte: »Außergewöhnlich dichte Brauen hingen über den tiefen Höhlen, in denen die Augen lagen. Ich fühlte mich von ihnen angezogen wie von Abgründen, in denen Vipern hausen – und ich dachte an die bitteren Aphorismen, die Zarathustra seinen Jüngern entgegenschleuderte. Die Erregung, von der der Zeichner erfaßt worden war, während er die Züge seines Modells festhielt, ging auch auf mich über – so faszinierend, daß ich mir auch heute kaum vorstellen kann, ich habe Nietzsche *nicht* als Lebenden gesehen!«[6] Leseproben aus dem Nachlaß taten ein übriges. Als der Archivmitarbeiter Ernst Horneffer einige Seiten aus dem zum Druck vorbereiteten »Willen zur Macht« las, konnte van de Velde es kaum erwarten, auch dieses Buch zu drucken und zu verzieren.

Für ihr Werben um van de Velde hatte Elisabeth Förster nicht zuletzt einen praktischen Grund. Den bevorstehenden Ankauf der Villa »Silberblick« sollte ein der Würde des Ortes entsprechender Umbau krönen. Von den einschneidenden, kostspieligen Baumaßnahmen, die sie aus dem Konzept bringen sollten, ahnte die künftige Bauherrin noch nichts. In van de Velde begegnete ihr ein überlegener Gesprächspartner, dem sie sich anvertraute; sogar die schwere Zeit in Paraguay, nachdem die arische Koloniegründung ihres Mannes gescheitert war, sparte sie ihm gegenüber nicht aus. Diesen wiederum erfüllte der überraschende Vorzug, in der Kutsche auf der »Wallfahrt« nach Roecken ihr einziger Begleiter zu sein, mit einem »Gefühl großer Dankbarkeit«. Für van de Velde begann mit diesem Besuch eine »unverbrüchliche Freundschaft«,⁷ über die er noch am Lebensende glücklich war.

So selbstbewußt die Herrin der Villa »Silberblick« auch an die Öffentlichkeit trat, sie war nicht blind für den Schatten, der über ihrem Anspruch lag, auch das geistige Erbe ihres Bruders zu vertreten. Die Mitarbeiter im Archiv, zum Teil ehrenamtlich tätig, hatten außer ihrer zweifelsfreien Verehrung für den »Zarathustra«-Autor wenig mehr zu bieten. Ihr fehlten hervorragende, unruhige Geister, Persönlichkeiten mit eigener Leistung, welche die Strahlkraft Friedrich Nietzsches manifestieren konnten.

Der Hoffnungsträger Rudolf Steiner hatte zwar einige Stöße handgeschriebener Zettel aus dem Nachlaß geordnet und der Hausherrin bereitwillig Unterricht in Philosophie erteilt, es jedoch entschieden abgelehnt, mit ihr gemeinsam Nietzsches Werke herauszugeben, und war nach Berlin gegangen. Das Manko war offensichtlich. Bei der Trauerfeier im »Archiv« hatte Kessler nicht nur bemerkt, daß berühmte, anerkannte Namen fehlten, »sondern noch mehr und bedauerlicher« war »der Mangel an *in sich* wertvoller und bedeutender Menschen. Nichts an Geist und Charakter, das hervorragt, auch nicht die kräftige Einheit einer jungen Saat; vorläufig weder so noch so Zukunft.«⁸

Es lag viel daran, den prominenten belgischen »Zarathustra«-Jünger, der Nietzsches europäische Geltung bezeugte, für das Weimarer Umfeld zu gewinnen. Elisabeth Förster bot ihrem Gast umstandslos an, Direktor der Kunstschule zu werden. Der wenig großstadtfreundliche Familienvater, dem seine Verhältnisse in Berlin rasch über den Kopf gewachsen waren, stimmte, ohne zu zögern, sofort zu. Kessler, der gekommen war, um van de Velde zur Mathildenhöhe nach Darmstadt abzuholen, hatte nur noch dafür zu sorgen, daß die Option durch den Leipziger Studienfreund Ottobald von Werthern, dessen Schwester mit Aimé

Palézieux, dem Vertrauten des Großherzogs, verheiratet war, an die richtige Stelle gelangte.

Elisabeth Förster hatte ihren Einfluß nicht überschätzt. Es dauerte nicht lange, bis der Großherzog Kessler ins Vertrauen zog und dem entschiedenen Reformer, der den finanziellen Rahmen nicht sprengte und für sich auf ehrenamtlicher Tätigkeit bestand, sein Ohr lieh. Dem Mann gegenüber, der die Übersiedlung des Nietzsche-Archivs tatkräftig unterstützt hatte und weiter beabsichtigte, Weimar durch Novitäten attraktiv zu machen, zeigte sich der junge Souverän aufgeschlossen. Der Lichtbringer der Moderne, der die Neugier des Weimarer Hofes erregte, zweifelte seinerseits nicht, den Landesfürsten in nicht allzu langer Zeit ganz auf seine Seite zu ziehen.

Der bereits dickliche, vor Unsicherheit steife junge Mann, der nur im Waffenrock erschien, rührte Kessler. Wie zehn Jahre zuvor in Leipzig, als er im Handumdrehen das Vertrauen der sächsischen Prinzen Max und Hans gewonnen hatte, sah er sich in der Rolle des Prinzenerziehers. Bei Museumsbesuchen in Berlin, London und Paris bereitete er sich auf Privatvorlesungen »von der kalligraphischen Miniaturmalerei zum Neo Impressionismus«[9] vor, die er Wilhelm Ernst nicht ersparte. Nach den Leipziger Erfahrungen mit hochadeligem Blut spielte es kaum eine Rolle, daß dessen Weltsicht dem Horizont entsprach, den er in Potsdam als Offizier des 1. Garderegiments zu Fuß erworben hatte. Den begeisterten Jäger zog es nach Heinrichsau, auf dem alten Jagdschloß seiner Familie im preußischen Bezirk Breslau fühlte er sich wohl.

Im November 1901 hatte Kessler das Terrain sondiert. In einem Brief an Bodenhausen, der Wilhelm Ernst als »mein Korpsbruder« in guter Erinnerung war, schilderte er die Lage am Hof, die entschiedenes Eingreifen von außen begünstigte: »Gestern habe ich noch bei der Erbgroßherzogin in Belvedere gefrühstückt. Auch Sie interessiert sich sehr lebhaft für V's Berufung. Palézieux, der als Vermögensverwalter des Großherzogs die Hauptperson ist, scheint auch gewonnen. Es spielen bei Allem dem übrigens ganz andere Rück- und Absichten, als wir sie haben, die Hauptrolle; namentlich persönliche Eitelkeiten und sogar Rachebedürfnisse, die bei jedem verschieden sind, aber in der Gesamtheit doch nach dem von uns erstrebten Ziel hinarbeiten.«[10]

Bereits im Dezember berief der Großherzog den belgischen Architekten per Handschlag zum »Bevollmächtigten zur Hebung des Weimarischen Kunstgewerbes«, mit jährlich 6000 Mark aus der Privatschatulle. Bei diesem Salär blieb van de Velde auf einen Anteil an den Verkaufserlösen angewiesen, welche die unter seiner Anleitung produzierten Waren erbrachten. Aber Kessler war zu Recht stolz auf diese Konstruktion: Henry van de Velde blieb sein eigener Herr und mußte kein Beamter werden, die ratsuchenden Produzenten ihrerseits hatten keine Anforderungen zu erfüllen, die ihre Fähigkeiten überstiegen, auch wenn ihr handwerklicher Ehrgeiz groß war. Die großherzogliche Autorität, die in diesem Landstrich viel galt, stand hinter ihm und seinen Mitarbeitern, aber letztlich entschied der Markt über die Akzeptanz der neuen Produkte.

In kurzer Zeit führte die »kunstgewerbliche Versuchanstalt« zu verstärkter Nachfrage. Das neuartige Mäzenatentum, das mit der Förderung eines Künstlers das Wohl des Landes bezweckte, bewährte sich rasch. Auf der Mathildenhöhe ging der hessische Großherzog Ernst Ludwig, der 1899 die Darmstädter Künstlerkolonie gründete, über die traditionelle Förderung von Kunst und Künstler nicht hinaus. Es war nicht übertrieben, wenn Kessler frohlockte: »Die Gewerbe umfassen Töpferei, Weberei, Spielwaren, Eisen, Glas, große Möbelfabriken (in Weimar), Bauern Schnitzerei (im Gebirge) und noch viele andere weniger bedeutende. Außerdem liegt im Rahmen des Auftrags die Erziehung des ganzen Volkes, das, da es nur 300 000 Seelen umfaßt, noch für einen Mann hantierbar ist. Hinter Vandevelde stellt sich, im Dienst seiner Arbeit, die ganze Macht des Großherzogs und des Staats. So Etwas ist, glaube ich, seit den Berufungen von Philosophen Gesetzgebern durch antike Stadtherrscher nicht dagewesen.«[11]

Das Wohlwollen des Großherzogs bewährte sich. Nachdem Kessler im Januar 1902 mit van de Velde das Terrain für die Versuchsanstalt besichtigt hatte, hatte er die zukünftige Position des Bevollmächtigten durch eine Pressenotiz bekannt gemacht. Dieser Karriereschub für einen belgischen Architekten wurde, wie vorauszusehen, nicht überall begrüßt. Besonders die Invektiven Georg Malkowskys, des einflußreichen Münchner Verlegers, der in seiner Zeitschrift »Deutsche Kunst« gegen »Ausländerei« auftrat, hatte Wilhelm Ernst zur Kenntnis genommen, aber im Gespräch mit Kessler »geringschätzend«[12] abgetan.

Doch auch in der Provinz wuchsen die Bäume nicht in den Himmel. Nach dem glücklichen Auftakt war alles weitere im Sande verlaufen. Vor allem Kesslers hochfliegendes Projekt, durch »eine Art Oberleitung aller Kunstbestrebungen im Großherzogtum«[13] einen Zipfel der Macht in die Hand zu bekommen, war ad acta gelegt worden. Voll Tatendrang hatte er den Plan, der bis zu einer von Alfred Lichtwark angeregten Reform des Zeichenunterrichts in den Schulen reichte, am 4. April 1902 dem Staatsminister Rothe präzisiert.

Obwohl einigermaßen ernüchtert, nahm Kessler die Museumsdirektion nicht auf die leichte Schulter. Wenn er nach Weimar kam, war er so heftig beschäftigt, daß sein Tagebuch regelmäßig Lücken von mehr als einer Woche aufweist. Allerdings sammelte sich immer einiges an, weil der Museumsdirektor erstaunlich selten in der thüringischen Residenzstadt anwesend war. Ob beabsichtigt oder nicht, signalisierte die dosierte Präsenz den begrenzten Stellenwert, den er selbst dem »Neuen Weimar« beimaß. Obwohl die spektakulärsten seiner etwa vierzig Ausstellungen die deutschen Feuilletons beschäftigten, änderte dies seine Lebensführung nicht: 1904 war er kaum acht Wochen und 1905 nur rund zweieinhalb Monate am Ort, während der drei Jahre seiner offiziellen Tätigkeit »insgesamt kaum acht, neun Monate«.[14] Bereits eine Woche nach der Museumsübergabe fuhr Kessler nach London und Paris. Nach zwei Monaten kam er zurück, als das frisch vermählte Herrscherpaar Wilhelm Ernst und Caroline am 2. Juni in der Residenz Einzug hielt und weiteres Fernbleiben einen Affront bedeutet hätte.

Den Weimarer Wirkungskreis sah Kessler nicht als Endstation und beabsichtigte nicht, in den Dingen, die er dort in Bewegung setzte, aufzugehen. Von Anfang an verfuhr der neue Mann pragmatisch und war alles andere als detailversessen. Die Nüchternheit des preußischen Justizassessors, der zu delegieren gelernt hatte, kam ihm dabei zu Hilfe. Kessler suchte die Exponate nicht selbst bei den Künstlern im Atelier aus. Er arbeitete mit Galeristen zusammen, deren Namen man heute noch ehrfürchtig nennt: mit Durand-Ruel, der die Impressionisten via New York in Frankreich durchgesetzt hatte, oder Paul Cassirer, der die Berliner Secessionisten vertrat, aber auch über Werke französischer Maler verfügte. Obwohl Kessler auf Verkäufe kaum Hoffnung machen konnte, vertrauten ihm große Häuser hochkarätige Werkkonvolute an.

Henry van de Velde erwies sich als unermüdlicher Mitarbeiter, ihm verdankte der Museumsdirektor einen Großteil des Erfolges. Mit der Modernisierung des Museums, zuvor eher eine Abstellkammer als ein Heiligtum der Kunst, war van de Veldes Sache nicht getan. Sein ungewöhnliches Improvisationstalent hatte hier mehr zu bewältigen, als ihm lieb war. Für die oft bahnbrechenden Ausstellungen fand er überraschende Lösungen, welche die Besucher zu neuem Sehen ermunterten. Bei derartigen Anlässen ordnete van de Velde auch an, wie Bilder und Skulpturen zu plazieren waren. Galt es, prominente Besucher

Ausstellung im Großherzoglichen Museum am Karlsplatz, Postkarte

und Gruppen zu führen, ließ Kessler, wenn er abwesend war, sich gern von ihm vertreten. Die regelmäßigen Ausstellungen Weimarer Künstler waren nach wie vor bei dem Museumsgeschäftsführer Arthur von Payern in guten Händen.

Oft kam der Initiator, nachdem alles getan war, erst zur Eröffnung oder verzichtete ganz. Auch als die vierzehn aquarellierten Zeichnungen ausgestellt wurden, mit denen sich Auguste Rodin beim Großherzog für seinen Jenaer Ehrendoktortitel bedankte, war Kessler nicht erschienen. Er machte es Widersachern leicht, unwidersprochen Gerüchte auszustreuen und seine Position zu untergraben.

Daß Kessler selten in Weimar war, lag nicht allein am hypertrophen Bewegungsdrang. Ihn reizten die innen- und außenpolitischen Angriffsflächen der kaiserlichen Politik, wohl nicht zuletzt, weil er den Intriganten in der Wilhelmstraße zeigen wollte, welche Minen er springen lassen konnte, auch wenn sie glaubten, ihn hingehalten und vom politischen Spiel ausgeschlossen zu haben.

Im Deutschen Reich hatte sich eine Atmosphäre verdichtet, in welcher die populäre kaiserliche Kulturpolitik von interessierten Kreisen nicht länger mit wissendem Lächeln abgetan wurde. Die Lex Heinze bewegte wie nie zuvor die Gemüter. Das Ergänzungsgesetz gegen Sittlichkeitsverbrechen, welches seit 1892/93 immer wieder verändert und dem Reichstag vorgelegt worden war, sollte nun auf Kunst und Theater ausgeweitet werden. Seit März 1900 konstituierten sich Vereinigungen des Goethe-Bundes, die es in München und Berlin, aber auch in Dresden, Stuttgart, Darmstadt, Mainz und Hamburg auf insgesamt zehntausend Mitglieder brachten. Die Protestwelle zeigte, wie verbreitet das Bedürfnis nach zivilisiertem öffentlichem Freiraum in Kunst und Wissenschaft war. Im November 1900 hatten die Vereinigungen des Goethe-Bundes noch unter dem Patronat des alten Großherzogs Carl Alexander in Weimar getagt und übereinstimmend gänzlichen Verzicht auf die Theaterzensur verlangt.

Daraufhin ließ die Reichstagsmajorität aus Zentrum und Konservativen die Regierung im Stich und weigerte sich, der Novellierung zuzustimmen. Wilhelm II. jedoch war außerstande, das Signal zu verstehen und seinen kulturpolitischen Kurs danach zu richten. Nicht zuletzt sein ausgeprägtes Kunstinteresse verhinderte dies. Die Neigung zur Malerei hatte er von seiner Mutter. Anton von Werner ging im Kronprinzenpalais ein und aus und begleitete Victoria von Preußen in Italien auf Malreisen. Auch Wilhelm hatte früher zum Pinsel gegriffen und am liebsten Seeschlachten gemalt. Von Pressefotografen umgeben, besuchte der Kaiser regelmäßig Künstler seiner Fasson in ihren prächtigen Ateliers. Er dirigierte Proben in der Königlichen Oper und inszenierte dort, um »auch ›mal‹ was für die *deutsche* Musik zu thun«, »Die Hugenotten« von Giacomo Meyerbeer.[15] Bei Bauaufträgen interessierten ihn besonders architektonische Details, seine eigenhändigen Korrekturen der Pläne versetzten die kaiserlichen Architekten mitunter in Verlegenheit. Bei Kunst und Musik war Wilhelm II. noch mehr als sonst von seiner Kompetenz überzeugt und urteilte mit dem guten Gewissen des Kenners.

Am 18. Dezember 1901 ging er erneut in die Offensive. Die Siegesallee, die das neue Jahrhundert mit einer Verherrlichung des Hauses Hohenzollern begrüßte, eröffnete er mit der provozierenden Rede über »Die wahre Kunst«. Seine Philippika war am nächsten Tag in vollem Wortlaut in den Zeitungen zu lesen. Mit dieser Kampfansage hatte er den Bogen überspannt. Die betroffenen Künstler weigerten sich nun, die kaiserlichen Statements samt Auftrags-, Ankaufs- und Ausstellungspolitik unwidersprochen hinzunehmen. Auch ihre Sympathisanten in Aristokratie und kapitalkräftigem Bürgertum sowie führende Kunstkritiker der liberalen Presse stimmten überein, es sei nun an der Zeit, gegen die beschämende kulturelle Stellung Deutschlands vorzugehen.

Die Lex Heinze, die mißliebigen Schriftstellern, Künstlern und Theaterdirektoren Sittlichkeitsprozesse androhte, war auch für Kessler indiskutabel. Besonders abstoßend fand er die Mentalität, die deren Befürworter zeigten, wenn sie sich unbeobachtet wußten. Am 7. Mai 1900, als die Novelle in der interessierten Öffentlichkeit auf Ablehnung stieß, war ihm in einer Runde soignierter Herren die Zotenfreude aufgefallen, welche die Unterhaltung der parlamentarischen Sittenwächter würzte: »Arenberg bei Tisch für die Lex Heinze; bei der Gelegenheit er Zoten zu erzählen angefangen, was einen allgemeinen Zotenwechsel bei den älteren Excellenzen anregte. Arenberg meinte, heute könnte man doch sprechen, von den Muckern sei keiner da.«[16] Der Goethe-Bund jedoch, bei dem Hermann Sudermann in Berlin den Ton angab, ein literarischer Handwerker, der es als

Sprecher der Berliner Literatur fertigbrachte, einen Dichter vom Range Maurice Maeterlincks als »verehrten Kollegen aus Flandern«[17] zu begrüßen, war für Kessler inakzeptabel. Trotz angesehener Männer aus Kunst und Wissenschaft, Literatur, Theater und Politik gab es für ihn dort keine Aussicht auf distinguierte Zusammenarbeit.

Auch der Deutsche Künstlerbund, der am 15. Dezember 1903 mit Kessler als Erstem Vizepräsidenten in Weimar gegründet wurde, war zunächst als Club projektiert. Als Teil einer Gegenöffentlichkeit sollte er prominente Künstler mit Koryphäen der Universität zusammenbringen, um die Basis für einen Dialog über gesellschaftliche und kulturelle Fragen zu schaffen. Die geistige Oase, die Max Liebermann und seinem Mitstreiter, dem Berliner Universitätsprofessor Georg Simmel, vorschwebte, hatte im Londoner Athenäum ein exklusives Vorbild: das vornehme Stadtpalais am Waterloo-Place, wo seit einem halben Jahrhundert die geistige und künstlerische Elite Englands, soweit sie nicht aristokratisch war, verkehrte und den gesellschaftlichen Diskurs zu bestimmen versuchte.

Bei der Gründung des »Sezessionsclubs« wollte Liebermann, der seine polarisierende Wirkung kannte, nicht in den Vordergrund treten. Er zog es vor, Kessler zu autorisieren, die Verhandlungen zu führen, jenen zielstrebigen Vertreter der jüngeren Generation, deren bisweilen »abstruse« Kunstauffassungen er im Aufsichtsrat des »PAN« zur Genüge kennengelernt hatte. Daß der »Herr Graf« die Elastizität besaß, um Brücken zwischen Kunst und Wissenschaft zu schlagen, stand außer Frage. Der Vertrauensmann nahm die Sache unverzüglich in die Hand und hielt zum zwanzig Jahre Älteren engen Kontakt. Der erfahrene Gegner der offiziellen preußischen Kunstpolitik hatte 1889, anläßlich der Hundertjahrfeier der Französischen Revolution, gegen den erklärten Willen Bismarcks die Beteiligung deutscher Künstler an der Pariser Weltausstellung durchgesetzt.

Bei ihren Treffen, meist im Atelier am Pariser Platz, bewegte Liebermann sich leger bis zur Rücksichtslosigkeit. Vor allem die Metierbesessenheit des gestandenen Malers beeindruckte Kessler. Nach der Begrüßung, noch auf van de Velde und Georg Simmel wartend, wendet sich der Gastgeber abrupt der Staffelei zu, macht ungeduldig »die letzten Striche an seinen Polospielern« und stößt, seine Nervosität halb entschuldigend, hervor: »Malerei, das ist alles Rhythmus. Nichts als Rhythmus. Wenn diese Linie hier anders ist, dann muss auch diese Farbe anders sein.«[18] Nach Erkenntnissen, die an letzte Geheimnisse der Malerei rühren, verfällt er in Banausenton, schimpft »in ziemlich platter und pöbelhafter Weise« auf Richard Wagner, dem er »selbst die Kunst« abspricht, oder äußert über die Tänzerin Isadora Duncan: »Nee, wissen Sie, die ist mir zu keusch. Ick habe bei ihr Nichts für da (Gebärde). Ick liebe in der Kunst überhaupt so Etwas Sinnliches. Ich meine nicht im Sujet, wissen Se. Es kann auch in der Farbe liegen.«[19] Dann wieder entwaffnet seine Bescheidenheit. Auf Kesslers Frage, warum es ihn nicht interessiere, mit deutschen Kollegen in London auszustellen, raunt er ihm zu: »Herr Graf, wir sind doch unter uns, Sie sagen es nicht weiter; aber aufrichtig, was sollen wir da nach den Riesen Monet, Renoir, Manet etc. Das sind Leute, die kommen in zwei Jahrhunderten nicht wieder, was sollen wir kleinen Leute daneben.«[20]

Im Juni 1902, als Kessler zu Max Liebermann kam, um das neue Projekt auszuloten, hatten sich die Dinge in Weimar gut angelassen. Van de Velde arbeitete bereits dort; seine eigene Berufung, auf welche Position auch immer, war nur noch eine Frage der Zeit. Wilhelm Ernst wollte von Anfang an mehr sein als eine Vermittlerfigur: Die neuen Leute sollten sich von ihm ermuntert fühlen. Noch im April hatte er beim Diner »sehr nachdrücklich für die ›moderne‹ Kunst Partei ergriffen« und bei anderer Gelegenheit zu Hans Olde, dem neuen Direktor der Kunstschule, gesagt, »selbst ein Kaiser«[21] könne die Bewegung nicht aufhalten. Als Wilhelm Ernst van de Velde mit Handschlag berief, wußte er offensichtlich, was er tat.

Wie sehr Wilhelm II. die »Wellenlinien« van de Veldes mißfielen, war kein Geheimnis. Auf der »Düsseldorfer Industrieausstellung 1902« demonstrierte er diese Aversion, indem er sich weigerte, den Saal, der Möbel, Textilien und Keramik nach van de Veldes Entwürfen zeigte, auch nur zu betreten, wobei der leidenschaftliche Kreuzfahrer mit triumphierendem Lächeln verkündete: »Nein, nein, meine Herren, ich verzichte darauf, seekrank zu werden.«[22]

Als die Club-Gründung im Januar 1903 festere Formen annahm, gingen die Initiatoren von der bescheiden klingenden, aber ziemlich hochmütigen Prämisse aus: »Sein Zweck müsse sein, dass die paar Kulturmenschen, die unter den Barbaren lebten, sich organisierten.«[23] Mit dieser Geringschätzung übersteigerten sie den kulturellen Zustand des Deutschen Reiches ins Negative und teilten die resignative Elitevorstellung um 1900, welche für die Marginalität der gegen den »Zeitgeist« opponierenden Zirkel verantwortlich war. Selbst aufgeschlossene Männer wie Max Liebermann und Georg Simmel, der in seinen Schriften die gesellschaftlichen Verästelungen und Wechselwirkungen analysierte, machten hier keine Ausnahme. Um der Massengesellschaft und ihren publizistisch ausgeschlachteten Events etwas geistig und künstlerisch Substantielles entgegenzustellen, suchten auch sie bei einer imaginären Elite Schutz.

Das Gros der deutschen Bürger, mit dem wirtschaftlich erfolgreichen Obrigkeitsstaat zufrieden, zeigte wenig Neigung, die gewohnten Bahnen der Kunst zu verlassen. Man hatte sich in den Geschmack der Gründerzeit eingelebt; einem streitbaren Kunsterzieher wie Alfred Lichtwark wurde es schwer, für die unspektakulären Werte des Biedermeier ein breiteres Verständnis zu wecken. Ungewohnt Neues stieß, anders als heute, auf heftigen

Widerstand. Es war keine Schimäre, daß Wilhelm II. in diesen Jahren die Nation hinter sich wußte und mit seinen Reden ihren geistigen Haushalt umriß. Er wurde nicht müde, den deutschen Charakter seiner Untertanen anerkennend hervorzuheben, und diese blickten wiederum erleichtert und dankbar zu ihrem uniformierten Herrscher auf. Im Bewußtsein der Deutschen rangierte der Kaiser über den Parteien.

Der Realitätsverlust, der in der Begeisterung für Wilhelm II. zutage trat, machte selbst vor den Militärs nicht halt. Ein Stratege wie der Großadmiral Alfred von Tirpitz, für den das Industriepotential beim Flottenaufbau immerhin ein wichtiger Faktor war, neigte dazu, die »schimmernde Wehr« mit den Paradeuniformen zu verwechseln, die das preußische Offizierskorps mit dem Monarchen an der Spitze der Öffentlichkeit vorführte. Um dem Kaiser ähnlicher zu werden, gingen Familienväter aus allen Schichten mit einer Bartbinde zu Bett; die Schnurrbartmode »Es ist erreicht!«, die der Hoffriseur François Haby kreiert hatte, verlangte dieses Opfer.

Für Kessler war es vom »PAN« zum »Sezessionsclub« kein weiter Weg. Als er mit van de Velde eine Namensliste für das Gründungskomitee zusammenstellte, konnte er Persönlichkeiten aufführen, deren Vertrauen er bereits als inoffizieller Geschäftsführer der Kunstzeitschrift erworben hatte. Unter ihnen kamen dem Maler Leopold Graf Kalckreuth und seinem Freund Eberhard von Bodenhausen besonderes Gewicht zu, als es Kessler gelang, den respektablen Vertreter alten preußischen Adels zu bewegen, sich zum Präsidenten des Deutschen Künstlerbundes wählen zu lassen und Bodenhausen, der gerade Kunstgeschichte in Heidelberg studierte, als Schriftführer durchzusetzen. Die »PAN«-Prominenz überwog auf dieser Liste, erweitert um einige Professoren der Berliner Universität, den Architekten des Völkerschlacht-Denkmals Bruno Schmitz und den Komponisten Richard Strauss.[24] Die in Aussicht genommenen bildenden

Künstler und Museumsmänner wurden tatsächlich Mitglieder im Künstlerbund oder bewahrten ihm Sympathie. Die Gründungsversammlung zeigte allerdings mit Lovis Corinth, Wilhelm Trübner, Franz von Stuck und Max Slevogt, aber auch den Heimatkünstlern Paul Schultze-Naumburg und Carl Vinnen ein Spektrum, das den »PAN«-Kreis deutlich überschritt.

Die Galionsfigur des Clubs sollte Theodor Mommsen abgeben; durch den Nobelpreis für Literatur im Jahr zuvor stand er erneut im Licht der Öffentlichkeit. Ihn suchte Kessler zuerst auf und verbuchte mit dem berühmten Gelehrten, den er durch den Salon der Bankiersgattin Anna vom Rath gut kannte, einen starken Anfangserfolg. Obwohl er auf seine Gebrechlichkeit verwiesen hatte, erschien der alte Frondeur fünf Tage später zur Vorbesprechung bei Max Liebermann.

Am 3. Februar sondierte Kessler in Weimar, welche Stellung der Großherzog zum Club einnehme. Die Behandlung dieser Frage betraf auch seine zukünftige Stellung und erlaubte Rückschlüsse darüber, welches Gewicht seiner Person im Großherzogtum beigemessen wurde. Die Reaktion erfolgte rasch und war über Erwarten positiv. Als Kessler eine Mitgliedschaft Wilhelm Ernsts ansprach, kündigte Staatsminister Rothe an, der Großherzog werde das Protektorat übernehmen und das Komitee zur Gründungsversammlung in die Residenz einladen.

Inzwischen hatte sich die Situation überraschend zugespitzt. Ein Debattierclub reichte nicht mehr, als eine Eskapade Wilhelms II. bekannt wurde, die allgemein befremdete und den Zorn der Sezessionisten überschäumen ließ. Dabei hatten sich die Dinge zuvor in ungewohnter Eintracht abgespielt.

Streitobjekt war die Weltausstellung im fernen Louisiana, zu der die USA eingeladen hatten, um den Erwerb dieses Landstrichs vor hundert Jahren zu feiern. Nach dem finanziellen Debakel der Pariser Jahrhundertausstellung hatte die Einladung in Europa kein begeistertes Echo ausgelöst; überall war man nur langsam vorangekommen, so daß die Ausstellung schließlich um ein Jahr auf 1904 verschoben werden mußte. Auch im Deutschen Reich war das Projekt, das kaum Aussicht bot, den Export nennenswert zu steigern, auf wenig Gegenliebe gestoßen. Es ging aber nicht an, die amerikanische Regierung zu brüskieren. Man wollte sich zunächst auf Kunst und Kunstgewerbe beschränken, was am wenigsten aufwendig erschien.

Seit Oktober 1901 hatte man in der Administration darüber nachgedacht, wie man in St. Louis die Peinlichkeiten vermeiden konnte, die Anton von Werners Kunstgenossenschaft bei der Pariser Weltausstellung angerichtet hatte. Man war nunmehr bereit, künstlerische Exponate nicht ausschließlich unter dem Blickwinkel patriotischer Propaganda zu betrachten, sondern auch als Handelsware anzusehen, die ein ausländisches Publikum zu Ankäufen reizen könnte.

Den positiven Wandel im Regierungslager hatte Kessler aufmerksam verfolgt. Am 17. Januar 1903, am selben Tag, an dem er mit Max Liebermann die Namensliste für die »Clubgründung« abstimmte, unterrichtete ihn sein Freund Alfred von Nostitz, der für das Auswärtige Amt als Spezialkommissar für die amerikanische Weltausstellung tätig war, über den neuesten Stand. Drei Tage später gibt es in Kesslers Diarium bereits den ersten Hinweis auf eine Interpellation im Reichstag: Der angesehene Konservative Wilhelm von Kardorff, Gründer des Zentralverbandes Deutscher Industrieller und Vorsitzender der Deutschen Reichspartei, dessen Sohn Konrad der Berliner Secession angehörte, beabsichtige eine Anfrage.

Noch im Frühjahr hatte sich eine einvernehmliche Lösung angebahnt, als unter Federführung des Reichskommissars Theodor Lewald ein »Kunstparlament« zusammentrat; neben den Vertretern der Künstlerorganisationen und den Museumsdirektoren Tschudi, Lichtwark und Pauli sprachen sogar zwei Kunsthändler mit. Leider hatte man die Rechnung ohne die »Allgemeine

Deutsche Kunstgenossenschaft« gemacht, die, obwohl im Gremium stark vertreten, den Verlust ihres Monopols nicht hinnahm. Anton von Werner und Reinhold Begas hatten sich beim Kaiser über die undeutschen künstlerischen Machenschaften beschwert. Die diesem sehr willkommene Demarche hatte genügt, um am 14. Juli, auch Übereinkommen mit den Bundesstaaten mißachtend, der Kunstgenossenschaft wieder die Ausrichtung für St. Louis zu übertragen.

Die willkürliche Kehrtwendung brachte die »Sezessionisten«, die kooperationswillig gewesen waren, zur Weißglut. In heftigen Debatten berieten die Berliner ihren Gegenzug und einigten sich auf ein »Kampfprogramm« ohne Kompromiß: »Befreiung vom Gewissenszwang in der Kunst, Freiheit der Kunst, absolute Toleranz des Staats.«[25] Als Nahziel sollte der zu gründende Künstlerbund »bei den sich bietenden Anlässen die Veranstaltung der deutschen Kunstausstellungen für sich verlangen oder sonst die Regierung boykottieren«. Als Max Liebermann und sein Vize Walter Leistikow am 22. Oktober Kessler den Entschluß mitteilten, war dieser sofort bereit, nach München zu fahren und auch »Uhde, Habermann und Stuck«, die Leitfiguren der drei sezessionistischen Richtungen in München, für die Neuorganisation deutscher Künstler zu gewinnen.

Kesslers umstandslose Bereitschaft, mit der Münchner Konkurrenz zu verhandeln, beruhte auf einer Überzeugung, die über die Rolle eines Interessenvertreters der Berliner Sezessionisten hinausging. Er folgte dabei dem nüchternen Credo kultureller Vermittlung, das sein managerhaft unterkühltes Vorgehen von der hochherzigen Kunst- und Kulturförderung unterschied, welche die Berliner Kommerzienräte Eduard Arnhold und James Simon ins Werk setzten. Während diese Mäzene bei Museumsankäufen und Ausgrabungen keine Kosten scheuten, um der, verglichen mit England und Frankreich, ärmlichen deutschen Kultur zu präsentablen Glanzpunkten zu verhelfen, schlug Kessler, obwohl auch er materielle Opfer brachte, doch eine andere Richtung ein.

Der zweite Eintrag am 22. Oktober 1903, dem Tag, der für ihn die Weichen stellte, erhellt den Impetus, der seine Mission in einem schwerfälligen, zivilisationsbedürftigen Land beflügelte: »Jeder Mensch ist schön, wenn man ihn einzeln und für sich betrachtet; aber die Menge ergiebt die Hässlichkeit. Um eine ›schöne‹ Kultur zu schaffen, kommt es nicht darauf an, den Einzelnen zu kultivieren, sondern die Beziehungen der Einzelnen untereinander harmonisch zu machen, wie man ein Klavier stimmt auf das Verhältnis der Saiten untereinander, nicht auf den schönen Klang der einzelnen Saite; denn von den Beziehungen kommt die Hässlichkeit. Unterschied des protestantischen und katholischen Standpunkts. *Deshalb* ist die protestantische Kultur hässlich. Wir haben viel eher eine regenerierende Komödie nötig als etwa persönlichen Dilettantismus; uns steckt zu viel Musik im Blute, zu viel Beethoven und Seelenmusik. Der Deutsche operiert bei der Kultur immer mit der falschen Abstraktion: Persönlichkeit. Er schafft sich eine Sammetjacke oder grüne Weste an. Die *Beziehung* zu den Andren übersieht er ganz. Aber für die Kultur kommt es viel weniger darauf an, wie die Einzelnen sind, als, wie sie sich zu einander verhalten. Die Beziehung ist hier Alles wie bei den Farben in einem Bilde.« Die Bemerkung über den Dilettantismus richtete sich gegen die individuelle Sensibilisierung, die Alfred Lichtwark in seinen Schriften »Wege und Ziele des Dilettantismus« und »Vom Arbeitsfelde des Dilettantismus« zur Kardinalforderung machte.

Um die Dinge in München reifen zu lassen, wartete Kessler mehr als zwei Wochen. Am 9. und 10. November war von einem bajuwarischen Mißtrauen gegenüber Berlin und der dortigen Opposition nichts zu spüren. Befriedigt stellte der Unterhändler fest: »Die Indignation gegen den Kaiser auch hier sehr stark.«[26] Die Verhandlungen verliefen zügig. Es blieb genug Zeit für anderes. In Schwabing sah er eine Vorstellung der »Elf Scharfrichter«, die ihm nicht imponierte. Er suchte Adolf von Hildebrand in seinem Bogenhauser Palais auf und zeigte dem berühmten Bildhauer, der zögerte, dem Künstlerbund beizutreten, wie gründlich er die »impressionistische Lichtfülle« Rodins mißverstand. Mit Hugo Bruckmann verhandelte er in eigner Sache. Der Kunstverleger billigte Kesslers Projekt eines sehr kostspieligen Mappenwerks »Impressionisten. Die Begründer der Modernen Malerei in ihren Hauptwerken«, ein Reisekostenzuschuß von 2000 Mark unterstrich die hohe Erwartung des Auftraggebers. Wenige Tage später kehrte der Unterhändler mit dem Placet der Münchener Secessionisten zurück: »Versammlung in Weimar, Absicht, eine neue, aristokratische, parteilose Genossenschaft gegen die alte Kunstgenossenschaft zu gründen, Weigerung, in St. Louis auszustellen.«[27] Am 14. November beauftragten ihn Max Liebermann und sein Vize Walter Leistikow, die Gründungsversammlung zum 15. Dezember in sein Weimarer Museum einzuladen.

Dem Geschäftsführer am Museum, Artur von Payern, Weiteres überlassend, entschwand Kessler für drei Wochen nach London und Paris. Für seine geplante Geschichte der Malerei verbrachte er viele Stunden in der National Gallery, um über die Darstellung des Lichts bei den alten Meistern zu meditieren. In Paris suchte er aus demselben Grund Claude Monet und Maurice Denis auf, die einiges über Manets, Cezannes und Gauguins Palettengeheimnisse wußten, nicht weniger willkommen waren ihm die metiernahen Ansichten, welche die beiden Avantgardisten über Tizian, Rubens oder Velasquez zu bieten hatten.

Auch ein Harry Graf Kessler ging bei den Künstlern nicht nach Belieben ein und aus. Zu seiner ungewöhnlichen Bewegungsfreiheit in diesem Bereich verhalf ihm ein autarkes Beziehungsgeflecht außerhalb der Salons, das sich wie nach Plan folgerichtig erweiterte. So war es Théo van Rysselberghe, der Anführer der belgischen Neo-Impressionisten, dem er zum ersten Mal in Uccle bei van de Velde begegnet war, der ihn bei Claude Monet und Maurice Denis einführte. Kessler wiederum hatte bereits 1898 Bilder von Rysselberghe in der Berliner Galerie Keller & Reiner gezeigt, als dort, auf seine Initiative, zum ersten Mal in Deutschland neoimpressionistische Malerei zu sehen war. Als sich der belgische Maler an der Ausstellung »Deutsche und französische Impressionisten und Neo-Impressionisten« beteiligte, hatte seine Frau Maria ihren Freund, André Gide, bewogen, sie und ihren Mann zur Eröffnung im August 1903 nach Weimar zu begleiten. Diese Gelegenheit ließ Kessler sich nicht entgehen und arrangierte einen Auftritt des berühmten Schriftstellers vor der Hofgesellschaft. Der Vortrag »De l'importance du public«, den Gide vor der Erbgroßherzogin Pauline und einem Kreis von dreißig ausgewählten Personen im Schloß Belvedere hielt, wurde ein Erfolg, der dem neuen Museumsdirektor zusätzliches Ansehen eintrug.

Kesslers Künstlerkontakte blieben sachlich und verzichteten strikt auf Mimikry. Den Vorzug des persönlichen Umgangs, den er bei den Kreativen genoß, erwiderte er mit einer Fülle von Initiativen, indem er Ausstellungen organisierte, Ankäufe vermittelte, sich für Aufführungen stark machte oder Vortrags- und Publikationsmöglichkeiten anbot. Selbst seine Privatsphäre ordnete er ohne Schwierigkeit der Liebe zur Kunst unter. Seine Wohnungen in Berlin und Weimar waren noble Kabinette für moderne Kunst, die ihr Besitzer, um auf die dort vertretenen Maler, Bildhauer und Kunsthandwerker aufmerksam zu machen, gerne öffnete.

Als sich der Deutsche Künstlerbund am 15. und 16. Dezember im Oberlichtsaal des Großherzoglichen Museums für Kunst und Kunstgewerbe konstituierte, eröffnete der Hausherr nicht nur die Versammlung. Harry Graf Kessler wurde zum geschäftsführenden ersten Vizepräsidenten und Schatzmeister gewählt. Letztere Funktion brachte es mit sich, daß er mitunter persönlich für die erheblichen Kosten der jährlichen Ausstellungen zu garantieren hatte. Sitz der Organisation war Weimar mit Geschäftsstelle im Museum für Kunst und Kunstgewerbe. Der Großherzog, der seine Schirmherrschaft nicht nur formell auffasste, lud die Künstler, sich am Prinzregenten Luitpold ein Beispiel nehmend, zum Abschlußdiner ins Schloß ein.

Die Gründung, »in aller Stille« vorbereitet, überraschte und fand ein starkes publizistisches Echo. Es war nicht übertrieben, wenn Kessler auf »Hunderte von Pressestimmen« verwies, die er zu Gesicht bekommen hatte. In der freundlichen Berichterstattung wurde vor allem die Hoffnung geäußert, daß für St. Louis noch ein Kompromiß zustande komme. Für das eigentliche Ziel, »aus den verbundenen Kräften der echten und eigenartigen Künstler selber« eine »Macht« zu schaffen, »die die Eigenart in der Kunst schützt und deren rechte Geltung durchsetzt«, zeigte sich jedoch kein Verständnis. So berichtete die »Frankfurter Zeitung« am 15. Dezember zwar ausführlich über dem Strich, hob die Namen der in Weimar angesagten Akademie-Professoren hervor, erwartete aber lediglich den »Zusammenschluß der deutschen Sezessionen«, »eine Art neuer allgemeiner deutscher Kunstgenossenschaft«.

Angesichts dieses Erklärungsbedarfs veröffentlichte Kessler die programmatische Schrift »Der Deutsche Künstlerbund«, die im Februar 1904 in der Zeitschrift »Kunst und Künstler« erschien. Sie griff nicht allein die Reichsregierung und den preußischen Kultusminister an, die das Mittelmaß favorisierten und das Ziel verfolgten, »die Persönlichkeiten in der Kunst auszumerzen, um Platz für die Anderen und Vielen zu schaffen«. Der Schlußakkord ging aufs Ganze und mündete in den Hinweis auf den Hoffnungsträger, der kein Hohenzoller war: »Jedesmal, wenn die deutsche Kultur sich neuen Zielen zuwandte, sind die neuen, eigenartigen Geister vom Haus Wettin in Thüringen gefördert und geschützt worden. Luther und Cranach, Herder und

Goethe, Liszt und Wagner waren Moderne für ihre Zeit und wurden als solche in Weimar aufgenommen. Dem verdankt Weimar seine lange Vorherrschaft in der deutschen Kultur. Und der junge Fürst, der jetzt regiert, hat bewiesen, daß er die stolzen Traditionen seines Hauses fortzuführen fest entschlossen ist.« [28]

Die Erinnerung an die Wettiner Protektion Martin Luthers schmälerte die christliche Sendung, die der Kaiser seit seiner Palästina-Reise von 1898 beanspruchte. Damit nicht genug: 1850 hatte der Hofkapellmeister Franz Liszt in Weimar den »Lohengrin« des politischen Flüchtlings Richard Wagner uraufgeführt. Der gottgesandte Schwanenritter war Wilhelms II. Lieblingsgestalt, die seiner Vorstellung von »schimmernder Wehr« fast religiöse Weihe verlieh.

Im Januar 1904, als es im Reichstag auf die bevorstehende Budgetdebatte über St. Louis Einfluß zu nehmen galt, absolvierte der Geschäftsführer des Künstlerbundes seine Bewährungsprobe mit Feuereifer. Die Sozialdemokraten beiseite lassend, verhandelte Kessler in Einzelgesprächen mit sechs Parteigrößen, die das politische Spektrum im Reichstag von den Konservativen bis hin zur Freisinnigen Volkspartei repräsentierten. Persönliche Ausstrahlung und das ihm eigene Vertrauenspotential erlaubten es Kessler, auch kurzfristig politische Absprachen von ziemlicher Tragweite zu erreichen. Von den Parlamentariern, mit denen er zu tun hatte, waren ihm nur Graf Oriola, der Exponent der Nationalliberalen, und Prinz von Arenberg näher bekannt. Im Hause Oriola verkehrte Kessler, seit die Hausherrin 1897 Mitglied der Genossenschaft »PAN« geworden war; der Zentrumsmann war ihm von den Salons der Gräfin Schlippenbach und seiner Förderin Baronin Spitzemberg vertraut.

Nach den Politikern kamen Kunstkritiker, die der Berliner Secession wohlwollend gesinnt waren, an die Reihe. Sich nicht allein auf seine Schrift »Der Deutsche Künstlerbund« verlassend, traf Kessler mit Max Osborn, dem Redakteur der »National-

Zeitung«, und Fritz Stahl vom »Berliner Tageblatt« zusammen und stimmte sie auf das parlamentarische Vorgehen ein. Am 23. Januar prophezeite dann auch ein Artikel im Feuilleton der »National-Zeitung«, der Reichstag werde »das Verhältnis des Staates und der Regierung zu der lebendigen vorwärtsweisenden Kunst unserer Zeit eingehend« beleuchten und feststellen, »daß auf dem bisher betretenen Wege unmöglich fortgefahren werden darf«.[29] Ähnliches kündigten, das politisch interessierte Publikum in Spannung versetzend, das »Berliner Tageblatt« und andere Zeitungen an.

An der Debatte im Reichstag, die am 15. und 16. Februar 1904 stattfand, meldeten sich nicht weniger als neun Redner zu Wort; sie kritisierten die Kehrtwendung der Regierung und die Rolle, die Anton von Werner dabei gespielt hatte. Selbst konservative Sprecher fanden kein Wort, das dieses Vorgehen lobte oder auch nur entschuldigte. Vom einhelligen Widerspruch konsterniert, geriet die Regierung schnell in die Defensive; ihrem Vertreter Graf Posadowsky, Staatssekretär des Inneren, blieb nichts anderes übrig, als seine Redezeit »mit halbanerkennenden Kritiken« der Kesslerschen Schrift zu füllen, die unter die Abgeordneten verteilt worden war. Er mußte es über sich ergehen lassen, daß ihn die Parlamentarier als Prügelknaben bedauerten. Hinter den Kulissen trieb ihn schließlich der bayrische Gesandte, Graf Lerchenfeld, derart in die Enge, daß er zu allgemeiner Überraschung erklärte, das Reich werde »nicht wieder ohne Einverständnis mit den verbündeten Regierungen in solchen Fragen vorgehen«.[30]

Die Niederlage war so eindeutig, daß Wilhelm II. sich in den folgenden Jahren kulturpolitisch deutlich zurückhielt. Es war nicht übertrieben, wenn Kessler konstatierte: »Ein großer Triumph für uns.«[31] Die Zeitungen im In- und Ausland waren von der Demonstration der Einmütigkeit beeindruckt; man sprach von einem großen Tag des Parlaments. Die Londoner »Times« stellte »die ziemlich bemerkenswerte Tatsache fest, daß nationalliberale und konservative Redner wie Graf Oriola und Herr von Kardoff diesmal ausnahmsweise derselben Meinung wie Radikale und Sozialisten sind«.[32] Die »New York Times« titelte: »Kaiser, as Art Critic, Flouted in Reichstag.«[33]

Anstatt sich im Erfolg zu sonnen, fuhr Kessler bereits am Abend des 16. Februar nach München, um am nächsten Morgen über die erste Jahresausstellung des Künstlerbundes zu konferieren. Bereits am 31. Mai 1904 wurde sie vom Prinzregenten Luitpold, der im zivilen Frack erschien, eröffnet; ihre Resonanz beim Publikum und in der Presse bekräftigte den Anspruch der neuen Vereinigung, die besten deutschen Künstler der Gegenwart unter ihrer Ägide zu versammeln.

Der Triumph im Reichstag, Kesslers erster Umgang mit der Macht, wirkte nach. Nicht allein der Handlungsraum hatte sich vergrößert; sein erweiterter Gesichtskreis führte ihn zu soziologischen und kulturgeschichtlichen Einsichten, die es, schriftstellerisch gemeistert, an Gedankenschärfe mit Max Weber und Georg Simmel aufnehmen können. Nicht selten aber entsprechen seine vermeintlich innovativen Gedankenflüge lediglich dem Zeitgeist, der dem femininen Jugendstil den Kampf ansagt und durch »Stilwillen und neue Monumentalität« den deutschen Durchhaltewillen im Weltkrieg vorbereitet.

Nach wie vor wandte Kessler sich, ästhetische Erfahrung präzisierend, vor allem Kunstwerken zu, hinzu treten jedoch divinatorische Ausblicke, die wuchtige Akzente setzten. So etwa soll die neue deutsche Kultur »aesthetisch-voluntaristisch-hygienisch« werden. Erforderlich sind »feine, produktive Sinne, ein starker Wille, der vor Allen *sich* beherrscht, ein durch Frische und Gesundheit schöner Körper, der sich schön bewegt«.[34] Diese Utopie mutet wie das Gegenstück zu Frank Wedekinds »Mine-Haha oder Über die körperliche Erziehung der jungen Mädchen« an. In einem Buch würde die Kapitelfolge lauten: »Der

Wille im deutschen Offizierskorps von Friedrich und Kant an. L'Art pour l'Art in Frankreich. Sport und Schule in England. Die Schönheit der amerikanischen Frau (künstliche Züchtung).«[35]

Dieses mixtum compositum aus deutschen, französischen, englischen und sogar amerikanischen Elementen war selbst in der ausufernden Debatte zur Lebensreform chancenlos, wenn es auch an Anknüpfungspunkten nicht mangelte. Die deutschnationalen Landerziehungsheime ahmten englische Internate nach, Nietzsches Zivilisationskritik grundierte die Lebenserwartung des Wandervogels, aber das erfrischende Erscheinungsbild amerikanischer Studentinnen, geschweige denn französisches l'art pour l'art als Fermente deutscher Zukunftskultur wären dem Reformpädagogen Hermann Lietz und den Aktivisten der Jugendbewegung mehr als fremd erschienen.

Anders als überspannte Lebensreformer zog Kessler auch die Sozialstatistik in Betracht. »Arbeitsteilung« würde den einzelnen vor Überbeanspruchung schützen: »Es braucht nicht Jeder (Jeder kann nicht) diese sämtlichen Richtungen zu verfolgen. Ihr Vorhandensein in Verschiedenen und ihr Gleichgewicht im *Volkskörper* genügt, um eine Kultur mit diesem Inhalt hinzustellen.«[36] Dieser »Volkskörper« war Symptom der paternalistischen Denkweise, die höheres Menschentum durch Volkshygiene anstrebte.

Als Kessler in Lübeck den Kunstsammler und Mäzen Max Linde besuchte, fiel ihm in der Hansestadt »eine wunderschöne Rassen *Grundlage* auf, die nur auszubilden wäre«. Grund genug, sich »Jemanden« zu wünschen, »der sich irgendwo hinsetzte und als seine Lebensaufgabe lediglich die Verschönerung der Körper (der Rasse) betriebe durch Spiele, Hygiene, Nahrungszuschüsse für Ärmere bis zu 16 Jahren, sei es sogar Heiratsvermittlung.« Das Problem liege einzig darin, »dass der schöne Mensch als solcher wirtschaftlich nicht zu verwerten ist«.[37]

Anstatt zu beobachten, geht Kessler dazu über, gesellschaftliche Erscheinungen typologisch zu fassen. Dabei bevorzugt er drastische Formulierungen, die rücksichtslos mit der Konvention brechen, aber ohne einen Gedanken an drohende Konflikte, Zusammenbruch, unvermeidliche Neuordnung. Das Krisenbewußtsein, das ihn oft so hellsichtig gemacht hatte, scheint im Umgang mit den neuen Konstrukten wie ausgeschaltet. So nahm er sein Londoner Hotelleben zum Ausgangspunkt für ein Gedankenspiel, in dem sich die Weltgeschichte um die Achse des Reichtums dreht: »Die Form des modernen Luxus das Hotel. Das Hotel entspricht demokratisch der Funktion des Palastes früherer Zeiten, große festliche Räume von immer steigendem Raffinement, die beste Küche, ein Überfluß von Dienerschaft und Comfort, aber statt für Einen für Hunderte, anonyme Hunderte. Es überflügelt allmählich den Palast selbst amerikanischer Millionäre. (...) Es gibt nur zwei wirkliche soziale Mächte, den Besitz und das Schwert, und jede kann in zwei Formen sich äussern: durch Einzelne, greifbare Persönlichkeiten, oder durch viele, anonyme. Die Einzelnen, Greifbaren sind bei der Waffengewalt der König, bei Besitzgewalt die Aristokratie, die Vielen, Anonymen bei Waffengewalt die Bürokratie, bei Besitzgewalt die Demokratie. (...) Der Geist, die Ideen, die Kunst sind nur ein Aufputz, ein farbiger Schleier um diese Formen; oder Mittel, die Eine in die Andre umzuwandeln. Wer sie für schöpferische soziale Kräfte hält oder ausgibt, betrügt sich oder die Anderen.«[38]

In den Kampf zwischen Gewalt und Besitz, die Kessler in den Rang sozialer Mächte versetzt, mischt sich die asoziale Sexualität. Dieses Kräftemessen bewegt das Welttheater, dessen abwechslungsreiches Spiel sich für den Wissenden endlos wiederholt: »Das Durchlavieren des Geschlechts, der sexuellen Urmacht, durch diese Gesellschaftsformen, ist die ewige Tragödie, wie die Wandlungen der Gesellschaftsformen unter sich die ewige Komödie. Man sieht in dieser Gegenüberstellung die Weltkräfte nackt, die Maschinerie der Weltgeschichte in ihrem innersten und einzigen wirklichen Triebfedern. Unter Allem giebt es nur diese Drei, Geschlecht, Gewalt, Besitz, die schöne Frau, den starken Held, den reichen Protz; jede um sich herum mehr und immer mehr Organe ausstrahlend, ein mit der wachsenden Kultur immer dichteres Gewirr von Werkzeugen materieller und psychologischer Art, bis zu Banken, Kanonen, Staat, idealer ›Liebe‹ hinauf, wobei der reiche Protz im freien Spiel der Kräfte sich schließlich immer die beiden Andren unterwirft, nicht weil er mächtiger, sondern weil er klüger ist; denn seine Existenz ist schon notwendig ein Resultat von Klugheit.«[39]

Die verpönte Körperentblößung wurde ein Angriffspunkt, dem sich der Diarist mit Vehemenz widmete. Sie war ein Denkverbot, das Untertanenmentalität förderte und die Hoffnung auf den »Neuen Menschen« in weite Ferne rückte. So fiel ihm beim Schwimmen in der Elbe die Furcht der Badeanstaltbetreiber vor der Strompolizei auf. Die Badehose der Schwimmgäste genügte dieser Behörde nicht, Sittlichkeit schützend, nahm sie auch noch einsichtige Stellen der Badeanstalt aufs Korn: »Die Frau, die Syphilis und die Kirche haben dieses Werk, die Hypertrophie der Scham, vollbracht.«[40] Der nackte Körper ist bei Kessler keineswegs mit diffusem, jugendstilhaftem Schönheitsverlangen konnotiert. Die Tabuisierung der Sexualität war eine Zumutung, der er sich leidenschaftlich widersetzte.

Nicht Sublimation, sondern möglichst ungehemmte männliche Triebabfuhr begünstige den Bestand einer Kultur, wobei die Modalität des Geschlechtsakts vom Gedanken sozialer Nützlichkeit sorgfältig getrennt zu halten sei. Über die fehlende Gleichheit zwischen dem sexuell Aktiven und seiner Eroberung ging er hinweg und bagatellisierte die psychischen Folgen sexueller Preisgabe: »Man hört nie, dass die Duldenden an ihrer ›Seele‹ irgendwie gelitten hätten. Vgl. bei uns die ›Geldheirat‹, den Knabenraub in Kreta, die Hierodulen und Buhlpriesterinnen in Babylon etc.«[41] Der psychische Schaden der Prostitution, meistens »ein blos sozialer«, war gering gegenüber den Folgen, die der unnatürliche Zwang zum Triebverzicht mit sich bringen würde. Nach diesen Prämissen verwundert es nicht, daß auch der unterlegene Partner in sexualibus allein die Maxime beherzigen sollte, »das Hässliche, Erschöpfende zu meiden, d. h. Das, wobei die eigenen individuellen Gefühle nicht zur Harmonie gelangen«. Denn: »Das Alles, aber auch nur Das, ist unsittlich.«[42]

Dieses Verständnis sexueller Partnerschaft verweist auf Kesslers Übereinstimmung mit dem wilhelminischen Weltmachtstreben. Seine Skizze der veränderten Weltlage erkannte zwar hellsichtig den grundlegenden Wandel, aber seine Schlußfolgerungen für die deutsche kontinentale Landmacht gingen nicht über das unspezifische »Druckmachen« hinaus, das die Wilhelmstraße als Ultima ratio der Außenpolitik befolgte: »*Die kontinentale Periode der Weltgeschichte hat aufgehört*. Die Weltlage heute hat am meisten Ähnlichkeit mit der der *Diadochenzeit;* lauter durch das Meer getrennte Weltmächte. Nur Deutschland hat den merkwürdigen Vorteil, auf zwei dieser Weltmächte zu Lande drücken zu können. Die Ungunst seiner Lage zwischen zwei offenen Grenzen wird, *wenn es stark genug,* d. h. nach beiden Seiten *übermächtig,* zu einem einzigen *Vorteil*. Der Anfang der neuen Weltperiode vielleicht die erste Schlacht am Yalu 1894, fast genau 400 Jahre nach der Entdeckung Amerikas. Ihre Konsolidation die Schlacht bei Tsushima.«[43]

Es fehlte ihm nicht an der Fähigkeit, die neuen Zeichen, den Eintritt der USA und Japans in das Spiel der Großmächte, zu erkennen, aber welch atemberaubende Konsequenz folgte daraus! Die große Erwartung, die er mit der Politik der Stärke verband, stimmte allerdings mit den Plänen des Großen Preußisch-Deutschen Generalstabs überein. Wie im gerade ausgetüftelten Schlieffen-Plan vorgesehen, konnte das Deutsche Reich einen Zweifrontenkrieg anzetteln und siegreich überstehen. Bismarcks Alptraum war zur faszinierenden Herausforderung mutiert. Daß für die zukünftige Weltstellung Deutschlands ökonomische

Stärke und geschickte Diplomatie ausreichen könnten, kam dem wirtschaftlich desinteressierten Bankierssohn ebensowenig in den Sinn wie den staatstragenden Angehörigen der wilhelminischen Oberschicht, denen das Vorrecht des »Schwerts« Ehrensache war.

Dagegen machte die deutsche Industrieproduktion, die im Jahrzehnt vor dem Weltkrieg vehement wuchs und auf enorme Importe an Erz und Kohle angewiesen war, selbst rüde Ruhrindustrielle, soweit sie nicht hauptsächlich Kriegsmaterial herstellten, erstaunlich friedfertig. Zu ihnen gehörte auch ein Hugo Stinnes, dessen wirtschaftliche Expansion, nicht nur auf dem Balkan, in der Türkei und Nordfrankreich, auch bereits in Brasilien, von der Überzeugung geleitet wurde, die Wirtschaft und nicht das Militär sei der Schlüssel zur zukünftigen Stellung Deutschlands in der Welt.[44] Die Vermarktung der Produkte wiederum hing, um die erforderlichen Gewinne zu erzielen, im steigenden Maße vom Export ab, an den nur in friedlichen Verhältnissen gedacht werden konnte. Erst im Weltkrieg witterte der »Kaufmann aus Mühlheim« Morgenluft und zählte zu den »extremsten Annektionisten«, die unter den Vertretern des »Siegfriedens« zu finden waren.[45]

Zu den grandiosen Tours d'horizon, die Kessler zum Bedürfnis wurden, zählte auch die Rolle, die er im deutschen Kulturleben spielen wollte. Am 15. November 1905 erlaubte er sich ein Resümee, das ihn nahezu selbst überwältigte: »Mir überlegt, welche Wirkungsmittel ich in Deutschland habe: d. Deutschen Künstlerbund, meine Stellung in Weimar inclusive d. Prestige trotz des großherzoglichen Schwachsinns, die Verbindung mit der Reinhardtschen Bühne, meine intimen Beziehungen zum Nietzsche Archiv, zu Hofmannsthal, zu Vandevelde, meine nahen Verbindungen mit Dehmel, Liliencron, Klinger, Liebermann, Ansorge, Gerhart Hauptmann, ausserdem mit den beiden einflußreichsten Zeitschriften Zukunft und Neue Rundschau, und ganz nach der anderen Seite zur Berliner Gesellschaft, Harrachs, Richters, Sascha Schlippenbach, dem Regiment, und schließlich mein persönliches Prestige. Die Bilanz ist ziemlich überraschend, und wohl einzigartig. Niemand anders in Deutschland hat eine so starke nach so vielen Seiten reichende Stellung. Diese auszunutzen im Dienste einer Erneuerung Deutscher Kultur: mirage oder Möglichkeit? Sicherlich könnte Einer mit solchen Mitteln Princeps Juventutis sein. Lohnt es die Mühe?«

So unbestritten der Deutsche Künstlerbund die Besten vereinte, Kessler blieb nicht lange verborgen, wie hoffnungslos unterlegen diese Elite den Pariser Künstlern war und international zur zweiten Garnitur gehörte. Wenn er nun für Wochen und Monate in Londoner und Pariser Museen verschwand, um Notizen für seine Geschichte der Malerei zu machen, konnte man den Eindruck gewinnen, der Geschäftsführer des Deutschen Künstlerbundes befinde sich auf der Flucht vor heimatlichem Provinzialismus. Spätestens seit der Jahrhundertausstellung deutscher Kunst 1775–1875, die Hugo von Tschudi 1906 in Berlin veranstaltete und die Caspar David Friedrichs Durchbruch auslöste, galt für ihn deren lediglich lokale Bedeutung als ausgemacht. Darüber halfen auch die Lichtpunkte Martin Rohden, Erwin Speckter und Anselm Feuerbach, die er im Meer von technisch ungelenken »Übersetzern deutscher Poesie in Malerei« ausmachte, nicht hinweg.[46]

Die Zukunft sah kaum vielversprechender aus. Auf den Nachwuchs, der mit den »Brücke«-Malern seinen Anspruch anmeldete, setzte Kessler wenig Hoffnung. Der Künstlerbund war aufgeschlossen genug, die jungen Dresdner an seinen Ausstellungen zu beteiligen. Doch obwohl Kessler zu den passiven Mitgliedern der Künstlergemeinschaft zählte, wirkten deren grobleinwandige Bilder mit ungebrochenen Farben auf ihn unangenehm roh. Vom Farbenschimmer der Neo-Impressionisten angetan, blieb er hier ebenso reserviert wie gegenüber den Fauves, als deren Matadore André Derain und Henri Matisse in Paris hervorgetreten waren. Allerdings trübte persönliches Mißfallen auch jetzt nicht den Blick. Im Gegensatz zu den »Nachläufern der Impressionisten«, denen in der französischen Metropole das Wohlwollen der staatlichen Einkaufskommission sicher war, setzten gerade »die jungen Maler, die Etwas zu sagen« hatten, »auf ganz starke, reine Farben«, »die sich immer weiter von der Natur entfernen«.[47]

Eine vielversprechende Ausnahme schien der zweiundzwanzigjährige Max Beckmann zu sein, dem Kessler bei der Eröffnung der Künstlerbund-Ausstellung in Weimar begegnete: »Das Interessanteste in der Ausstellung das Bild eines ganz jungen Künstlers, der zum ersten Mal ausstellt: Max Beckmann, Nackte Jungen am Strande, Signorellisch und mit Qualitäten von Courbet und Cézanne. Aber doch von starker Eigenheit im Rhythmus der Akzente und in der Tonalität, die eine bewunderungswürdige Einheit hat. Mich ihm vorgestellt und ihm gratuliert.«[48] Bereits am nächsten Mittag speiste der junge Maler in Kesslers Weimarer Wohnung mit van de Velde und einigen Presseleuten zu Mittag; noch im selben Jahr wurde er Stipendiat in der Villa Romana in Florenz, die dem Künstlerbund gerade von Max Klinger zur Nachwuchsförderung zur Verfügung gestellt worden war.

Fünf Jahre später ging er jedoch zu dem Hoffnungsträger auf Distanz. Es war nicht allein »die schöne Klarheit von Vuillard und Matisse«, die er nun bei Max Beckmann trotz unleugbaren Talents vermißte: »Es ist in ihm wahrscheinlich Etwas Pathologisches, ein Punkt, wo seine Phantasie sich verwirrt, über ihre eigenen Erfindungen stolpert. Seine Bilder sind daher unerträglich schmutzig, obwohl er selbst viel von der Schönheit des Tons u. Kostbarkeit der Materie spricht und Greco und Cézanne als seine Meister preist.«[49]

Seine mangelnde Wertschätzung für die deutsche Kunst führte letztlich dazu, daß Kessler die repräsentative Position, in der er den Künstlerbund umsichtig und erfolgreich leitete, nicht mehr genügte und ihn anfälliger für den Lockruf politischer Chimären machte.

Bei seinem Treffen mit Fürst Lichnowsky hatte Kessler voller Tatendrang die Londoner Botschaft als geeignete Wirkungsstätte vorgeschlagen. Gute Beziehungen zwischen Deutschland und England gehörten zu seinem politischen Credo, seit Bismarcks Willfährigkeit gegenüber Rußland, welche nicht zuletzt mit dessen antiparlamentarischen Neigungen zusammenhing, dem Hamburger Gymnasiasten höchst unsympathisch erschienen war. Nun ergriff Kessler die Initiative, um die beständig verschlechterten Beziehungen zwischen beiden Ländern nicht einfach hinzunehmen und wenigstens den Verständigungswillen deutscher und englischer Vertreter aus Kunst und Wissenschaft zu demonstrieren.

Die Stellung der weitverzweigten Familie seiner anglo-irischen Mutter schuf die Basis für seinen Vermittlungsversuch, der ebenso im Interesse Englands wie in dem des Deutschen Reiches lag und Kessler zur Annahme berechtigte, er würde zumindest in Großbritannien günstig aufgenommen. Vor allem der Kontakt mit seinem Vetter Harry Blosse-Lynch, dessen Firma seit der Zeit ihres Urgroßvaters die Schiffahrt auf Euphrat und Tigris kontrollierte und einen wachsenden deutschen Einfluß in Mesopotamien zu fürchten hatte, war ein geeigneter Ausgangspunkt für einvernehmliche Gespräche über Finanzierung und weiteren Verlauf der Bagdadbahn, die dem wilhelminischen Streben nach einem Platz an der Sonne Gestalt verlieh.

Nachdem Frankreich und England im April 1904, sehr zur Überraschung der deutschen Politik, ein Abkommen geschlossen hatten, das fast alle kolonialen Streitfragen beseitigte, gab es genug englische Stimmen, die mit der Entente Cordiale unzufrieden und bestrebt waren, das Deutsche Reich nicht noch weiter zu reizen. Dagegen steigerte sich in der englischen Presse, welche die preußisch-deutsche Politik immer schon mißtrauisch beobachtet hatte, die Polemik gegen eine anti-englische Ausrichtung der deutschen Politik. Mit dieser Emotionalisierung der öffentlichen Meinung konnte die englische Regierung nicht einverstanden sein. Ein weitgehendes Abkommen über die Bagdadbahn war eine Option, um die Demütigung des deutschen Weltmachtstrebens durch die Entente Cordiale zu kompensieren. So kam es mit England noch 1914 in dieser wichtigen Frage zu einer einvernehmlichen Lösung. Die Bagdadbahn gehörte nicht zu den Konfliktstoffen, die den Weltkrieg auslösten.

Seit der Organisation des Sezessionsclubs im Umgang mit Prominenten erfahren, sprach Kessler im August 1905 mit dem englischen Buchkünstler Emery Walker und dem befreundeten Londoner Maler William Rothenstein über zwei Briefe, mit denen sich deutsche und englische Intellektuelle an den Herausgeber der »Times« wenden würden, um die Situation zu beruhigen. Man wurde rasch einig und hielt sich nicht lange mit der Vorrede auf.

Bereits Anfang September legte Kessler seinen Briefentwurf Max Klinger zur Unterschrift vor. Der Text wandte sich gegen die in der englischen Presse immer häufiger auftauchende Behauptung, Deutschland hege gegenüber England finstere Absichten. Dadurch werde eine Atmosphäre geschaffen, die einen Krieg zwischen beiden Ländern heraufbeschwöre. Kesslers Brief bedauerte die Art und Weise, mit der einige deutsche Zeitungen über den Burenkrieg berichtet hatten, betonte den deutschen Friedenswillen gegenüber England und verwies auf den defensiven Charakter des Ausbaus der deutschen Flotte. Dieser diene lediglich dem Schutz der Handelsschiffe. Mit dem Hinweis auf die große Achtung vor Shakespeare und Goethe gab der Text seiner Hoffnung auf eine gemeinsame Zukunft beider Länder im Rahmen der europäischen Zivilisation Ausdruck und appellierte an englische Vertreter von Wissenschaft, Kunst und Philosophie, dazu beizutragen, daß in der englischen Presse vorurteilsfreier über die deutsche Politik geschrieben werde.

Die Erklärung, von den namhaftesten deutschen Universitätsprofessoren, Schriftstellern und Künstlern unterzeichnet, konnte sich sehen lassen und erschien am 12. Januar 1906 in der »Times«. Zwei Tage später versicherte die englische Antwort die Leser der »essential solidarity of British and German civilization« und nannten die Leichtfertigkeit, mit der gewisse Journalisten einen Krieg zwischen beiden Mächten herbeischrieben, als »the measure of their profound ignorance of the real sentiments of the nation«.[50]

Kein geringerer als George Bernard Shaw hatte die englische Antwort verfaßt. Sein Name allerdings erschien nicht unter dem endgültigen Text. Seine von ihm als Prüfstein betrachtete Passage über die deutschen Flottenpläne, die »ohne Mißtrauen und Eifersucht«[51] betrachtet würden, war von vielen Unterzeichnern abgelehnt worden. Daraufhin hatte er selbst auf die Unterschrift verzichtet.

Bei den Gesprächen über den Brief an die »Times« hatte der Habitus der deutschen Prominenz nach Kesslers Ansicht eine merkwürdige Ähnlichkeit mit dem Durchschnitt zutage gebracht und keine übermäßigen Erwartungen zugelassen. Selbst Richard Strauss zögerte aus »Angst ›sich Etwas zu vergeben‹, ›bedientenhaft‹ zu sein etc. Überall dieses selbe Gefühl, dem der Deutsche Mittelstand seine schlechten Manieren, sein ›Pikiertsein‹, seine Gespreiztheit, den Frack Mittags um Zwölfe u.s.w. verdankt. Sie merken nicht, dass gerade *das* bedientenhaft ist, ein Rest der alten Sklavenketten, den sie am Bein mitschleppen.«[52]

Kessler war nicht allein an Unterschriften der frei schwebender Intelligenz interessiert gewesen. Bei dem ungewöhnlichen Projekt hatte er auch die entsprechenden Kreise von Politik und Wirtschaft nicht ausgespart. Nachdem der Zentrumspolitiker von Arenberg, einer der Sprecher, die im Reichstag bei kolonialen Fragen das Wort führten, sich am Dialog mit den Engländern desinteressiert zeigte, hatte Kessler einen Exponenten gewonnen, der um so aufgeschlossener reagierte, den Mitbegründer und Aufsichtsratsvorsitzenden der Deutschen Bank Adolf vom Rath. Von der Idee animiert, war der alte Herr kurz entschlossen mit ihm zum Vorstandsmitglied Arthur von Gwinner gegangen, der den Briefaustausch ebenfalls begrüßte und bereit war, gemeinsam mit Adolf vom Rath zehn gewichtige Unterschriften adeliger Großgrundbesitzer und Industrieller beizubringen. Am Zustandekommen der Verträge über die Bagdadbahn beteiligt, stand von Gwinner als Vorsitzender der 1903 zu ihrem Bau gegründeten Gesellschaft im engen Kontakt mit dem Reichskanzler Bernhard von Bülow. Die Deutsche Bank war, trotz erheblicher wirtschaftlicher Bedenken, von Wilhelm II. dazu ausersehen, die Finanzierung des Eisenbahnbaus zu sichern, und koordinierte die weitgehenden Interessen der deutschen Industrie auf dem Balkan und im Osmanischen Reich.

In London hielt Kessler den deutschen Botschafter Wolff-Metternich zur Gracht auf dem laufenden. Der lässig wirkende, hochgewachsene Diplomat von aristokratischer Erscheinung brachte es fertig, sich am 1. Mai im Hydepark unter die Feinde der Gesellschaftsordnung zu mischen und dort in Räuberzivil sozialistisches Propagandamaterial einzusammeln, aber die solide Bemühung um deutsch-englische Verständigung überforderte ihn: Wie sollte er sich zu diesen, von ihm eigentlich begrüßten Aktivitäten verhalten, welche die deutsche Regierung als verfrühtes Entgegenkommen mißbilligte, aber nicht desavouieren konnte?

Wegen gleichzeitiger Wahlen, die zu einem überraschenden Regierungswechsel von den Konservativen zu den Liberalen führten, verlor der Briefaustausch, obwohl von bedeutenden englischen Zeitungen übernommen, an öffentlicher Aufmerksamkeit. Eine ungewöhnliche Initiative unterstrich jedoch die Ernsthaftigkeit des Verständigungswillens. Während die englischen Unterzeichner noch auf ermutigende Reaktionen von Regierungsseite hofften, veranstaltete der angesehene Londoner Lyceums Club ein Bankett zu Ehren Kesslers, auf dem der Porträtist Sir John Lavary, der die englische Antwort in der »Times« unterschrieben hatte, den Plan einer von englischen Künstlern organisierten deutschen Kunstausstellung ankündigte. Noch am selben Abend bildete man ein Komitee, dem Kessler vorschlug, auch die Ausstellungsräume einzubeziehen und bei der Präsentation nach »deutscher Sezessionsart« zu verfahren. Als geeigneter Mann hierfür wurde Henry van de Velde akzeptiert.

Bereits am 24. Mai eröffnete die »Prince's Gallery« in Knightsbridge, die im Winter als Eisbahn diente, die »Exposition of Contemporary German Art«. Van de Veldes Improvisationstalent schoss wieder einmal den Vogel ab. Die für den Boden der Kunsteisbahn vorgesehenen Kokosmatten waren zu spät eingefärbt worden und lagen am Morgen der Ausstellungseröffnung noch naß da und glänzten wie »Asphalt auf der Straße nach einem Platzregen«. Zum Glück erinnerte er sich an die Haufen von Sägespänen, die ihm auf dem Weg zur Galerie in einem Dampfsägewerk aufgefallen waren. Über den Galerieboden gestreut, verhinderten sie einen Skandal, der Anklang an das Zirkus-Milieu bot obendrein ein Nonplusultra an Modernität.

In seinen Memoiren zitiert van de Velde mit gutem Grund ausführlich die »Tribune«, die seine für englische Verhältnisse avantgardistische Leistung herausstellte. Der Artikel zeigt jedoch auch die politische Relevanz, die der Veranstaltung immerhin beigemessen wurde: »Eine große Menschenmenge mit stark kosmopolitischem Einschlag fand sich gestern in der ›Prince's Gallery‹, Knightsbridge, zusammen, als Prinzessin Christian in Begleitung des Prinzen die Deutsche Kunstausstellung feierlich eröffnete. Mr. Lavary hielt als Präsident des Vorstandes britischer

Künstler, die die Ausstellung organisiert hatten, eine kurze, die Ziele der Ausstellung erklärende Ansprache. Walter Crane sprach der Prinzessin den Dank der Veranstalter aus. Er pries die Energie des Architekten, Professor van de Velde, unter dessen Leitung die Ausstellungsräume eingerichtet und ausgestattet wurden.«[53]

Bereits zwei Tage zuvor hatte es ein Eröffnungsbankett im »Savoy« gegeben, bei dem eine sehr gemischte englische Teilnehmerschaft den Verständigungswillen unterstützte. Die Durchlässigkeit der englischen Gesellschaft trat hier so deutlich hervor, daß selbst ein mit London vertrauter Beobachter wie Kessler die Berührung der Extreme bewunderte. Neben stockkonservativen Aristokratinnen, die dem korpulenten Bankier Ernest Cassel, der Leitfigur deutschstämmiger Londoner Kreise, seine prominente Rolle im Saal verübelten, erschienen auch die hoffähige Mätresse des Königs, Mrs. Alice Keppel, eine freizügige Einblicke gewährende Schönheit, und der Arbeiterführer Philip Snowden, demonstrativ »in gewöhnlichem Arbeitskittel mit grüner Kravatte«.[54] Kriegsminister Lord Haldane präsidierte und genoß es sichtlich, beim kulturellen Anlaß die Regierung zu vertreten. Durch sein Göttinger Studium mit Deutschland bekannt, würdigte er den neuartigen Kulturaustausch, bevor Bernard Shaw als Sprecher der veranstaltenden englischen Künstler zu einer Lobrede auf die deutsche Musik anhob, die »Hauptlehrmeisterin für seine eigene dramatische Kunst«. Als Kessler im Namen der deutschen Künstler antwortete, erhielt seine Tischrede, von vielen als »the speech of the evening« empfunden, großen Beifall. Auch daß der Londoner Bürgermeister für die deutschen Künstler, die mit dem Berliner Bürgermeister Kirschner anreisten, ein feierliches Bankett im Mansion House abhielt, war extraordinär und lenkte das öffentliche Interesse auf die Ausstellung.

An englischen Gesten fehlte es nicht, um so stärker fiel das Verhalten des deutschen Botschafters ins Auge. Im Vorfeld hatte er es »aus Angst vor dem Kaiser, weil zu wenig Akademiker dabei«[55] waren, nicht gewagt, Fürst Eulenburg, welcher der Eröffnung der Ausstellung von deutscher Seite Gewicht verliehen hätte, nach London zu bitten. Um keinen Fehler zu machen, zog er es vor, für eine Woche zu verreisen. Das tragikomische Manöver Wolff-Metternichs war nicht dazu angetan, die Tragfähigkeit der kunstvoll arrangierten Entspannungsbemühungen zu untermauern.

Kessler kam nicht umhin, aus dieser Enttäuschung eine Lehre zu ziehen. Im November 1907 vertraute er Maximilian Harden bei einem seiner immer seltener werdenden Berlin-Aufenthalte an, wie aussichtslos es sei, »auf bessere Zustände unter dem jetzigen Herren hinzuarbeiten; denn das Faule liege nicht in den Beratern sondern in der Eigenheit des zu Beratenden, in dem Gemisch von wirklicher Überlegenheit, Liebenswürdigkeit, Eitelkeit, Feigheit und Phantasterei des Kaisers«.[56] Bis zum Eintritt in die Deutsche Botschaft in Bern im September 1916 verzichtete er auf offizielle Ambitionen.

Dies war kein Verzicht eines überspannten Außenseiters. Karl Max Fürst Lichnowsky, der anders als Kessler die Ochsentour auf sich nahm, bevor er Vortragender Rat und Personaldezernent in der Wilhelmstraße wurde, resignierte, obwohl der Kaiser ihn duzte, bereits zwei Jahre früher und zog sich auf seine Güter zurück. Im Oktober 1912 war er ziemlich erstaunt, daß man ihn nach dem überraschenden Tod des Freiherrn Marschall von Bieberstein, der nur wenige Monate als Londoner Botschafter amtierte, als dessen Nachfolger berief. Dieser glänzende Diplomat konnte sich lediglich als Ersatzmann betrachten, weil gerade kein Passender zur Verfügung stand.

Kesslers Entlassung in Weimar war programmiert. Er hatte die wilhelminische Staatskunst nicht nur im Visier, er war ein wirksamer Störfaktor, mit dem man sich nicht abzufinden gedachte. Der »moderne Querkopf« und sein Treiben war dem Kaiser keineswegs gleichgültig.[57] Wie wäre der Frondeur geschmeichelt gewesen, hätte er nicht nur geahnt, sondern gewußt, daß sich Gesandtschaftsberichte aus Weimar, London und sogar Paris eingehend mit dem Grafen Kessler und den Reaktionen auf dessen Aktivitäten beschäftigten. Ihre Schreiber konnten damit rechnen, daß auch der Kaiser ihre Elaborate las, und richteten ihre Darstellung danach.

Überdies hatte Wilhelm II. einen Mann, der ihm am Weimarer Hof mehr nutzte als ein diensteifriger preußischer Gesandter. Es fiel S. M. nicht schwer, den Generalleutnant Aimé Palézieux, großherzoglicher Generaladjutant und Oberhofmarschall, in seiner wachsenden Abneigung gegen den Eindringling zu bestärken, der »dank seiner angenehmen Formen und seinem verbindlichen Wesen in den besten Kreisen mit offenen Armen aufgenommen worden«[58] war. Palézieux war nicht allein preußischer General, er durfte sich auch zum Kreis der Getreuen um den Kaiser zählen.

Zu diesem Polonius, der sich darauf verstand, Leserbriefe in Weimarer Zeitungen anzuregen, hegte der Großherzog volles Vertrauen. Für Wilhelm Ernst war er, nach eigenem Bekunden »wie ein Vater«.[59] Wenn Palézieux als Mitglied des Museumskuratoriums Kessler hinter vorgehaltener Hand verdächtigte, besaßen diese Vorwürfe den Anschein von Glaubwürdigkeit. Noch nach Kesslers Rücktritt wurden in der Presse des Großherzogtums von Palézieux inspirierte Beschuldigungen erhoben, der frühere Direktor habe minderwertige Kunst für viel Geld eingekauft und durch kostspielige Ausstellungen das solide Museum ins Defizit geführt.

Auch Kessler täuschte sich im Innersten nicht über die Ungewißheit seiner Weimarer Situation. Bereits am 30. November 1905 mußte er, von Hugo von Hofmannsthal eindringlich nach den dortigen Aussichten befragt, eingestehen, »daß der Grossherzog als unter dem Durchschnitt begabter Mensch und bösartiger

Charakter endgültig aufgegeben werden müsse«. Für die Zeit nach seinem Rücktritt konnte er nur einen noch festeren Zusammenhalt der Freunde beschwören und sie bitten, Weimar immer mehr als Zentrum zu sehen, »das sich seiner Vergangenheit und seines Namens wegen besser als irgend ein Ort in Deutschland zum Mittelpunkt eigne, wobei der Hof im Grunde ganz gleichgültig sei«.

Für sein sinkendes Ansehen in der Thüringer Residenz gab es außer dem kaiserlichen Mißfallen und seiner seltenen Präsenz als Museumsdirektors weitere Faktoren. Der Tod der Mutter des Großherzogs, der Erbgroßherzogin Pauline, im April 1904, gefolgt von dem seiner Gattin Caroline im Januar 1905, beraubten Kessler seiner Stützen am Hof.

Die mütterliche Erbgroßherzogin hatte die Reputation des neuen »Bevollmächtigten zur Hebung des Weimarer Kunstgewerbes« gefestigt, indem sie durch ihr Erscheinen van de Veldes Visiten in Werkstätten und Fabriken einen offiziellen Anstrich gab. Mit einer Reisegesellschaft in zwei, drei Kutschen begleitete sie die Inspektionstouren und nahm nach wenigen Monaten die Produkte in Augenschein, die dort nach van de Veldes Entwürfen ausgeführt worden waren. André Gides Vortrag vor der Landesmutter im Belvedere war nicht allein für das Duodezfürstentum ein Ereignis gewesen, der berühmte Schriftsteller war davon so angetan, daß ihn französische Kollegen beneideten und Kessler baten, für sie ebenfalls dort eine conférence zu veranstalten.

Der zerbrechlichen Großherzogin, einer reußischen Prinzessin, galten die Sympathie der Künstlerkreise. Aber ihre unbeirrte Zustimmung zu den auch für sie ungewohnten »künstlerischen und kulturellen Bestrebungen« hatte selbst den »rabiatesten Gegnern«[60] der neuen Richtung imponiert. Früh verwaist, bei ihren Großeltern in der kleinen Residenz Bückeburg aufgewachsen, wo eine offene, liberale Atmosphäre der Opposition gegen die preußische Hegemonie herrschte, fand sie sich schwer mit dem preußenfreundlichen Klima ab, das der Regierungsantritt Wilhelm Ernsts mit sich brachte. Der Großherzogin Caroline, die mit noch nicht einundzwanzig Jahren starb, ist der einzige Ankauf zu verdanken, den das Weimarer Fürstenhaus bei den Ausstellungen in Kesslers Museum getätigt hat. Auguste Rodins große Bronze »Das eherne Zeitalter« verblieb auf ihr Betreiben in der Thüringer Residenz.

Seit dem glanzvollen Bankett im »Savoy« waren gerade zehn Tage vergangen, als ihn bei der ersten Ausstellung des Künstlerbundes in Weimar ein unmißverständliches Anzeichen landesherrlichen Mißfallens überraschte. Von dieser Ausstellung, die sich im kleinstädtischen Milieu stärker auswirkte als die beiden in München und Berlin, hatte Kessler eher eine Stabilisierung seiner dortigen Position erwartet.

Unmittelbar vor der Eröffnung mutete Staatsminister Rothe ihm zu, auf die Eröffnungsrede zugunsten des Direktors der Weimarer Kunstschule, Hans Olde, zu verzichten. Wenn nicht Hausherr, war Kessler doch Präsident des Ausstellungskomitees und ließ es sich nicht nehmen, selbst die Veranstaltung zu eröffnen, die er sich bei der Gründung der Vereinigung für Weimar ausbedungen hatte. Der Künstlerbund stellte nicht im Museum für Kunst und Kunstgewerbe aus, sondern im viel geräumigeren Großherzoglichen. Die Modernisierung des Gebäudeinneren war wieder Henry van de Velde anvertraut, dessen Rigorismus bereits beim Museum am Karlplatz den früheren Direktor Palézieux in helle Aufregung versetzt hatte.

Um die Überlassung dieses Gebäudes, dessen Gemälde ausgelagert werden mußten, hatte einige Monate zuvor eine scharfe Kontroverse mit dem Hausherrn Carl Ruland stattgefunden, einem Mann alter Schule, der in England Privatsekretär des Prince Consort Albert gewesen war. Als Präsident der Goethe-Gesellschaft leitete er zugleich das Goethe-Nationalmuseum in Weimar. Für ihn stand fest, daß die anmaßende »Künstlerpartei«

nach ihrer »scheusslichen« Ausstellung in Berlin[61], wo Hugo von Tschudi zur Mißbilligung des Kaisers die Räume der Nationalgalerie öffnete, jeden Anspruch auf dieses Haus verwirkt habe. Dieser Gralshüter des Vergangenen erinnerte sehr an die verstaubten Goethe-Reliquien in Tiefurt, deren Todesstarre den »Zarathustra«-Jünger bei einem seiner ersten Besuche in Weimar entsetzt hatte: »Alles was diesen Dingen jemals Existenzberechtigung verliehen oder was Goethe in ihnen geliebt hat, ihre Neumodischkeit, ihre Frische, ihre Beziehungen auf irgend einen Scherz oder einen Liebesabend ist hin und nur ein ekelhafter Rest geblieben. Man sollte das Alles je eher um so besser verbrennen, damit es in der Phantasie derer, die Goethe lieben ungehindert ein ewig junges Leben führe.«[62] Nach Lage der Dinge war kein Kompromiß möglich. Als der Weimarer Gemeinderat, der die Vorteile der großen Ausstellung sah und das Vorhaben finanziell unterstützte, Kesslers Antrag genehmigte, legte der streitbare Senior die Museumsdirektion nieder.

Während dieses Schlagabtauschs schwelte hinter den Kulissen der Konflikt, der als »Rodin-Skandal« bezeichnet wird, obwohl es sich lediglich um eine bürokratische Intrige handelte, bei der es um das Vorhanden- oder Nichtvorhandensein eines Schriftstücks ging. Die Frage war, ob Kessler die amtliche Bestätigung der Annahme von vierzehn aquarellierten Zeichnungen vorweisen konnte, die Auguste Rodin dem Großherzog zum Dank für die Verleihung der Ehrendoktorwürde überreichen ließ. Die Kabale, hinter der Aimé Palézieux steckte, ging von der Vermutung aus, der für seine Unordnung bekannte Museumsdirektor habe das Routineschreiben in einem seiner vier Domizile verschlampt. Diese Annahme traf zu; Kessler war in nicht geringe Bedrängnis geraten. Nachdem der Brief aber drei Wochen später im Londoner Hotel »Cecil« aufgetaucht war, handelte der geübte Verwaltungsjurist mit der erforderlichen Kaltblütigkeit. Er ließ sich Zeit und präsentierte das Papier erst, als die bereits frohlockenden Gegner sich in der ihm gestellten Falle verrannt hatten. Die Bestätigung, welche der großherzogliche Sekretär von Egloffstein nie geschrieben haben wollte, war zweifellos vorhanden. Der angegriffene Eindringling hatte gesiegt, seine Gegner blamiert und zum Schweigen gebracht.

Die Machtverhältnisse jedoch sahen anders aus. Dem Generalleutnant, der Kessler trotz besseren Wissens der Unwahrheit beschuldigt und dessen Duellforderung gegen die Offiziersehre offiziell dem Ministerium bekanntgemacht hatte, war vor Konsequenzen nicht bange. Er wußte den Großherzog, der in Indien weilte, hinter sich und hatte sich nicht getäuscht.

Die fürstliche Ungnade, Mitte Juni 1906 zelebriert, mutet wie eine Hinrichtung aus heiterem Himmel an. Da der Diarist verständlicherweise die Demütigung im Tagebuch nicht wiederholen wollte, ist der Ablauf nur aus van de Veldes Erinnerung überliefert: »Der ganze Hof war versammelt, um den von seiner Indienreise zurückgekehrten Großherzog zu begrüßen. Die Würdenträger, die hohen Regierungsbeamten und einige Künstler standen in einer Reihe. Der Großherzog schritt die Reihe ab, drückte jedem einzelnen die Hand und wechselte jeweils ein paar Worte. Er kam zu Kessler, blieb stehen, ohne ihm die Hand zu reichen, verzog mit dem Ausdruck offener Verachtung das Gesicht und ging wortlos weiter.«[63]

FÜNFTES KAPITEL

Gegenwelten

Sein Londoner Triumph hatte Kessler so hoch hinaufgeführt, daß ihn der Schock um so empfindlicher traf. Was nutzten seine Vermittlungsgabe und selbst das Charisma, das im Wettstreit mit Lord Haldane und Bernard Shaw zutage getreten war, wenn eine fürstliche Nullität, von einem durchtriebenen Günstling animiert, ihm coram publico höhnische Verachtung bezeigte?

Das Gefühl, der Willkür eines Souveräns preisgegeben zu sein, war so stark, daß er es sich nicht eingestehen konnte. Dem im aristokratischen Standesbewußtsein verwurzelten Reserveoffizier war es nicht möglich, sich über das peinliche Erlebnis hinwegzusetzen. Die öffentliche Verletzung seiner Integrität ähnelte der Pariser Situation im Jahr 1890, als es ihm nicht gelungen war, den Urheber des Zeitungsgerüchts über seine Mutter und General Boulanger zu fassen und im Pistolenduell unschädlich zu machen. Ihm blieb allein übrig, die Blamage und seine katastrophale innere Verfassung nicht Oberhand gewinnen zu lassen.

Wie gut dies gelang, zeigt Edvard Munchs lebensgroßes Porträt des nonchalanten Flaneurs, das Harry Graf Kesslers Bild für die Nachwelt prägt. Es wurde an drei Tagen im Weimarer Hotel »Erbprinz« gemalt, nachdem der Museumsdirektor den Rücktritt eingereicht hatte und dem Abschied entgegensah. Kessler verdrängte das schockierende Verhalten des Großherzogs und hielt, auch vor sich selbst, den Anschein aufrecht, die Entlassung habe ihn von einem schwer zu ertragenden Druck befreit.

»A black letter day« (8. Juni 1910)

Im Tagebuch hob er den eigenen Entschluß hervor: »Der tiefste Grund, warum ich das Band zerschnitten habe, der *Charakter des Großherzogs.*«[1]

Kessler begann Deutschland zu meiden und machte nur für den Künstlerbund Spritztouren dorthin. Nach langer Abwesenheit, von Paris am Dezember 1908 in Köln angekommen, kam ihm seine Beziehung zur deutschen »Heimat« seltsam vor: »Mittags abgereist nach Deutschland, wo ich nun seit neun Monaten nicht gewesen bin. Ich schätze von Jahr zu Jahr höher die Isolierung des Auslandes. Und doch kann ich mich nicht entschliessen, Berlin und Weimar aufzugeben. Sie sind der Hintergrund meines Lebens, eine Art von mythischem Hintergrund, ungefähr wie das ›Himmelreich‹ für den Christen und ich habe es auch nie sehr eilig, hinzukommen. Aber wenn dieses ruhige Haus voll Bücher und Bilder nicht dahinterstünde, wäre der Anblick meines Lebens für mich doch anders, zerrissener, sprunghafter, unsicherer, während dieser Hintergrund mir wenigstens die Illusion einer Einheit gibt. Und welches Leben bietet mehr als eine eingebildete Einheit, wenigstens innerlich?«[2]

Neuer Lebensmittelpunkt wurde das republikanische Frankreich, vor dessen politischem Zustand Kessler schauderte. Die Diners, zu denen der Kunsthändler Ambroise Vollard in den ziemlich gewöhnlichen Keller seiner Galerie einlud, boten ein Bild, das kaum abschreckender sein konnte. Es forderte Kessler zu Sittengemälden heraus, die an Detailtreue und Echtheit des Tons hinter dem »Gastmahl des Trimalchio« nicht zurückstehen.[3] Sein Degout vor der moralischen Verwahrlosung der hochkultivierten Gäste konkurriert hier mit dem Erstaunen über deren zur Schau getragenen Klerikalismus, gepaart mit antisemitischen Ausfällen. Der halbblinde, alte Degas, dessen selbstherrliche Allüren mit seiner im übrigen traurigen körperlichen Verfassung lächerlich kontrastierten, bot ein besonders aufdringliches Muster. Die verbissenen Anti-Dreyfusards wirkten abstoßend, auch wenn Kessler keine Sympathie für die liberale Gegenposition verspürte. Daß der aufgeregte Chauvinismus der Franzosen nicht reichen würde, aus dem zerrissenen Land einen ernsthaften Kriegsgegner zu machen, beruhigte immerhin.

Weit entfernt, seine Loyalität für Deutschland aufzugeben, ging der Privatier daran, die bisherige Lebensauffassung gründlich zu überdenken. Der verhinderte Diplomat des kaiserlichen Deutschland, zugleich als Museumsdirektor unehrenhaft verabschiedet, streckte die Fühler nach Alternativen aus, die er früher nicht einmal wahrnehmen wollte. Kessler wandte sich der literarischen Erscheinung des Naturgefühls im 18. Jahrhundert zu und entdeckte Jean-Jacques Rousseau: »eine der melodischesten Seelen, die je gelebt haben; er hat ein Lied von nie gehörter Wildheit und Süsse in die Welt hinausgesungen«.[4] Mit einem Mal wurden für ihn Lebensentwürfe interessant, die sich, individuell oder gesellschaftlich, dem staatlichen Reglement entzogen oder die ökonomischen Gesetze relativierten. Die Ansätze, sich neu zu orientieren, sind nicht zu übersehen.

Um Bernard Shaw, den neuen Verbündeten, gründlicher kennenzulernen, vor allem aber aus Freundschaft zum Maler und Kunstkritiker William Rothenstein, nahm er an Versammlungen der Fabian Society's Arts' Group teil. Angehörige der Mittelschicht diskutierten dort leidenschaftlich, wie die offensichtliche Tendenz zu einer sozialistischen Gesellschaft verstärkt werden könnte. Trotz einiger wichtiger Gesichtspunkte, die in diesem Kreis zur Sprache kamen, enttäuschte es sehr, wie bedenkenlos der bekannteste englische Schriftsteller Kunst und Literatur agitatorisch ausrichtete. Offensichtlich war für Shaw »der Inbegriff der höchsten Kunst das gut geschriebene Traktätchen«.[5] Damit nicht genug. Die selbstbewußten, emotional gefärbten Redebeiträge weiblicher Mitglieder, hier sogar in Überzahl, erinnerten an »die geistige Verfassung eines Hühnerhofs«.[6] Auch wenn Kessler das öffentliche Auftreten Elisabeth Förster-Nietzsches und Cosima Wagners bewunderungswürdig erscheinen konnte, Gespräche mit Gertrud Eysoldt oder der amerikanischen Tänzerin Ruth St. Denis seinen Bühnenhorizont erweiterten, sah er die öffentliche Debatte als männliche Domäne, bei der weibliche Teilnehmer sich störend bemerkbar machten.

Von größerem Belang als die Diskussionen der Fabianer, bei denen Shaw mit seinem Rivalen Herbert George Wells, dem wirkungsmächtigen Science-fiction-Autor, um die Palme stritt, waren syndikalistische Experimente in Paris, die erste Ergebnisse zeitigten. Befreundete, dem Anarchismus zuneigende Intellektuelle wie Octave Mirbeau und Thadée Natanson, der die *Revue*

Blanche begründet hatte, begrüßten die verheißungsvollen Anfänge. Zu Kesslers Verwunderung stimmten beide überein, »dass die Politik heute eigentlich ein überwundenes Mittel sei, eine Art von übriggebliebenem Rudiment eines früher nützlichen aber heute ausser Betrieb gesetzten Organs. Früher, als es erst wenige gebildete Menschen gab, konnten die Politiker wirklich noch unter sich Dinge ausmachen, der Entwicklung bis zu einem gewissen Grade Bahnen vorschreiben. Heute seien die Massenbewegungen viel zu gewaltig und zu bewußt, als dass einzelne, Darüber stehende noch einen wirklichen Einfluß darauf haben könnten.«[7] Die Politik in Frankreich habe abgewirtschaftet und jede Beziehung zur Gegenwart verloren.

Der junge Gasarbeiter Louis Lajarrige, Generalsekretär der C.G.T. du gaz. und Pariser Stadtrat, war ein Pionier, der neugierig machte. Zusammen mit Mirbeau und Natanson besichtigte Kessler die von Lajarrige geleitete Imprimerie Coopérative, ein Projekt, das ihn besonders interessierte, weil er sich mit dem Gedanken trug, eine eigene Presse zu gründen. Bereits das Auftreten des energischen jungen Mannes, der es verstand, »sich, allerdings in naiver und liebenswürdiger Weise, in Szene zu setzen«, überzeugte von der Solidität des Projekts. Vor allem die Vergesellschaftung von Produktion und Besitz, die hier beabsichtigt wurde, war beeindruckend: »Der springende Punkt ist, dass die Druckerei *nicht* nach dem System der Zaeiszwerke in Iena oder ›Mine au mineurs‹ den im Unternehmen selbst beschäftigten Arbeitern gehört, sondern Diesen *zusammen mit* Arbeitern ganz anderer Unternehmungen (z. B. des Syndicat du Gaz) dadurch wird vermieden, dass die Sache sich allmählich wieder in eine Art von arbeitenden Kleinkapitalisten Gesellschaft (reine Produktivgenossenschaft) zurückbildet.«[8]

Kessler, der die Pariser Straßenkrawalle seiner Kindheit nicht vergaß, für den die Französische Republik mit ihren politischen Aufregungen und Regierungswechseln ein formloses Gebilde war, sah hier eine Erneuerungsbewegung, die den entscheidenden Umschwung auslösen könnte. Der revolutionäre Syndikalismus, der spontane Streiks auslöste und zur Sabotage als Kampfmittel griff, erreichte in diesen Jahren seine größte Wirkung. Erstaunlicherweise schreckte dies Kessler nicht ab; ihm schien der Syndikalismus vielmehr »eine Aussicht auf eine neue Gliederung der Gesellschaft in einem mehr oder weniger aristokratischen Sinne zu eröffnen«.[9] »Aristokratisch« richtete sich hier gegen den wankelmütigen Mittelstand, der die zahlreichen Regierungswechsel zu verantworten hatte, und schloß die Arbeiter ein, denen das Ende der Lohnsklaverei politische, wirtschaftliche und kulturelle Selbstbestimmung ermöglichen würde. Daß der »rote Graf« sich 1920 in der Sozialismus-Debatte der *Vossischen Zeitung* mit einem Artikel über den »Gildensozialismus« zu Wort meldete, um dessen allem Staatssozialismus mißtrauende Tendenz zu würdigen, ging auf diese Sympathie mit dem anarchistischen französischen Syndikalismus zurück.

Auch bei der Kunst wandte sich jetzt das Interesse der Basis zu. Seine Animosität gegenüber allem, das den Beigeschmack der »Heimatkunst« trug, überwindend, erweiterte der metropolitane Ausstellungs- und Museumshabitué seinen Erfahrungsbereich. Aufmerksam ging er durch die Museen der französischen Provinz, wo er, unter einem Wust allenfalls mittelmäßiger Werke, Bilder vergessener Maler entdeckte, die mit der großen Malerei des 18. und 19. Jahrhunderts in überraschendem Zusammenhang standen, oder reiste in die Provinz, um dem regionalen Hintergrund moderner französischen Künstler nachzuspüren. Im fernen Banyuls, wo »die Rundheit aller Formen und ihr schweres erdiges Braun«[10] den Charakter der Landschaft bestimmt, besuchte er wiederholt seinen Protegé Aristide Maillol. Drei Tage waren nicht zuviel, um im kleinstädtischen Aix-en-Provence Paul Cézannes Häuser anzusehen, die Orte auf sich wirken zu lassen, an denen der Bahnbrecher aufgewachsen war und fern von Paris seine Bilder gemalt hatte. Dem geduldigen Besucher bot der Blick aus dem Fenster »lauter Cézannesche Landschaften«: »ferne blaugraue Bergzüge, vor denen die reiche grüne Ebene von Aix mit unzähligen kleinen rotgedeckten Landhäusern, die im Grün ihrer Gärten und Reben stecken«.[11] Obwohl der ideologischen »Heimatkunst«, die »der Ultrareaktionär und Nationalist« Maurice Barrès[12] und sein Pendant Adolf Bartels gebieterisch verlangten, weiterhin feind, war doch nicht von der Hand zu weisen, »wie fest jeder französische Maler in seiner Heimat wurzelt, wie genau er seine Heimat in seine Kunst übersetzt hat (hier Cézanne, in Gruchy Millet, in St. Germain Maurice Denis, in Banyuls Maillol); die ›sensibilité‹, die Empfindlichkeit des Auges, seine Unterscheidungsfeinheit zwischen allerlei Nüancen der Farbe und der Form, die Feinheit, mit der es die Elemente der heimischen Landschaft zergliedert und dann wieder zu Kunstwerken zusammensetzt, ist bei ihm fast Alles. Jeder hat die *Mittel* gesucht, die dem Charakter *seiner* Heimat am besten entsprachen.«[13]

Vor allem zu Aristide Maillol, auf den ihn Rodin als die stärkste französische Begabung hingewiesen hatte, wurde der Kontakt immer enger. Bereits im Herbst 1904 war er mit dem bäuerlichen Hinterweltler zu einer Bildungsreise nach London aufgebrochen. Sachkundig von ihm begleitet, hatte der instinktive »Grieche« eine Woche im British Museum zugebracht. Es war das erste Mal gewesen, daß Kessler mit einem Künstler auf Reisen ging.

Sosehr Maillols Streben nach elementarer Einfachheit Kesslers Hoffnung auf »Stil«, der erneut geschlossenen Form in der Kunst, entgegenkam, war dies nicht der einzige Grund, ihn Auguste Rodin oder Maurice Denis, deren Nähe er ebenfalls suchte, vorzuziehen. Nicht nur Werk und Arbeitsweise Maillols zog ihn stark an. Im stolzen Abkömmling des Midi sah er den

Menschentyp realisiert, der ihm bei Jean-Jacques Rousseau und Denis Diderot als Wunschphantasie des guten Wilden begegnet war.

Maillol, der Malerei studiert hatte, aber als Autodidakt Bildhauer geworden war, lebte in einer künstlerischen Welt, die er selbstsicher aus der inneren Vorstellung griechischer Skulptur erschuf. Damit nicht genug, verlief auch das bedürfnislose Leben dieses Demiurgen in bewundernswerter Autarkie. Von einem intellektuellen Habitus, der das Handwerkliche selten überschritt, wirkten selbst plump naive Ausreden »bei ihm nicht grotesk, sondern wie ein Ausfluß derselben Natur, die das tief naive und unbewußte Nackte seiner Figuren schafft«. Den Antipoden umgab die Aura des Ursprünglichen, die Kessler nun überaus schätzte: »Er ist Jemand ausserhalb unserer Zivilisation, nicht gegen sie im Aufruhr oder nach Bohème Art in bewusstem Kontrast, sondern von ihr unberührt wie Adam im Paradies. Ein ganz anderer Typus des Naturmenschen als Rousseau. Ich kenne Nichts ganz Ähnliches. Manchmal erinnert er mich an Derleth, der dieselbe Naivität, aber intellektuell, nicht wie Maillol artistisch, an den Tag legen konnte.«[14]

Maillol war, wie Kessler, den Eindruck des Ursprünglichen überbietend, an Hugo von Hofmannsthal schrieb, »mitten in der wildesten, romantischsten Natur zwischen Meer und Hochgebirge, in abgelegen düstern Tälern« aufgewachsen. Auch das soziale Umfeld von Banyuls, das diesen Bildhauer geprägt hatte, paßte. Es war eine autochthone Welt, die an die horizontale Verfassung prähistorischer Gemeinschaften erinnerte: »Alle sozialen Verhältnisse sind da noch vollkommen undifferenziert, alle Familien einander ganz gleich, vorhomerische Zustände.«[15]

Im Sommer 1907 kam der Mäzen, einen Neubeginn suchend, beinahe täglich nach Marly. Der Eigenbrötler, der sich ungern »anzog«, um in Gesellschaft zu gehen, wohnte ziemlich weit von Paris in dem Städtchen Marly-le-Roi und hatte sich

Aristide Maillol, »Hockende, Entwurf zu La Méditerranée«, 1904/05

ein Atelier »in einem ganz kleinen Häuschen sehr primitiv und ländlich mitten in grossen offenen Obstgärten«[16] gebaut. Seine stattliche Frau Clotilde war nicht nur aus Sparsamkeitsgründen einzige Inspirationsquelle; beständig geräuschvoll im Hintergrund hantierend, gehörte sie zu Maillols Arbeitsatmosphäre und sorgte dafür, daß es in der Idylle lebendig blieb. Kessler atmete dort auf und gewann Distanz zu seiner bedrückenden Situation. Hier draußen fühlte er sich wohl wie früher bei Brandenburger Sommer- und Herbstmanövern.

In der bukolischen Umgebung entstand, nur langsam fortschreitend, die »Méditerranée«, die große Hockende, als deren Mitschöpfer er sich betrachtete. Beim ersten Besuch im August 1904 hatte er in einem Stapel Zeichnungen eine Skizze gefunden, die ihn »durch eine wunderbare Arabeske der Linien und deren knappe Zusammenfassung«[17] derart beeindruckte, daß er, ohne zu zögern, den kostspieligen und riskanten Auftrag erteilt hatte, sie in Lebensgröße auszuführen. Es war Maillols erste Figur in diesen Dimensionen, überdies in Stein, die ihm entsprechende Probleme bereitete.

Der Mäzen, der bald etwas Fertiges wollte, bestellte im Sommer 1907 zwei weniger aufwendige Werke, das Relief »Le Désir« und die stehende Figur eines »Narziß«. Ihrer Entstehung folgte er obsessiv mit der Kamera; aber auch der Vergleich der Fotos mit den Originalen wurde Teil des anregenden Lehrstücks, dessen Frage- und Antwortspiel das Tagebuch samt Abbildungen sorgfältig wiedergibt. Seine Fotos von »Narziß« und »Verlangen« hatte Kessler ständig in seiner Brieftasche und zeigte sie mit Besitzerstolz. Abzüge verschenkte er mitunter im Bekanntenkreis. Vor allem in Berlin, wo Maillol im Frühjahr 1906 zum ersten Mal ausgestellt hatte, hielt diese Methode das Interesse von Sammlern wach. Nach kurzer Zeit besaß Kessler selbst über vierzig Plastiken Maillols, die er auf seine Wohnungen in Berlin und Weimar verteilte.

Der Initiand wurde nicht müde, den Bildhauer auszuhorchen und ihm seine eigenen Ansichten mitzuteilen, zugleich aber unterstützte er dessen Arbeit und steigerte die Schaffensfreude erfinderisch. Vor allem sorgte er für brauchbare Modelle, die er weitgehend selbst bezahlte. Maillols übertriebene Sparsamkeit sollte ihrer Verfügbarkeit nicht im Wege stehen. Im Unterschied zu den jungen Leuten der Umgebung, die sich scheuten, hatten der Pariser Großstadtjunge und seine zierliche, wohlproportionierte Partnerin nichts dagegen, sich nackt im Atelier zu bewegen. Um Maillol Freude zu machen, brachte Kessler den verehrten Konkurrenten Auguste Rodin, der nicht mehr sehr mobil war, mit zu Besuch, oder den begeisterungsfähigen Museumsdirektor Hugo von Tschudi, was Maillols Ansehen unter deutschen Sammlern erhöhte.

Bereits in London hatte Maillol, von Kesslers Begeisterung angesteckt, Boxkämpfer in einer Weise skizziert, die »den schönsten Delacroix«[18] gleichkam und den Wunsch des Mäzens erweckte, von ihm auch eine männliche Figur zu besitzen. Obwohl der Bildhauer behauptete, im Boxring nicht Männer, sondern Götter mit flammenden Mündern gesehen zu haben,[19] ließ die versprochene Ausführung eines Boxkämpferpaares auf sich warten. Um einen Anfang zu machen, hatte er im Juni den »kleinen Radrennfahrer und Jockey *Gaston Colin*«[20] aufgetrieben und den Siebzehnjährigen als ideales Modell für einen Narziß nach Marly geschickt. Kesslers Fotos zeigen einen grazilen Jungen, der ganz dem Typus entsprach, der mit dem jugendlichen Freiherrn von Dungern in sein Leben getreten war. Die schöpferische Atmosphäre in der ländlichen Umgebung begünstigte eine Beziehung, welche »durch den Kontrast zur vorausgegangenen Palézieux Katastrophe zu einer tief berauschenden Idylle wurde«.[21]

Gaston Colin kam aus kleinen Verhältnissen, die er, agil und abenteuerlustig, hinter sich gelassen hatte. Auf dem Montmartre hatte er auch das Interesse von Damen der Gesellschaft gefunden.[22] 1891 geboren, war er über zwanzig Jahre jünger als sein nicht mehr ganz stabiler Liebhaber, den mitunter Gichtanfälle und Rheumatismus im Fuß bettlägrig machten. In seinen Briefen, die meist von Radrennen, auch außerhalb Frankreichs, in Italien und Spanien, berichten, redete er den Liebhaber achtungsvoll mit Sie an. Seine überlegene Position kaschierte Kessler nicht mit ostentativem Entgegenkommen; der Ephebe verzichtete darauf, eigensinnig aufzutreten, um seine Attraktivität zu steigern.

Anders als Otto von Dungern war er anhänglich und vergab sich nichts, wenn er dem Sponsor, der seine Radrennen mitunter finanzierte, versicherte, wie sehr er sich nach ihm sehne. Man traf sich in Paris und unternahm Kurzreisen nach Neapel, Rom und Ascot. Bei Sommeraufenthalten, die Kessler bei der Mutter auf ihrem Schlößchen St. Honorine in der Nähe von Caen verbrachte, war Colin häufig dabei. Der Kavallerieleutnant lernte Radfahren. Im August 1908 erkundeten sie wochenlang auf Fahrrädern die Normandie. Mont St. Michel trat dabei als »erhabenstes Monument der Christenheit« hervor, im Einklang mit »der geheimnisvollsten, unfassbarsten Landschaft vielleicht auf Erden«,[23] höchste Ansprüche erfüllend.

Kessler, der selbst Auto fuhr, ließ sich von Colin gern chauffieren und hatte nichts einzuwenden, mitunter dessen Wagen zu benutzen. Der anstellige junge Mann wurde auch zur Mithilfe bei der Arbeit an der Papiermühle in Montval bei Marly herangezogen, wo Kessler und Maillol unermüdlich nach verschiedenen Rezepten experimentierten, um ein Papier zu bekommen, das sich für ihren Druck der »Eclogen« Vergils eignete. Kessler fand reichlich Gelegenheit, den jungen Mann zu beschäftigen. Schließlich empfahl er ihn ohne Bedenken der Marquise de Brion, seiner Schwester, als Babysitter und sogar als Theaterbegleiter.

In dem Verhältnis war nicht nur der schwerblütige Kessler der Gebende, sein abenteuerlustiger Begleiter spornte ihn an, nicht länger in langzeitigen Projekten aufzugehen, sondern endlich mit dem Leben Bekanntschaft zu schließen. Als er Hofmannsthal von »dem kleinen Colin« berichtete, zögerte er nicht, den bescheiden wirkenden Jungen dem großen Gabriele d'Annunzio zur Seite zu stellen, dessen spontane, unbändige »Verliebtheit in jede Art von sinnlicher Schönheit« ihn entzückte.[24] Wie D'Annunzio war auch er ganz außergewöhnlich; beide gehörten zu den seltenen Menschen, »um die sich das Leben zu Erlebnissen zusammenzieht. Sie formen das Leben und sind durch ihre blosse Existenz sozusagen produktiv, während Anderen, die ebenso viel durchmachen, das Leben ungestaltet durch die Hände rinnt, z. B. Alfred Heymel.«[25]

Doch auch mit Gaston Colin verlief nicht alles nach Wunsch. Im Juni 1910 kam es zu einem deprimierenden »black letter day«.[26] Aber bereits vier Tage später war Kessler in der Lage, das Gespräch mit der mädchenhaften Odette, Colins Geliebter, zu suchen, eine Tänzerin, die auf dem Montmartre unter wohlhabenden Lesbierinnen verkehrt hatte.

Auch als dieser später Lucie Astruc heiratete, stand keine schmerzhafte Trennung bevor; selbst im Weltkrieg, als Colin in der französischen Armee diente, riß der Kontakt nicht gänzlich ab. Da allerdings gehörte der einstige Gefährte bereits zur abenteuerlich glitzernden Zeit, die der Kriegsteilnehmer unwiderruflich verabschieden mußte. Als Kessler im August 1918 nach Weimar zurückkehrte, zählte Maillols »schöner nackter Jüngling nach dem kleinen Colin«[27] zu den kostbaren Reliquien, die den Hausherrn seltsam fremd berührten. Lediglich als Kunstfigur in paradiesischer Nacktheit, erhöht auf einem schmalen, weißen Sockel van de Veldes, blieb Gaston Colin in der Cranachstraße 15 präsent.

Eine Reise nach Griechenland mit Aristide Maillol und Hugo von Hofmannsthal entwickelte sich im Frühling 1908 zu einer Angelegenheit, die Kesslers Verhältnis zu beiden schwierig werden ließ. Seit Jahren verabredet, hatte sie der Initiator insgeheim mit Ambitionen befrachtet, deren Tragweite die Gefährten überforderte. Nicht nur hatte er Maillol und Hofmannsthal, die sich nur vom Hörensagen kannten, ausersehen, durch gemeinsames Erleben griechischer Antike das Übergreifen von Kunst und Dichtung zu evozieren, das endlich die Basis für das Gesamtkunstwerk der Gegenwart schuf. Für sich selbst beabsichtigte er, seine kooperativen Ansätze mit beiden Künstlern auf ein höheres Niveau zu bringen. Aus dem Prozeß organisierter ästhetischer Erfahrung sollte ein exzeptionelles Trio entstehen, mit dem er, halb Mitschöpfer, halb Impresario, seine Zukunft verband.

Der »Einzug der Götter in Walhalla« stand Kessler als Krönung eines arbeitsamen Frühlings mit Hugo von Hofmannsthal vor Augen, als er am 24. Februar 1908 dem Freund, dessen Aufenthalt ihm unbekannt war, die gemeinsamen Auspizien entwickelte: »Ich bleibe noch die Woche in Paris, bin Sonnabend oder Sonntag in Berlin und dann auch gleich im Savoy, um dich zu suchen. Wehe wenn du nicht da bist. Gegen Mitte März schieben wir ein Intermezzo in Weimar ein; Ende März Anfang April Einzug der Götter in Walhalla, d. h. Aufbruch nach Griechenland, Ritt durch das ferne romantische Land, mondscheinhelle Berge, Gebirgsbäche und Quell der Nymphen, nächtliche Lagerfeuer, an denen über Homer und die Schönheit diskutiert wird.«[28]

In Erinnerung an seine einsamen Ritte durch Griechenland in den Jahren 1899 und 1900 führte die Freude, daß es diesmal anders würde, Kessler zu einem Gefühlsüberschwang, der davon zeugt, daß die Natur- und Gemeinschaftsromantik der Jugendbewegung nicht allein die Generation der Zwanzigjährigen ergriff. Seine Begeisterung über die Lagerfeuer, welche die Sommermanöver der Garde-Ulanen so attraktiv machten, konnte

Kessler ohne weiteres auf die Vorstellung nächtlicher Symposien mit Hofmannsthal und Maillol in der Mondhelle des unwirtlichen griechischen Berglands übertragen. Damit nicht genug. Die Aura des kastalischen Quells am Parnaß, mit den Ruinen des Zeustempels in Olympia kombiniert, sollte Stimmungen erzeugen, in denen der »Elektra«-Dichter mit dem instinktiven »Griechen« wetteiferte. Hier war das Aufblühen nietzscheanischer Synästhesien zu erhoffen. Die Macht des Dionysischen und Apollinischen, der gemeinsame Ursprung von Drama und Plastik, durch Hofmannsthal und Maillol aktualisiert, mußte in der zerrissenen Gegenwart um so stärker wirken. Dieser Anspruch, den Kessler den Reisegefährten suggerierte, ähnelte der Größenphantasie, mit der er drei Jahre später Henry van de Velde beim Weimarer Nietzsche-Denkmal aus dem Konzept brachte. Entsprechend intransigent reagierten die beiden unfreiwilligen Hoffnungsträger. Nicht ohne tragikomische Momente, verlief die Tour ganz anders als vorgesehen. Vor allem der zündende Wettstreit, der Dichter und Bildhauer zu neuen Ufern führte, blieb einsamer Wunschtraum des Impresarios.

Im Unterschied zum erwartungsfreudigen Kenner, der Griechenland ausgiebig durchreist hatte, stand für Maillol und Hofmannsthal einiges auf dem Spiel. Ihre Ankunft in Hellas, von beiden bis dahin wohlweislich vermieden, setzte sie künstlerisch einer harten Probe aus. Die Konfrontation mit der Antike, ob für das eigene Werk als vorbildlich akzeptiert oder abgelehnt, war nicht länger zu umgehen. Ihre Unsicherheit führte bereits im Vorfeld zu befremdlichem Verhalten.

Der gesundheitlich stabile Maillol holte sich, noch dazu im heimatlichen Banyuls, eine Lungenentzündung und bat Kessler im letzten Moment um längeren Aufschub; Hofmannsthal protestierte energisch, im Falle des Scheiterns eine »dauerde Verstimmung für Monate«, die Kessler zu verantworten habe, in Aussicht stellend. Einen Tag später gab er die Reise definitiv auf, erklärte sich aber wenige Stunden später »gerührt und dankbar«[29] mit der nur vierzehntägigen Verschiebung einverstanden. Das rasche Abklingen von Maillols schwerer Erkrankung legt einen eher psychosomatischen Hintergrund nahe.

Beide Adepten weigerten sich prompt, auf den Lernprozeß einzugehen. Während Maillol auf der gemeinsamen Anreise in Taormina erklärte, er führe nicht nach Griechenland, um etwas zu lernen, sondern lediglich, um dort Statuen vor dem Meer zu sehen, weigerte sich Hofmannsthal, nachdem er verspätet und in gedrückter Stimmung angekommen war, zur Akropolis auch nur hinaufzusehen. Anstatt Kessler dorthin zu begleiten, bat er ihn am nächsten Tag um einen neu erschienenen Roman zu entspannender Lektüre. Da Maillol seinerseits auf »günstigeres Licht«[30] wartete, hatte Kessler das zweifelhafte Vergnügen, allein dorthin zu gehen. Als Hofmannsthal sich später aufraffte, die Akropolis zu besuchen und Kessler von seinem wunderbaren Eindruck dort oben berichtete, ersparte er dem Freund nicht den Hinweis, wie froh er sei, darüber nicht schreiben zu müssen.

Da Maillol es kaum über sich brachte, ein Maultier zu besteigen, begleitete Kessler schließlich Dichter und Bildhauer getrennt zu den jeweilig bevorzugten Zielen. Daß der stimmungstötende Dichter sich nach gründlicher Aussprache bald entschloß, es mit elf Tagen Griechenland genug sein zu lassen, erleichterte ein wenig. »Augenblicke in Griechenland«, vier von Hofmannsthal-Kennern geschätzte Prosastücke, formulieren den starken Eindruck der Fremdheit und die Enttäuschung, die seine Begegnung mit Hellas überschattet hatte.

Aristide Maillol dagegen bestand in Delphi und Olympia nicht länger auf seinem Vorsatz, in Griechenland nichts zu lernen. Mit ihm verbrachte Kessler den Aufenthalt produktiv und in vorgesehener Dauer. Obwohl dessen Statements über griechische Skulpturen keine Einschränkung zuließen und mit dem Eigenbrötler kein Dialog möglich war, sah Kessler in diesen Wochen die vertraute hellenische Welt in einem neuen Licht. Der soziale Unterschied allerdings störte den Mäzen im Laufe der Zeit. Maillol wiederum litt unter dem unstillbaren Bewegungsdrang des Reisegefährten; selbst auf der Akropolis in Athen wäre kaum eine ruhige Betrachtung möglich gewesen, hätte sich der besinnliche Hofmannsthal nicht liebenswürdig zu ihm auf eine Säule gesetzt.[31] Als die beiden sich in Neapel trennten, war Kessler »ganz froh, wieder allein zu sein«: »Wenn wir länger zusammengeblieben wären, hätte es schliesslich kleine Zerwürfnisse oder doch nicht zu verbergende Misstimmungen gegeben.«[32] Danach sah Kessler keinen Anlaß mehr, erneut nach Griechenland zu fahren.

Die große Relevanz, welche die griechische Antike für Kessler in diesen Jahren annahm, ist nicht zu übersehen. Das um die Jahrhundertwende gleichzeitig in Deutschland, Frankreich und England zunehmende Interesse am Griechentum erschien auch ihm ein Weg aus der Krise, in welcher die Kunst, »mit der wachsenden Kompliziertheit der Kunstmittel«[33] geraten, ihre Wirkung auf das Publikum verlor. Allerdings sollte es ein Wiederaufleben ohne akademische Schablone werden. Mit der Anlehnung an die Antike war es nicht getan.

Im Umgang mit Aristide Maillol kam Kessler der Formsprache griechischer Skulptur immer näher; durch seine detailversessene Redaktion der »Odyssee«, die Rudolf Alexander Schröder stückweise lieferte, drang er zur selben Zeit in die Homerische Welt ein. Die Zusammenarbeit mit dem Übersetzer, dem er in bestimmten Phasen bis zu zweimal täglich ausführlich schrieb, um Veränderungen vorzuschlagen, dauerte von 1904 bis 1911. Kesslers Kenntnis einzelner homerischer Worte war so ausgeprägt, daß er den Vergleich mit akademischen Spezialisten nicht zu scheuen hatte; lediglich Schröders Freund, Rudolf Borchardt, war in diesen Fragen eine Autorität, deren Überlegenheit Kessler gern anerkannte.

Dennoch wurde die griechische Welt nicht so dominant, daß sie ihn gänzlich gefangennahm. Durch Eberhard von Bodenhausen sah er sich 1909 in seinem »Entschluß bestärkt, die moderne Welt, die in den letzten zehn bis zwanzig Jahren durch unsere und die vorhergehende Generation geschaffen worden ist, in einer Reihe von Aufsätzen von meiner Individualität aus zu beleuchten«.[34] Selbst im Jahr 1911, als das neoklassisch-feierliche Projekt eines Nietzsche-Denkmals mit Stadion an einer »Berglehne« in Weimar seine Aktivität präokkupierte, reagierte er auf eine avantgardistische Provokation, die in Berlin Polizei und Zensur alarmierte, spontan begeistert.

In der Generalprobe von Carl Sternheims »Die Hose«, der grotesken Komödie, die eine Bresche für das expressionistische Drama schlug, riß ihn das rasante Experiment auf der Bühne hin: »Nach den ersten zehn Minuten hatte ich die deutliche Empfindung und äusserte sie zu Hofmannsthal, dass es *gross,* gross im Sinne von Daumier sei. In der That ist es vielleicht seit dem ›Zerbrochenen Krug‹ die erste deutsche Komödie grossen Stils. Der knappe saftige Dialog, das Typische bei ungeschwächter Lebensfrische, das ›Darüberschweben‹, das der Ironie und der Satire entraten kann, das Umfassende der Komik, die in wenigen Figuren die ganze ›Bildungs‹schicht der deutschen Kultur trifft, stellen dieses Werk auf einen Platz für sich. Es ist vielleicht überhaupt die grösste Komödie, die in Europa in moderner Zeit geschrieben ist, Etwas, wie es Flaubert hätte machen können, aber nicht gemacht hat.«[35]

Bereits im Januar 1908 war Kessler von Gerhart Hauptmanns »Griechischer Frühling« entzückt gewesen. Die »schönste deutsche Prosa, die ich seit Jahren gelesen habe«,[36] hatte ihn mit Vorfreude auf Griechenland erfüllt. Ein halbes Jahr nach der Rückkehr ergriff er die Gelegenheit, das abgerissene Gespräch über »eine greifbare Vision des Griechischen«[37] fortzusetzen. Das Reisetagebuch, das Hauptmann ihm gewidmet hatte, bot willkommene Gelegenheit, um in einem großangelegten Essay die Aussicht »auf eine neue Epoche der Kultur«[38] zu bekräftigen, in der sich das begrabene, aber nicht gestorbene Griechentum erneut wirkungsmächtig erweise.

Drama und Plastik, die beiden Fundamente großer Kultur, fanden in Gerhart Hauptmann und Auguste Rodin geniale Vorbereiter, welche die verfehlte Idealität des 19. Jahrhunderts hinter sich ließen: »Während die sogenannten Idealgestalten in ihrem toten Material die Erdenschwere nie abschütteln, heben sich Rodins ›Age d'airain‹, Hauptmanns ›Jau‹ gerade durch ihren, wie man sagt, krassen Naturalismus über die Wirklichkeit hinaus in jene Sphäre des Traums, die jenseits aller Zeit und Kümmernis die Heimat der Kunst ist.«[39]

Kesslers eigentlicher Adressat war Hugo von Hofmannsthal, den er weiterhin zu überzeugen hoffte, eine Synthese der Antike mit modernem Bewußtsein sei kein Hirngespinst. Gerhart Hauptmann, der die deutsche Literatur revolutionierte, indem er dem Epigonentum der Gründerzeit den Garaus machte, empfand nicht nur starke Empathie für die griechische Vorzeit im Dämmerlicht. Die Breitenwirkung, die er seit »Vor Sonnenaufgang« 1889 hervorrief, kam nicht von ungefähr. Hauptmann konnte auf sie vertrauen, weil seine Gefühlswelt sich willig auf die Begegnung mit elementaren Lebensverhältnissen wie hier in der griechischen Landschaft einließ. Aus Stimmungen geschöpft, wurden seine Dramen auf der Bühne stimmungsmächtig. Um ein großes Publikum zu packen und die Zuschauer zu Miterlebenden zu machen, war dieser Dichter nicht auf die Unterstützung Strauss'scher Musik angewiesen.

Hauptmanns Frühlingsreise, »ganz und gar schlicht«,[40] war nichts anderes als »ein Hirtenbuch«[41]. Mit seiner unterschwelligen Arbeitsweise korrespondierte ein vorzeitliches, noch von naturreligiösen Vorstellungen und Praktiken geprägtes Griechenland, wo Schaf- und Ziegenhirten neben Ackerbauern mit bescheidenen Gerstenfeldern das selbstgenügsame Leben bestimmten. Es war das Arkadien, das Kessler bei seiner Ausgabe der »Eclogen« Vergils, seit 1904 mit Maillol geplant, so deutlich vor Augen stand.

Seine Antwort beschränkte sich nicht auf das aktuelle Buch, das ihn von Hauptmanns lange übersehenem »Artistentum« überzeugt hatte. Sie ging auf das Opus insgesamt ein und beleuchtete die konstruktive Funktion einer obsessiven Gefühlswelt, die bei Hauptmann »Stimmungsphantasie, nicht Bildphantasie«[42] sei. Jenseits von Naturalismus oder Symbolismus lieferte sie den Rohstoff seiner Dramen. Der umfangreiche Essay, im Mai 1909 in der *Neuen Rundschau* erschienen, zeugte von Dankbarkeit. Gerhart Hauptmann hatte sein ungeschütztes, von Ahnungen und Gesichten erfülltes Buch einem Wahlverwandten gewidmet. Die vermeintliche Schrift eines schlesischen Bergbauern, für den nur eine erdklumpige Antike existierte, hatte der Adressat mit anderen Augen als viele Kritiker der Zeit gelesen.

Mit liebevoller Aufmerksamkeit für Gräser, leichte feine Blumen, Ölbäume, Schafe und Ziegen ließ der »Griechische Frühling« das Heldische, das man von griechischer Antike im Vorkriegsjahrzehnt erwartete, vermissen. Das schmale Reisetagebuch zeigte einen Widerspruch mit dem Zeitgeist, den man bei diesem Erfolgsautor kaum für möglich halten würde. Selbst die krassen Außenseiter Carl Spitteler und Theodor Däubler fanden für die harte, metaphorisch angestrengte Sprache ihrer Riesenwerke »Olympischer Frühling« und »Das Nordlicht« eher Verständnis. Die Ursache, nicht mit der gleichzeitigen harschen Kritik an einigen schwachen Bühnenwerken zu verwechseln, beobachtete Heinrich Eduard Jacob aus zeitgenössischer Nähe: »Der Mangel an Gebärde irritierte eine Gesellschaft, die gerade in damaliger Zeit nichts so sehr wünschte als Gebärde, die eine allgemeine Italienisierung des Lebens durchaus anstrebte. Gerade, daß es diese letzte Forderung in ihrer Steilheit nicht erfüllte, erklärt den panzermaschigen Haß, auf den das griechische Reisebuch sofort traf.«[43]

Anstatt Athen im perikleischen Zeitalter, hatte sich Hauptmann einem überdauernden vorzeitlichen Arkadien im fahlen Licht zugewandt und bei Kessler die visionäre Saite seines »keltischen Erbes« angerührt, von dem er in »Gesichter und Zeiten« spricht. Auch ihn hatte es zu Tagträumen verleitet, als er auf Streifzügen in entlegene Gegenden der griechischen Halbinsel gekommen war. »Im Gebirge die Hirten, die man zahlreich mit ihren Herden trifft, sind sicher geistig von den uralten kaum verschieden, bis auf ein paar Heiligennamen, die sie hinzugelernt haben; meistens gutmütig und erschrocken aussehende, verwilderte Gesellen, die Einem oft mit einem müden Schaf oder Lamm über der Schulter wie der Hermes Kriophoros im Gebirge begegnen. Der Parnass kann nur diese eine Art von Bevölkerung tragen und wird sie solange hier Menschen wohnen, deshalb fort tragen«, hieß es etwa am 23. November 1900 im Tagebuch.

Auf das Festland beschränkt, vom Meer lediglich »zarte, blaue Stückchen«[44] bietend, bewahrte Arkadien die kargen Züge der bäuerlichen Welt, die noch in Hesiods Dichtungen anklingt. Erstaunlich, wie mühelos ein Mann wie Kessler ohne die ionische Kolonisation zu Rande kam, die Hellas über Jahrhunderte zur kulturellen Weltmacht erhob. Die »berauschende Idylle«, die im Sommer 1907 in Marly begonnen hatte, förderte gewiß diesen Rekurs auf prähistorische Zustände, die ihr bewegendes Zentrum im archaischen Hirten fanden.

Da Hauptmann die Hirten und ihr Milieu nicht nur beobachtet, sondern die ursprüngliche, bukolische Welt mit deren eigenen Augen gesehen hatte, war sein »Griechischer Frühling« »bis an die Wurzel des eigentlich Griechischen gelangt«.[45] Der Anstoß zur Evolution ging von den mit ihrer Herde wandernden Hirten aus. Von der strengen Ordnung in der seßhaften Horde abgesondert, hatte sie einen Beruf, der ihren Radius ständig erweiterte: Die beste Weide fanden sie für ihr Vieh in der großen, wilden, unberührten Natur.

Diese Sicht Arkadiens war kein Ausdruck zivilisationsfeindlicher Animosität. Vielmehr stellte Kessler, Hauptmann diskursiv überbietend, die Kulturleistung heraus, die dem Hirten für die Ausbildung der menschlichen Seelentätigkeit und der Phantasie zu verdanken sei. Im Unterschied zum Jäger, der innerlich kaum weiter fortschreite als »der Hund, der ängstlich und wütend den Mond anbellt«, und dem Ackerbauern, den schwere Arbeit auslastet, lebe der Hirte ganz anders: »Sein Zustand ist Beschaulichkeit, eine auf die Außenwelt gerichtete Beschaulichkeit, die fortwährend kleine Gesichts- und Gehöreindrücke aufnimmt und auslegt: eine dauernde, gleichmäßige, leise Anspannung des Auges, des Gehörs und des Urteils.«[46]

In einer Zeit, die der sozialdarwinistischen Hypothese huldigte, der »Kampf ums Dasein« in der Natur sei auch das Grundgesetz der Menschheitsgeschichte, neigte Kessler zu einer weniger martialischen Ansicht: Zumindest hatte die Evolution des Homo sapiens ziemlich friedfertig begonnen. Nicht nur der basisnahe Anarchismus der Syndikalisten fing an, ihn zu interessieren. Der preußische Justizassessor, der über »Die geschichtliche Entwicklung des modernen Hochverratsbegriffs« promoviert hatte, beschäftigte die Lebensweise primitiver Stämme, um Aufschluß über die grundsätzliche Entwicklungsfähigkeit der condition humaine zu gewinnen. Ethnologische Forschungsberichte über australische und zentral-brasilianische Stämme hatten »vorläufig« eine Anschauung »von der *sozialen Organisation* primitiver Gesellschaften« »herauskrystallisiert«.[47] Was da zutage getreten war, stützte die Naturnotwendigkeit herrschaftlicher Gewalt keineswegs.

Die dort untersuchten Stammesverhältnisse, »*bis ins Kleinste geordnet«*, gaben eher Rousseaus Annahme einer glücklichen Urgesellschaft recht, als das Homo homini lupus des Thomas Hobbes zu bestätigen. Das seßhafte friedliche Leben der Urhorde war auf Nahrungsaufnahme zentriert und auf Geschlechtsgenuß, ohne die »Erhaltung der Art« zu bezwecken: »Die Urhorde hat Nichts Heimatloses, Ruheloses, Tumultarisches, Düsteres, Knechtisches, sondern eher Etwas Helles und Freudiges und die *allerstärkste Verbindung* mit ihrer Heimat, ihrem Landstrich.«[48] Ihr Dasein verlief keineswegs chaotisch und unterdrückt, abgesehen von »der *Verteilung* der *Frauen*« in der Gruppenehe, den einzelnen innerhalb des Stammes nicht. Allerdings fehlte den paradiesischen Verhältnissen jede Entwicklungsmöglichkeit.

Erst das Nomadentum viehzüchtender Stämme, die nach Weideplätzen suchten, machte die Weltgeschichte möglich. Nicht die Aktivitäten von Kriegern und Jägern hatten dies vermocht, sondern intelligente, friedfertige Viehzüchter führten den »Übergang vom Jägerleben zum Hirtenleben« herbei, »das wichtigste Ereignis der menschlichen Geschichte«: »Denn es schenkte dem Menschen den vollen Gebrauch seiner Phantasie: und von der Entfesselung der Phantasie ist alle spätere Geschichte, ja, daß der Mensch im Gegensatz zum Tier überhaupt Geschichte hat, abhängig: der erste Hirt war zugleich der erste Mensch, im humanen Sinne.«[49]

Allerdings endete der einfühlsame Essay mit einem befremdlichen Schlußakkord, der an Kesslers frühere Vorstellung von Maßnahmen zur Veredlung des norddeutschen blonden Menschentypus anknüpfte. Den »spartanischen Züchtungsgedanken« erklärte er nun zur großen Aufgabe, deren Lösung »die einzig heute denkbare Kultur« vorbereite. Von den Sportathleten führte eine Brücke zu den Helden des Geistes: »Geistige Kultur ist nichts als verfeinerte körperliche Kultur.«[50] Mit dieser halsbrecherischen Volte spitzte er die moderaten Bemerkungen zu, die

Hauptmann im Hinblick auf die nackten Sieger im Stadion von Delphi und Lykurgs »Bilden im lebendigen Fleisch«[51] eingefallen waren.

Während der Dichter sich im »dämonischen Lärm« einer unruhigen, mondhellen Nacht, in der die Tiere draußen nicht zur Ruhe kamen, an die »Züchtungsmoral« der alten Spartaner erinnerte, über spartanische Mädchen nachdachte, die »nackt auf der Wiese getanzt haben, damit die Jünglinge ihre Zuchtwahl treffen konnten« und die Möglichkeit »einer gewaltigen Umgestaltung des ganzen Menschengeschlechts«[52] andeutete, zog Kessler das volle Register. Bedenken abweisend, trat der Nietzscheaner mit administrativer Gebärde als Rassezüchter auf: »Und ich für meinen Teil stehe nicht an zu erklären, daß mir Staatspreise für gutgezogene menschliche Produkte mindestens ebenso rationell erscheinen wie für gutgezogene Hammel oder Hühner.«[53] Mit dieser Direktive kündigte sich der rigide Utopist an, der zwischen 1911 und 1913 bei seinem Versuch, ein kolossales Weimarer Nietzsche-Denkmal durchzusetzen, zum Vorschein kam.

Das Projekt, das unter Kesslers Ägide rasch ausuferte, war anfangs lediglich dazu gedacht, das Nietzsche-Archiv auf unverfängliche Weise wieder positiv ins Licht der Öffentlichkeit zu bringen. Denn trotz reger Publikationstätigkeit, die auch ein interessiertes Publikum fand, hatte Elisabeth Förster einen Prestigeverlust erlitten; das Deutungsmonopol ihres Hauses stand in Frage. Ihr verleumderischer, postmortal erhobener Vorwurf, durch den Theologieprofessor Franz Overbeck, Nietzsches Basler Freund und ersten Nachlaßverwalter, seien Manuskripte verlorengegangen, hatte peinliche gerichtliche Nachspiele veranlaßt. Overbecks Schüler Carl Albrecht Bernoulli publizierte aus dessen Nachlaß Briefe Nietzsches, die das Verhalten seiner Schwester beklagten: Diese Dokumente hatten die Priesterin des Nietzsche-Kultes als familiären Quälgeist erscheinen lassen, der sich nicht gerade durch Verständnis für die Genialität des Bruders auszeichnete. Ein anderer triftiger Grund für den Plan eines Tempels kam hinzu. Die allgemeine Bebauung des Silberblicks stand unmittelbar bevor. Die absehbare Banalität der Neubauten würde die Splendid isolation des »Nietzsche-Archivs« beenden und dessen privilegierte Lage auf dem Hügel von Jahr zu Jahr stärker beeinträchtigen.

Die Feier zum 70. Geburtstag des Bruders am 15. Oktober 1914 im Blick, rief die Herrin des Archivs im Januar 1911 die Getreuen auf, ein Komitee für ein Nietzsche-Denkmal zu gründen. Vor allem eins stand für sie fest, allein Henry van de Velde sei geeignet, das Projekt, das keinesfalls trivial sein durfte, künstlerisch zu meistern. Seinen durchgreifenden Umbau des Archivs, das am 15. Oktober 1903 mit der Enthüllung von Max Klingers zweieinhalb Meter hohen Nietzsche-Herme eingeweiht wurde, hatte sie mittlerweile verkraftet. Bei gesellschaftlichen Anlässen huldigte sie van de Velde, indem sie mit Vorliebe in der von ihm entworfenen sezessionistischen Mode erschien, wie dem Kleid, mit dem sie sich 1906 von Edvard Munch porträtieren ließ.

Angeregt durch das Ernst-Abbe-Denkmal in Jena, mit dessen Bau die Angestellten und Arbeiter der Carl-Zeiss-Werke van de Velde beehrt hatten, dachte sie an einen Tempel von vergleichbaren Dimensionen, dessen Kosten nicht allzu hoch wären. Unterhalb der Villa »Silberblick« errichtet, würde der Bau das Nietzsche-Archiv nicht beeinträchtigen und seine Dominanz untermauern. Allerdings verwundert es nicht, daß die Funktion des Tempels, seine innere Berechtigung, im Unbestimmten blieb; auch an eine Umbettung des Grabes von der Kirchenmauer in Röcken wurde gedacht. Henry van de Velde hatte es »grausam« enttäuscht. Er war nicht der einzige, den der kleine, enge Kirchhof abstieß, weil er ihn hinderte, sich vor »einem Nietzsches würdigen Denkmal verneigen zu können«.[54]

Auch Harry Graf Kessler wurde von Elisabeth Förster aufgefordert, die sich vor allem seiner umstandslosen Beschaffung größerer Geldbeträge dankbar erinnerte. »Mit großer Freude«[55] reagierte dieser auf die Gelegenheit, erneut in deutsche Verhältnisse eingreifen zu können. Zumal es um das hohe Ziel ging, das ihm im August 1900, als er die ernüchternde Trauerfeier im Archiv und die Beerdigung in Röcken erlebte, nur zu deutlich vor Augen gestanden hatte. Als Friedrich Nietzsche im Hochgebirge seine von visionärer Glut erfüllten Werke schrieb, hatte er nicht diese ehrenwerten Bürger im Blick, die sich achtungsvoll an seinem Grab versammelten. Würdige Erben hatte der Prophet, der »die Sonne eines neuen Evangeliums« verkündigte, noch nicht gefunden. Um »die kräftige Einheit einer jungen Saat« zu erhalten, hieß es erst die Bedingungen zu schaffen, um seinen Ideen, denen bisher »lauter ganz gute, aber ganz mittelmäßige Menschen«[56] anhingen, den Raum gesellschaftlicher Wirkung zu erschließen.

Als Kessler am 2. Februar 1911 seinen Eintritt ins Komitee mitteilte, hatte er zugleich Vorschläge für Maillol, Klinger und van de Velde parat und machte sich schnell für ungewöhnliche Einnahmequellen stark. Vor allem war nicht nur an wenige hochherzige Spender gedacht. Nach dem Beispiel des »Ödipus«, den Max Reinhardt gerade im Zirkus Schumann vor 5000 Zuschauern mit anhaltendem Erfolg aufführte, sollten in Stadien verlegte Kulturveranstaltungen einen »Weg zur Geldbeschaffung« bilden.[57] Kessler stellte sich weiträumige Inszenierungen vor, Werbeveranstaltungen, die Nietzsches Forderung nach Rhythmus und Bewegung erfüllten und das große Publikum durch Kraft und Schönheit des Körpers für die neue Lehre begeisterten. Wie ein nervöses Rennpferd war er beim Start des Projekts kaum zu halten.

Wie nie zuvor trat Kessler als Einzelkämpfer auf, als Regisseur, der äußerst kooperativ vorgeht, sich von den Mitwirkenden aber nicht in die Karten sehen läßt. Der Fähigkeit der Nietzsche-Schwester, einer großen Linie zu folgen, mißtraute er von Anfang an. Auch mit ihrem bewährten Mitstreiter, dessen Kreativität über die Lebensfähigkeit des Projekts entschied, begann er wenig respektvoll umzugehen; van de Velde wurde von ihm als geschmeidiges Organ angesehen, das seiner im Kunsthistorischen befangenen Intuition ansprechende Entwürfe lieferte. Bei der ersten Sitzung am 8. Februar schien es ihm geboten, ihnen gegenüber nichts von dem kleinen Park verlauten zu lassen, in dem er das Denkmal in Archivnähe aufzustellen gedachte.

Nachdem er am 12. März in Berlin zum Präsidenten des Komitees gewählt worden war, das mit Rücksicht auf Walther Rathenau und die Bankiers Paul von Schwabach und Julius Stern dort tagte, agierte er, Vorschläge aufgreifend oder übergehend, immer eigenmächtiger. Nur einen Monat später war der gemeinsame Ausgangspunkt, der Tempel unterhalb des Archivs, nicht mehr aktuell. Eine ehrfurchtgebietende Anlage von monumentalem Ausmaß, die den Tempel mit einem Stadion verband, sollte errichtet werden; samt »Feststraße« war das Ganze auf über einen Kilometer Länge geplant.

Auf dieses Konzept hatte Walther Rathenau prompt ebenso positiv reagiert wie die beiden Bankiers, die großzügig die Anschubfinanzierung übernahmen. Als sich Elisabeth Förster, von der gravierenden Veränderung informiert, über »einen Sportplatz u. eine music-hall mit tanzenden Weiblein« empörte, hatte sie sich für ihren intransigenten Freund in dieser Angelegenheit endgültig blamiert: »Sie ist im Grunde doch eine kleine spießige Pastorentochter, die zwar auf die Worte ihres Bruders schwört, aber entsetzt und empört ist, sobald man sie in die Tat umsetzt.«[58]

Das Tempo und die Leichtfertigkeit, mit der Kessler zur Sache ging, standen im krassen Mißverhältnis zur ambitioniert volkserzieherischen Perspektive, die dem Nietzsche-Denkmal zugedacht war. So ging seine Verbindung von Stadion und Tempel, auch wenn hierfür sinnvolle Vergleiche auszumachen sind, nicht auf antike Vorbilder oder nordamerikanische Einrichtungen zurück. Seine haltlose Phantasmagorie der Stadionveranstaltungen, die Max Reinhardt in Berlin, Richard Strauss mit D'Annunzio in Paris und Gustav Mahler in Wien zugunsten des ursprünglich geplanten Tempels durchführen sollten, zündete bei Kessler die Idee, das Nietzsche-Denkmal selbst mit einem Stadion zu erweitern. Dies drängt sich auf, nachdem er am 11. Februar bei Hugo von Hofmannsthal sondiert, welche Chance in Berlin für eine der spektakulären Werbeveranstaltungen bestünde: »Auch bei ihm angefragt, wegen der von mir geplanten Aufführung im Stadion. Kombination er, Strauss, Reinhardt, antike Pantomime mit Wettkämpfen. Er nannte den Atalanta Stoff.« Offensichtlich waren es die imaginierten Großveranstaltungen, die ihn veranlaßten, ein monumentales Bauwerk anzustreben, dessen Funktion wiederum auf Phantasien über Wettkämpfe und Festspiele von größtem Ausmaß beruhte.

Bereits am 16. April glaubte der Impresario das Denkmal samt sportbegeisterten Massen zum Greifen nahe. Dem verblüfften Hofmannsthal erläuterte Kessler, vom Glück des Gelingens durchströmt, eingehend das Gesamtkunstwerk, das keine Wünsche offen ließ: »*Hinter* dem Tempel denke ich mir ein *Stadium*, in dem jährlich Fußrennen, Turnspiele, Wettkämpfe jeder Art, kurz die Schönheit und Kraft des Körpers die Nietzsche als erster moderner Philosoph wieder mit den höchsten, geistigen Dingen in Verbindung gebracht hat, sich offenbaren können. Aber auch materiell bietet diese Ausgestaltung des Planes (die deshalb auch die *nachdrücklichste Billigung* von Finanziers wie Walter Rathenau und Julius Stern hat) einen Vorteil. Wir werden nämlich dadurch versuchen, die Turn und Sportvereine, diese ganze gewaltige jugendfrische Bewegung für das Denkmal zu interessieren. Das sind Hunderttausende, die wir gewinnen und deren materielle Hülfe wir in Anspruch nehmen können. Daß außerdem die Anlage dadurch zu einer der schönsten und majestätischesten wird, die man seit der Antike verwirklicht hat, muß auch werbend wirken.«[59]

Die sportlichen und kulturellen Events sollten ihren Erfolg nicht Konzessionen an den Massengeschmack zu verdanken haben. Auf vornehme Gestaltung zu verzichten, kam für Kessler auch bei den gewinnträchtigen Großveranstaltungen nicht in Frage. Es sollte nicht zugehen wie im Zirkus Busch mit 4430 Sitzplätzen und Stallungen für 180 Pferde. Dort hatte ihn am Abend zuvor eine populäre Verballhornung von Shakespeares »Richard III.« derart in Wallung gebracht, daß er zum ersten Mal in seinem Leben probiert hatte, im Theater zu zischen: »Die Sache fängt mit einem Knall bei verdunkelten Zirkusraum an. Nach diesem Kanonenschuß blitzen die elektrischen Scheinwerfer in allen Farben, rot, grün, blau, gelb, violett durcheinander und erleuchten Reiterzüge, Volksgewühl, einen sechsspännigen Leichenwagen, eine Reiterschlacht, mehrere Attacken zu Pferde bergauf, bergab, und dann noch immer mehr Pferde, immer wieder Pferde und klappernde Rüstungen. Dazwischen hier und da ein Monolog, eine Szene, diese meistens unverständlich ins Groteske verzerrt. Die Werbung Richards um Anna geht vor 500 Rittern und ›Volk‹ vor sich; das ›Volk‹ mischt sich ein, indem es Worte, die Bonn zu Shakespeare hinzugedichtet hat, dazwischenruft (mir schien meistens: ›So'ne Gemeinheit‹). Etwas so Schamloses sah ich nie. Das Publikum in Logen und Parkett verhielt sich ziemlich still; oben wurde begeistert geklatscht. Einige zischten am Schluß, auch ich. Ich sass neben Jagow, dem ich mein Erstaunen ausdrückte, dass er so Etwas nicht verböte. Nicht weit davon waren Cassirer und die Durieux.«[60]

Der Regisseur Ferdinand Bonn, in Liebhaberrollen auch am Wiener Burgtheater renommiert, wußte genau, was er tat, um ein volles Haus zu bekommen. Kesslers Nachbar, den er zum Verbot dieser Klassikerschändung animierte, war der in

Berlin gefürchtete Polizeipräsident Traugott von Jagow, ein Regimentskamerad. Wegen seiner Annäherung an Tilla Durieux gerade mit dem Ehemann Paul Cassirer in einen Ehrenhandel verstrickt, hatte er sich in diesen Tagen vertrauensvoll an ihn, als einem in Kulturkreisen bewanderten Mann, um Vermittlung gewandt. Hinter Kesslers gnadenlosem Urteil über die populäre Aufführung, die ihren Reiz aus dem Zirkusmilieu bezog, würde wohl niemand einen Manager vermuten, dessen Phantasie damit beschäftigt war, Großinszenierungen für Stadien in Berlin, Paris und Wien zu projektieren. Das Zirkusspektakel hätte Shakespeare selbst vermutlich nicht gar so abstoßend gefunden.

Die Hinwendung zur Masse rechtfertigte es für Kessler nicht, ästhetische Geschmacksgrenzen zu überschreiten. Aber auch diese Zuversicht, Großveranstaltungen könnten ohne einschneidende Kompromisse mit dem Publikum auf den billigeren Plätzen Erfolg haben, gehörte zur, in jeder Beziehung, phantastischen Konzeption. Sein ausführlicher Brief an Hofmannsthal gipfelte in dem einen Satz: »Die Kosten des Ganzen schätze ich auf etwa 800 000 M bis eine Million, daß damit auch ein geradezu idealer, fast griechischer Rahmen für Festspiele, Oedipus und Ä. geschaffen wird, liegt auf der Hand, wenn man sich diese gewaltige Arena mit dem Blick über dem Tempel auch auf Weimar und das weite Weimarer Tal mit seinen tausend Lichtern in der Nacht vorstellt.«[61]

Allerdings, sosehr Kessler schwärmte, in erster Linie befriedigte ihn die führende Rolle, die er in dieser Sache unbestritten einnahm. Vor allem die Exklusivität des Komitees übte unwiderstehlichen Reiz aus. Im Handumdrehen hatte er es in Berlin einberufen, und es erwies sich für illustre Persönlichkeiten weiterhin erstaunlich attraktiv. Der Eintritt des Fürsten Lichnowsky hatte den »Bann« gebrochen, weitere »Hoch Tories« würden bald neben die bisherigen Exponenten aus der Industrie und dem

Bankwesen treten, die durch ein Nietzsche-Denkmal van de Veldes, ohne sich um das Verdikt Wilhelms II. zu kümmern, ihren Geltungsanspruch artikulierten.

Das Komitee war zu erweitern, bis es alles umfaßte, »was einen *großen Namen* oder ein *großes* Vermögen hat«.[62] Die Persönlichkeiten, die sich hier zu konzentrieren anfingen, besaßen eine andere Statur als die Nietzsche-Verehrer, welche Elisabeth Förster um sich versammelte. Sie glichen schon eher »Ausnahme-Menschen der gefährlichsten und anziehendsten Qualität«,[63] die »Jenseits von Gut und Böse« als Korrektiv der unvermeidlichen Demokratisierung Europas vorausgesagt hatte.

Die mutmaßliche Grenze von etwa dreihundert Mitgliedern, die das Komitee nicht überschreiten sollte, war der magischen Zahl nachgebildet, die Walther Rathenau 1909 in der weihnachtlichen Betrachtung »Unser Nachwuchs« in der Neuen Freien Presse selbstbewußt ins Spiel gebracht hatte: »Dreihundert Männer, von denen jeder jeden kennt, leiten die wirtschaftlichen Geschicke des Kontinents.«[64] Einer vergleichbaren, mit prominenten Künstlern und Wissenschaftlern erweiterten, europäischen Elite nicht nur virtuell, sondern in sichtbarer Funktion anzugehören, war das prestigeträchtige Motiv, das Kessler nach Deutschland zurückbrachte.

Diese Größenphantasie begleitete sein Engagement für das Nietzsche-Denkmal. Es beendete seine Abstinenz von deutscher Politik, die beinah über fünf Jahre gedauert hatte. Er war gerade acht Tage dem Komitee beigetreten, als er am 11. Februar bei einem Diner die Gelegenheit ergriff, mit Bethmann Hollweg über die auswärtige Politik zu sprechen. Von Pariser Erfahrungen ausgehend, stellte er dem Reichskanzler vor, daß eine Aussöhnung mit Frankreich unmöglich sei, im Unterschied zur Verständigungsmöglichkeit mit England. In dieser Situation unterstützte ihn Fürst Lichnowsky, der ebenfalls der Meinung war, daß die deutsche Regierung durch Passivität die spannungsvolle Beziehung zu den Engländern zusätzlich strapaziere. Während Lichnowsky und Kessler direkte Verhandlungen bejahten, hielt es der Reichskanzler für klüger, durch »unsere Annäherung an Rußland« Druck auszuüben: »Der Engländer muss *von sich aus* den Wunsch bekommen, sich mit uns zu verständigen.«[65] Dem Gespräch war zu entnehmen, daß sich in dieser wichtigen Frage seit Bülows Demission die abwartende Haltung der deutschen Regierung nicht geändert hatte. Nicht nur in diesem Gespräch ließ Kessler es dabei bewenden. Er beharrte nicht länger auf kritischer Distanz und stimmte, ohne eine staatliche Position anzustreben, mit der Regierungspolitik überein.

So billigte er die auftrumpfende deutsche Marrokko-Politik, die am 1. Juli darin gipfelte, daß das Kanonenboot »Panther« auf der Reede von Agadir vor Anker ging. Von der diplomatischen Lösung dieser Krise überzeugt, entwarf er am 9. September das Szenario eines Dreifrontenkrieges, zu dem es ebenso sicher »innerhalb der nächsten zehn Jahre« kommen werde, »sobald in Frankreich auch die Volksmassen von der französischen Übermacht überzeugt sind, und in Russland die Regierung der Revolution endgültig Herr zu sein glaubt«.[66] Seine »Ummodelung der Weltkarte« konnte es mit kühnsten alldeutschen Träumen im Weltkrieg aufnehmen.

Wie gelassen das Deutsche Reich dem Verlauf und dem Ergebnis des Krieges entgegensehen könne, prognostizierte er während geruhsamer Ferienwochen bei seiner Mutter in der Normandie: »Wir werden die Franzosen selbst besiegen; die englische Flotte wird dagegen über die unsrige den Sieg davontragen, aber einen Pyrrhussieg, nach dem sie so schwach sein wird, die Ernährung Englands gegen Kaperschiffe ausreichend zu sichern. Russland, das am Ausgang des Krieges das geringste Interesse hat, wird nach der Niederwerfung Frankreichs mit uns einen billigen Frieden schliessen, vielleicht gegen Zusicherung Süd-Persiens sogar ein Bündnis. In diesem Augenblick wird auch

Frankreich den Wunsch haben, Frieden zu schliessen, wenn es nicht zu teuer zu zahlen braucht. Dies könnte so geschehen, dass wir Frankreich gegen einen ausdrücklichen, etwa durch eine Volksabstimmung in Frankreich bekräftigten, endgültigen Verzicht auf Elsass und Lothringen die wallonischen Provinzen von Belgien gäben, die vlämischen zu Holland schlügen, das so vergrösserte Holland nebst Luxemburg aber als Bundesstaaten in das deutsche Reich aufnähmen, das gleichzeitig die holländischen Kolonien, den Kongostaat und den ganzen Restbesitz Frankreichs in Innerafrika bekäme. England bliebe dann allein übrig; auch würden die *regierenden Kreise* einer solchen Ummodelung der Weltkarte *nie* zustimmen. Aber die Hungersnot, der Ruin der Exportindustrie und der Industriearbeiter würden wahrscheinlich eine solche unwiderstehliche Bewegung ziemlich bald hervorrufen; auf die Dauer könnte sich England allein jedenfalls einem solchen Frieden nicht widersetzen.«[67]

Noch im selben Jahr hoffte Kessler sogar, auf den Kronprinzen Wilhelm Einfluß zu gewinnen, nachdem der Rittergutsbesitzer Joachim von Winterfeldt-Menkin, ein Canitzer aus Leipziger Studientagen, nach Paris geschrieben hatte, die preußische Prinzessin Alexandra Viktoria habe den Wunsch geäußert, ihn kennenzulernen, und um Lektürevorschläge gebeten.[68] Diese Angehörige des Kaiserhauses war stolz darauf, »sehr modern« zu sein, und immerhin mit dem ersten preußischen Prinzen verheiratet, den Kessler »öffentlich in Civil« gesehen hatte: Mit der Gemahlin war August Wilhelm im Smoking zu einer Aufführung von Sternheims »Die Hose« erschienen. Allerdings hielt das Interesse der Prinzessin nicht lange vor. Nachdem ihr Kessler Maurice Maeterlincks »Sagesse et la déstinée« geschickt hatte, schlief der Kontakt ein.

Elisabeth Försters Abneigung konnte die wachsende Akzeptanz des Nietzsche-Denkmals nicht beeinträchtigen. Zu den großen Namen aus dem kulturellen Bereich zählten im Komitee: André Gide, Emile Verhaeren und der Pariser Germanist Henri Lichtenberger, Max Liebermann ebenso wie Edvard Munch, Richard Strauss und Gustav Mahler. Daß das Projekt dennoch ins Stocken geriet, hatte einen anderen Grund.

Nachdem Kessler Ende April das Kunststück gelungen war, clandestin ein Grundstück an der Berkaer Chaussee zu erwerben, das mit seiner sanft ansteigenden Hanglage bestens geeignet war, wurde überraschend ein innerer Faktor zum Haupthindernis: Es war sein Architekt, obwohl dieser nach Mißerfolgen mit Theaterprojekten in Berlin und Paris erst recht darauf brannte, sein ganzes Können bei einem Großprojekt unter Beweis zu stellen. Bei dem ursprünglich geplanten Tempel mit ganzem Herzen dabei, tat van de Velde sich nun schwer und kam nicht wie gewohnt voran. Der Stadion-Gedanke war ihm fremd, was er vermißte, war die »humanité, qui pourrait se nourrir dignement dans ce cadre«.[69] Sein Gefühl, gegen dieses Gebot zu verstoßen, das zur Funktionalität eines von ihm entworfenen Bauwerks gehörte, verhinderte jegliche Inspiration.

Am 29. November 1911 kam es zwischen ihm und Kessler zu einem Gespräch, das ihre höchst unterschiedliche Auffassung offenlegte. Der Auftraggeber strebte nach imponierender Monumentalität, um dem unvermeidlichen Vergleich mit dem gerade im Bau befindlichen Deutschen Stadion im Grunewald, dem Londoner White City Stadium und dem der »Schweden in Stockholm« gewachsen zu sein. Van de Velde jedoch ließ diese namhafte Konkurrenz kalt, er versteifte sich bei seinen Entwürfen darauf, der »forme vraiment moderne«[70] treu zu bleiben.

Kessler, der sich bei diesem Projekt zum ersten Mal mit Architektur der Gegenwart auseinandersetzte, war mehr als enttäuscht. Was van de Velde bot, zeigte das Gegenteil von dem, was er erwartet hatte. Die Entwürfe zur großen Halle, die zweihundert Personen Platz bieten sollte, waren »alle von innen heraus nach Utilitätsrücksichten gebaut, man erkennt in der Fassade Garderoben, Saalform u.s.w., lauter Kleinigkeiten, die mächtige Monumentalform fehlt: Alles nach dem Prinzip des englischen Landhauses Comfort und weiter Nichts ausdrückend. Dieses Prinzip reicht aber offenbar nicht aus, um ein Monument zu schaffen.«[71] Daß van de Velde selbst dies nicht begriff, konnte Kessler sich nur damit erklären, daß die Schaffenskraft des genialen Architekten an einem Tiefpunkt gekommen war. Der »Lichtbringer der Moderne« zögerte nicht, die Notbremse zu ziehen und van de Velde inständig zu bitten, »umgekehrt wie sonst zunächst an die Fassade und den idealen Ausdruck zu denken, die Halle dann dieser Fassade unterzuordnen«.[72]

Doch wie er befürchtet hatte, nutzte dies nicht viel. Nachdem der Architekt seinen Ratschlag beherzigt und vier Monate später »einen enorm hohen Bismarckturm-artigen Bau entworfen« hatte, »der bei ungeheuer intrikater Gliederung erdrückend schwer und leer wirkt«[73], war diese beängstigende Monumentalität des Guten zuviel. Kessler begann zu resignieren und zweifelte nicht länger am künstlerischen Fehlschlag auf ganzer Linie. Die schmerzliche Erkenntnis, in die »Kunst und Religion« 1899 einmündete, daß »die rein ästhetischen Bestrebungen in ihrem Wert für die Kunst« hinter den religiösen der Vergangenheit weit zurückstehen und deshalb in der entspiritualisierten, modernen Massengesellschaft ein Gesamtkunstwerk kaum zu verwirklichen sei, hatte ihn eingeholt.

Den gescheiterten Baumeister sprach Kessler nun von persönlichem Versagen frei und gestand sich die falschen Voraussetzungen seines Engagements ein: »Die Wahrheit ist, dass unsere Zeit jede Tradition und Handhabe zu dekorativer Architektur fehlt. Dieses vollkommene Fehlschlagen von Vandeveldes wiederholten Versuchen, einen architektonischen Ausdruck für reine, zwecklose Lebensfreude und Leichtigkeit zu finden, beweist das.«[74] Damit war das von so großen Erwartungen erfüllte

Gemeinschaftsprojekt innerlich verabschiedet, auch wenn der Impresario, um einen Gesichtsverlust tunlichst zu vermeiden, seine Aktivitäten noch zwei Jahre aufrechterhielt.

Apollinische Leichtigkeit und Schönheit, die das Nietzsche-Denkmal feiern sollte, waren für Kessler keine Phantasmen, denen er unbefriedigt nachjagte. Der polnische Tänzer Waslaw Nijinsky, wie ein Komet aufgestiegen, hatte diese verschwundenen Arkana wieder entdeckt und mit den Ballets Russes einen Siegeszug angetreten. Im Jahrfünft vor dem Weltkrieg gab seine Gestalt dem »Apollinischen« den faszinierenden Ausdruck, der Nietzsches »Bruderbund« des Apoll mit Dionysos zu erfüllen schien. Kessler war nicht der einzige, der in dem Protagonisten der »Russen« mehr sah als ein Tanzgenie und in der Schwerelosigkeit seiner Sprünge die Inkarnation des Göttlichen entdeckte. Der Bildhauer Georg Kolbe etwa zeigte ihn 1913 bei seinem Heinrich-Heine-Denkmal als leichtfüßigen Genius, der das Werk des Dichters zur Unsterblichkeit beflügelt.

Wie der »Zarathustra«-Dichter und Stanislaw Przybyzewski zählte auch Waslaw Nijinsky für Kessler zu den gefährdeten Hoffnungsträgern, welche die westliche Zivilisation der unverbrauchten slawischen Welt verdankte. »Männlich, aber schön wie ein griechischer Gott«, war er ein Genie »ganz einziger Art, wie es unsere Zeit nicht gesehen hat, und wie wir es uns kaum in irgendeiner Zeit, außer vielleicht in der Antike, vorstellen können«.[75] »Trotz seiner Triumphe ganz einfach und bescheiden«,[76] hatte er privat keine Allüren und bezauberte durch sein natürliches Wesen. Klein von Wuchs wie Otto von Dungern und Gaston Colin, wirkte er auf der Bühne groß. Daß es ihm gelungen war, diesen Jüngling als Modell für die Figur des jungen Übermenschen zu gewinnen, die Aristide Maillol für den Nietzsche-Tempel in Weimar schaffen sollte, hatte seinem Traum vom lebendigen Gesamtkunstwerk greifbare Gestalt gegeben.

Nicht allein Nijinskys homoerotische Ausstrahlung riß Kessler hin. Ruth St. Denis, eine Tänzerin aus der amerikanischen Hemisphäre, hatte ihn einige Jahre zuvor kaum weniger enthusiasmiert, weil es sie wie Gordon Craig drängte, »ihre Kunst rein aus einem tiefdramatischen Instinkt der Bewegung heraus« zu erfinden; der Unterschied bestand lediglich darin, daß sie ausführte, was der reizbare Engländer »bisher blos geplant hat«.[77] Vom Tanz erhoffte Kessler die Erneuerung der Bühne, zu der Schauspieler, Regisseure und Dichter nicht imstande waren. Als er den zögernden Hofmannsthal mit dem »berückend schönen, übermütig lustigen Ballettmädchen«[78] zusammenbrachte, wollte er Ruth St. Denis für ihre europäischen Auftritte einen namhaften Mitarbeiter verschaffen und den Dramatiker anregen, aus ihrer Körpersprache eigene Ausdrucksmöglichkeiten für das Theater zu entwickeln.

Die Auftritte der Ballets Russes erlebte Kessler wie die Pariser Kulturwelt insgesamt als Elementarereignis, das die mittlerweile erschöpfte Fin de siècle-Kultur unversehens durcheinanderwirbelte. Für Sergej Diaghilew, der Komponist werden wollte und sich der bildenden Kunst zuwandte, bevor er in Moskau Opern und Ballette zu inszenieren begann, war die wechselseitige Durchdringung der Künste kein blasses Theorem, die Synästhesien, die seine Aufführungen zu unerhörten Bühnenereignissen steigerten, hatte er selbst erlebt. Sein Ensemble verfügte über eine Körperbeherrschung und Ausdruckskraft, die westeuropäische Maßstäbe überstieg.

Bereits der erste Eindruck der »Russen« war so stark, daß Kessler, der gerade verständnisvoll und gründlich den »Rosenkavalier« lektorierte, den Wunsch verspürte, für diese Truppe selbst ein Ballett zu schreiben. Die Art, mit der er das neue Projekt in Angriff nahm, ging allerdings nicht über den Impetus hinaus, den Goethe als Merkmal des Dilettantismus kennzeichnete: Er beruhte auf dem Glauben, mit »erlittenen Wirkungen wirken zu können«.[79] Waslaw Nijinsky war der Hirtenknabe »aus der hellen, freien Wüste«,[80] dessen innerstes Motiv »das Springen, Fliegen, Schweben, bald im Tanz, bald im Traum«[81] ist. Die Rolle, die für ihn geschrieben wurde, beruhte ganz auf diesem Eindruck.

Als Kessler am 28. Mai 1909 Hofmannsthal über das große Erlebnis schrieb, hatte er sogleich angeregt, mit Sergej Diaghilew in Kontakt zu treten: »Ein junger Tänzer (mir sind sonst Ballett tanzende Männer ein Brechmittel) ist das Wunderbarste, was ich in dieser Kunst außer der Ruth gesehen habe. Das muß man sehen, um zu begreifen, wie man einen Mann im Ballett verwenden kann. Die höchste Grazie, wirklich wie ein Schmetterling, bei höchster Männlichkeit und jugendlicher Schönheit: die ebenfalls sehr schönen Tänzerinnen waren daneben wie verschwunden, das Publikum wie rasend. Wenn du je ein Ballett schreibst (mit Strauss), müssen wir diesen jungen Nijinsky bekommen.«[81]

Hier kam bereits das Motiv zur Sprache, das Diaghilew im Juni 1911 veranlaßte, Kessler umstandslos zu fragen, ob er »ihm nicht ein Ballett von Strauss vermitteln könnte«. Richard Strauss, der »Salome« in Paris durchgesetzt hatte und seit 1907 Offizier der Ehrenlegion war, besaß dort mittlerweile einen musikalischen Rang, den selbst Claude Debussy anerkennen mußte. Den kraftvollen Neutöner als Zugnummer für die Ballets Russes zu gewinnen, lohnte sich. Als kluger Impresario hütete Diaghilew sich wohl, selbst an Strauss heranzutreten. Lieber nahm er die Annäherung von Hofmannsthal und Kessler in Kauf, die beide wußten, daß ohne diese Zugkraft nicht mit seinem Ballett zu rechnen war.

Indessen befand sich ihr kooperatives Verhältnis, das beim Libretto des »Rosenkavalier« zustande gekommen war, in einer Krise, seit Hofmannsthal im Juli 1910 Kesslers Anteil an der Handlungsführung lediglich mit der Widmung »H. K., dem verborgenen Helfer« zu deklarieren gedachte. Beide hatten die Lust an Zusammenarbeit verloren, aber für einen Bruch reichte der Konfliktstoff nicht aus. Hofmannsthal sah sich weiter auf Kesslers Kontakte angewiesen, während dieser gegenüber dem gefeierten Opernlibrettisten nicht als neidischer Querulant erscheinen wollte. Sujets, die sich für Ballette eigneten, verschwanden ebenso schnell wieder, wie sie auftauchten.

Sergej Diaghilew selbst hatte dabei ein Jahr lang mitgemacht und war nun nicht länger geneigt, die Präliminarien fortzusetzen. Am 3. Juni 1912 eröffnete er Kessler umstandslos, er brauche »ein Szenario für eine bestimmte Dekoration und bestimmte Kostüme von Benois, die schon existierten, zu denen aber das Ballett fehle. Dekoration und Kostüme seien im Stile Paolo Veronese, die Dekoration eine große Palladiosche Säulenhalle mit einer erhöhten Loggia hinten, wie auf Veroneses Hochzeit zu Cana, die Kostüme zum Teil venezianisch, zum Teil orientalisch.« Dieses nüchterne Geschäftsangebot verweist die grandiose mitternächtliche Szene im Nobelrestaurant Larue, die Kessler im Jahr 1928 als »Entstehungsgeschichte der Josephslegende« schildert, in den Bereich der Fiktion. Was der russische Impresario seinen zukünftigen Mitarbeitern abverlangte, war nicht gerade ehrenvoll. Aber Kessler akzeptierte sofort, weil er Hofmannsthals Faible für das Venedig des 16. Jahrhunderts kannte und die Zusage, Nijinsky werde tanzen, alles andere aufwog. Bereits drei Tage später konnte er Hofmannsthal bei einem Spaziergang durch die Tuilerien die Handlung der »Josephslegende« »mit der Dauer der einzelnen Szenen«[83] vorlegen.

Doch die Konzession, welche die »Josephslegende« ermöglicht hatte, rächte sich. Die bombastische Kulisse von Jose-Maria Sert wurde einer der Gründe, weshalb das Werk trotz stürmischen Beifalls des mondänen Publikums nicht zum durchschlagenden Erfolg kam. Das überladene Bühnenbild, das Diaghilew amortisieren wollte, zog dem Tanz des Schmetterlings von vornherein unerbittlich Grenzen.

Weitere Faktoren traten hinzu. Durch den langen Vorlauf hatte die »Josephslegende«, als sie endlich im Mai 1914 aufgeführt wurde, viel von der Wirkung, die zu einem früheren Zeitpunkt möglich gewesen wäre, eingebüßt. Ein Jahr vorher hatten die Ballets Russes einen Maßstab gesetzt, dem das handlungszentrierte Werk »nach Cartons des Veronese« nicht gewachsen war. Kessler war nicht der einzige, der während der turbulenten, vom Publikum gestörten Uraufführung des »Sacre du Printemps« erkannt hatte: »Eine durchaus neue Vision, etwas Niegesehenes, Packendes, Überzeugendes ist plötzlich da, eine neue Art von Wildheit in Unkunst und zugleich in Kunst: alle Form verwüstet, neue plötzlich aus dem Chaos auftauchend.«[84] Waslaw Nijinskys Inszenierung rhythmischer Massenbewegungen hatten beim Publikum einen Erwartungshorizont geschaffen, der Fokines Choreographie, die Musik von Richard Strauss und Léon Baksts Kostüme fast anachronistisch wirken ließ.

Denn Diaghilew, mittlerweile Nijinskys überdrüssig, dachte nicht mehr daran, seine Zusage einzuhalten. Wider besseres Wissen hatte er Michel Fokine, der in einer Krise steckte und mit Maurice Ravels »Daphnis et Chloé« wenig Aufregendes geboten hatte, erneut zum Chefchoreographen und den neunzehnjährigen Léonide Massine zum neuen Solotänzer bestimmt. Obwohl er darauf brannte, sein Knabenidol auf die Bühne der Pariser Oper zu bringen, befielen Kessler ernste Zweifel, ob es tunlich sei, das Ballett ohne Nijinsky aufzuführen. Dieser allein war fähig, nicht nur die Lichtseite der Josephsfigur darzustellen, er verkörperte auch »das Giftige der Göttlichkeit, der vollkommenen Schönheit jeder Art (ob physische oder moralische Vollkommenheit, gleichviel!)«.[85] Sein Anblick besaß die zerstörerische Kraft, welche die Frau des Potiphar in den Selbstmord trieb.

Die ersten Proben, die im März 1914 anläßlich eines Gastspiels der »Russen« in Berlin stattfanden, waren so unbefriedigend verlaufen, daß Strauss sich veranlaßt sah, selbst auf die

Bühne zu gehen, um dem jungen Léonide Massine zu demonstrieren, wie er sich den Tanz des Joseph gedacht hatte: »Plötzlich zog er sich den Rock aus und fing in Hemdsärmeln selber an zu tanzen, Miasin im Kostüm des Joseph hinter her. Fokine brummte immerfort: Mais que Monsieur Strauss *regarde* donc seulement Miasin, was natürlich unmöglich war, da Strauss Miasin, der hinter ihm her tanzte, den Rücken zukehrte. Aber Strauss liess sich nicht beirren und tanzte mit Gefolge, so ziemlich den ganzen Tanz des Joseph, marschierte, flog vor Miasin her, der wie (ein)Füllen hinterherhopste. Schliesslich erklärte Strauss Miasin habe ja viel Talent, aber ihm sei doch lieber, wenn *auch Nij* die Rolle lernte und beide sie abwechselnd gäben.«[86] Diese Szene verhieß nichts Gutes und erfüllte den unerfahrenen Tänzer und seinen Choreographen nicht mit Zuversicht.

Wie beim Scheitern des Nietzsche-Denkmals hatte Kessler auch jetzt Einsicht genug, die vergebliche Anstrengung für eine angemessene Aufführung der »Josephslegende« zu erkennen. Nach seinem Eingeständnis kam er »mit den Nerven etwas zu sehr herunter«. Hofmannsthal, der gegenüber dem Projekt distanziert gewesen war und es Kessler überlassen hatte, die Auseinandersetzung mit Diaghilew und seiner Truppe zu führen, sah sich veranlaßt, gegenüber seiner Freundin Ottonie Gräfin Degenfeld klarzustellen: »Er hat sich mit alberner Wichtigmacherei so heruntergebracht, daß er jetzt in einem jammervollen Zustand zu sein scheint. Ich halte gegen ihn meine Linie und werde sie hoffentlich bis zum Ende halten können.«[87] Lediglich der abschließende Druck der »Eclogen« linderte Kesslers Zustand der »absoluten Mutlosigkeit«.[88] Die Cranach-Presse in Weimar bot bereits das Refugium, das ihm Ruhe und die Befriedigung seines ästhetischen Anspruchs ermöglichte.

Als Hugo von Hofmannsthal bei der Uraufführung am 14. Mai über die »8 Herzoginnen«[89] spottete, die der geltungssüchtige Freund für seine Loge aufgetrieben habe, verkannte er die Contenance, die dieser aufbrachte, um dem Werk wenigstens gesellschaftlich zum Erfolg zu verhelfen. Die elegante »Welt von Gestern«, die bei den Aufführungen der »Josephslegende« kurz vor dem Weltkrieg in Paris und London noch einmal glanzvoll in Erscheinung trat, war ihm im Tagebuch nicht einmal der Erwähnung wert.

Erneut befand Kessler sich in einer Situation, die ihn aus Selbstachtung zwang, durchzuhalten. Wiederum hatte ein hochfliegender Plan ihn von Verhältnissen abhängig gemacht, die stärker waren. Nach zwei Projekten, bei denen es fast gelungen war, den Pelion auf den Ossa zu wälzen, ersparte ihm der Ausbruch des Weltkrieges weiteres Nachdenken und andauernde Depression. Die Rolle des Rittmeisters bei den Potsdamer Ulanen füllte ihn aus. Wie unzählige Zeitgenossen sah er die Teilnahme am Krieg als notwendigen Weg aus der Krise und blickte für sich und das Deutsche Reich hoffnungsvoll in die Zukunft.

SECHSTES KAPITEL

Weltkrieg

Die Vorliebe für Manöverwochen bei den Garde-Ulanen war mehr als Freude am Soldatenspiel, keine Allüre gewesen. Mit Kriegsbeginn lebte Kessler auf, er fühlte sich als Teil einer gut funktionierenden Maschine am Platze. Die Gewißheit, Deutschland werde letztlich siegen, ergriff von ihm Besitz. Die nervöse Hektik der letzten Jahre schien wie weggeblasen. Das Fluidum innerer Stabilität beeindruckte selbst Hugo von Hofmannsthal, als er im Januar 1915 den Freund zum ersten Mal wiedersah: »Er sah unglaublich wohl aus und war nie so männlich schön wie jetzt, er ist mit der Uniform und dieser ganzen Lebenslage völlig zusammengewachsen.«[1]

Der Worpsweder Maler Heinrich Vogeler, ein Kriegsfreiwilliger des Jahrgangs 1872 und dem Rittmeister Grafen Kessler an der Ostfront einige Wochen zugeteilt, urteilte ähnlich positiv. Nach einem ereignisreichen Leben blieben ihm Episoden unvergeßlich, bei denen der tatkräftige Offizier bewunderungswürdig gelassen geblieben war: »Die Nacht wurde unruhig. Feuer. Auf unklare Weise waren Kosaken durchs Dorf galoppiert und hatten in alle Strohdächer ihre Feuerzünder gesteckt. Lichterloh brannte das ganze Dorf. Kessler zeigte sich als einer der ersten als guter Organisator der Löscharbeiten.«[2]

Der Bewegungskrieg im Osten gestattete dem Ordonnanzoffizier ein Freiheits- und Unabhängigkeitsgefühl, das er zuvor nicht gekannt hatte. Die Potsdamer Offizierskameraden hatten recht, als sie dem Einjährig-Freiwilligen aus Hamburg

Kessler (2.v.l.) mit k.u.k. Waffenbrüdern in den Karpaten

anboten, bei der Kavallerie zu bleiben und einer der ihren zu werden.

Noch am 4. August gingen Kessler beim Requirieren in Bernau die stillen Tränen eines armen Bauern nahe, »dem aus Versehen alle vier Pferde weggenommen waren«: »Das erste Kriegselend, das ich sehe.« Derartige Empfindungen verloren sich bald und wichen einer Haltung der impassibilité. Kesslers innere Mobilisierung verdrängte empathische Regungen. Der Offiziersstolz, preußisch zu fühlen und zu denken, wurde grenzenlos. Kessler zögerte nicht, mit seiner Vergangenheit zu brechen, und stellte sogar die Kulturentwicklung der Neuzeit zur Disposition: »Zweifellos sind alle Individualisten heute wieder gegen uns. Wir führen, wenn wir siegen, eine neue Welttendenz, die der der Renaissance entgegen ist, mit zum Siege.«[3] Rasch »abgebrüht«,[4] gelangte er zu einer Erlebnis- und Betrachtungsweise, die an Ernst

Jüngers »In Stahlgewittern« erinnert. Nach drei Kriegsmonaten, in denen er eine Artillerie-Munitionskolonne in Belgien und Polen kommandierte, kam es ihm vor, »als sei die alte Welt versunken« und »nur noch dieses neue Dasein, dieses Fortziehen von Brandstätte zu Brandstätte, von Leichenfeld zu Leichenfeld«[5] sei »möglich«. Es war ein Abschied ohne Bedauern.

Ein erstes Resümee des Lebens »draußen im Felde«[6] zog ein »Sammelbrief« für den engeren Freundeskreis, ein sorgfältig stilisiertes, unterkühltes Dokument. Am 25. November 1914 in Czenstochau geschrieben, eröffnete dieser Text die Reihe von 34 Briefen, die 1921 unter dem Titel »Krieg und Zusammenbruch aus Feldpostbriefen 1914-1918« als »vertraulicher« Privatdruck von 130 Exemplaren in der Cranach-Presse erschienen. Obwohl an Dora Freifrau von Bodenhausen gerichtet und mit Dank für Liebesgaben konventionell beginnend, geriet der Text zum schriftstellerischen Experiment, das an einigen Stellen mit der Ästhetik des Schreckens operierte.

Um den Bruch mit dem zivilen Alltag zu verdeutlichen, enthüllte der obsessive Beobachter das »Scheußlichste«[7], das er während der ersten Kriegswochen in Belgien erlebt hatte. Unter dem Beschuß von »42er Kruppgeschützen«, neuentwickelten Mörsern, deren Bewährungsprobe den Krupp-Direktor Bodenhausen besonders interessieren mußte, waren die Verteidiger der gewaltigen Festungsanlagen von Namur zum größten Teil verbrannt. Kessler konfrontierte seine Leser mit den halbverbrannten Leichen, die er dort von nahem gesehen hatte: »ihr Gesicht sah meistens aus, wie ein großer Chokoladenauflauf, in dem die Augen ganz klein und weiß drinsteckten.«[8] Der Berichterstatter schonte auch sich selbst nicht und hob seine makabre Situation hervor, als Stadt und Festung sturmreif geschossen wurden. Während er mit dem Hauptmann der Artillerie »sehr gemütlich« beim Frühstück saß, rief dieser pünktlich alle zehn Minuten eine Zahl ins Telefon: »dann erfolgte der Schuß und wir konnten kurz darauf beobachten, wie irgendein Stück vom Fort wieder verschwunden war, einen Teil der Besatzung unter sich begrabend.«[9]

An vielen am Boden liegenden Toten »mit einer merkwürdigen Gleichgültigkeit« vorbeizureiten, wurde bald normal. Dieser Zustand, für den eifrigen Schüler Wilhelm Wundts unschwer auf spontane Überlebenstechnik zurückzuführen, offenbarte »das Schicksal«, das »andere Maßstäbe an die Dinge«[10] lege. Tod und Zerstörung lösten bei Kessler keine Sinnkrise aus. Während Hofmannsthal am Ostermontag 1915 »stumpf und beklommen« verzweifelte (»Wenn nur dieses gräuliche Morden aufhörte – dies ewige Sterben von Tausenden – mir ist manchmal, man wird nie wieder fröhlich werden können«,[11] trug ihn die innere Gewißheit, es gehe »aus Flammen und Rauch ein neues Leben siegreich auf: vorwärts über Gräber«.[12] Bei Schlagworten wie »Auferstehung« und »Neugeburt« glaubte sich Kessler, vom Erlebten durchdrungen, fern von der »Clichéküche« der Kriegsrhetorik, die pathetische Leitartikel aus »friedlichen Redaktionsstuben« hervorbrachte.[13]

An seiner Verachtung der Kriegskorrespondenten, »die so schöne Berichte von ›Fahrten an die Front‹ verfassen«,[14] ließ Kessler auch die Freunde im Hinterland teilnehmen. Daß es jedoch geboten sein könnte, derartige Betrugsmanöver nicht zu dulden, war ihm in dieser Zeit nicht einmal vorstellbar. Im Unterschied zu Bodenhausen, der glaubwürdige Meldungen gerade im Krieg für ein unverzichtbares Mittel der Politik hielt und deshalb im Oktober 1914 den einflußreichen Bankier Karl Helfferich um Mithilfe anging, die »nicht ganz würdige Haltung unserer Presse«[15] abzuändern, schwang Kessler sich zu hymnischer Bewunderung für wahrheitsferne Heeresberichte auf. Die Verlautbarung des Großen Hauptquartiers über die Kriegsfreiwilligen bei Langemarck, die das »Deutschlandlied« singend gegen den Feind zogen, wobei der Bericht den Tod im Maschinengewehrfeuer verschwieg, sprach ihn leidenschaftlich an: »Aus dem deutschen Depeschenstil glüht das heraus wie Flammen. Mit allem Tiefsten der deutschen Seele bricht auch die Musik in diesem Todesringen unseres Volkes neugeboren wieder elementar heraus.«[16] Noch faszinierender wirkte allenfalls der erste deutsche Propaganda-Film »Bei unseren Helden an der Somme«, »in der vordersten Linie aufgenommen«, der am 31. Oktober 1916 in der vom Generalstab neugegründeten Filmstelle in der Charlottenstraße vorgeführt wurde: »Sturmangriffe, Flammenwerfer, Gaswolken. Szenen von grosser wilder Schönheit. Die neue deutsche Sturmhaube wirkt fast antik.«

Aber nicht allein die »Gestaltungskraft«[17] des modernen Krieges beflügelte seine Phantasie. Auch dessen Sachlichkeit gehörte zu den Erkenntnissen, auf die der Fronterfahrene sich einiges zugute hielt. Diesen nüchternen Befund wollte er dem Freundeskreis nahebringen, damit kein Zweifel an der Strenge seines militärischen Urteils aufkam. Seine belgischen Erinnerungen, in denen »wie Gold der Glanz des raschen Sieges und die Schönheit unserer vorwärtsstürmenden Regimenter«[18] nachschimmerten, sollten ihn nicht als Schwärmer abstempeln.

Angesichts der Anfangserfolge im Westen, die nicht überschätzt werden dürften, wies er auf einen eher unscheinbaren Faktor hin, von dem letztlich die Entscheidung abhängen werde. Der preußischen Veteranen im Krieg gegen Napoleon eingedenk, hob er hervor, »die Eigenschaften, die uns schließlich den Sieg geben werden«, besitze die grau und schwerfällig wirkende Landwehr an der Ostfront im besonderem Maße: »Ihnen fehlt die Schönheit der jungen Regimenter; sie gehen wie Ackergäule in den Tod. Aber im Feuer schreiten sie schwer und wuchtig aus, wie die Arbeiter am Morgen durch die Straßen einer Fabrikstadt.«[19]

Die Sachlichkeit des Krieges gipfelte im bürokratischen Erscheinungsbild des Oberkommandos mitten in der Schlacht.

Kessler am Scherenfernrohr

Kesslers Sicht verrät, wie wenig es ihn lockte, dorthin zu gelangen. Die Verachtung des Frontoffiziers amalgamierte sich hier mit dem aristokratischen Widerwillen des Zwanzigjährigen, ein Leben als »money-making-machine« zu führen: »Denn der moderne Krieg ist in seinem Wesen alles andere als romantisch. Es ist ein gigantisches geschäftliches Unternehmen, dessen Hauptarbeit im Bureau, am Schreibtisch und am Telefon geleistet wird, nichts gleicht mehr einer Bank oder dem Bureau einer großen Fabrik, als ein Armee-Oberkommando während der Schlacht. Wenn man nicht wüßte, worum es sich handelt, könnte man annehmen daß wichtige Orders und Börsengeschäfte abgeschlossen würden. Die Leichen, das Blut, selbst der Schlachtendonner sind weit: man merkt in diesen ordentlichen Büreaus, in denen so viele Beamte ein und ausgehen, Aktenmappen aufgestapelt liegen und Telefone immerfort gehen, nichts vom Krieg. Während der Schlacht von Warschau war ich im Generalkommando beim alten Woyrsch, und es mußte auf Fußspitzen gegangen werden, weil der Kommandeur sein Mittagschläfchen hielt.«[20]

Die Lust an der Gefahr kam bei Kessler während des Krieges nicht zu kurz. So ehrgeizig er war, bei politischen Konferenzen einen Platz am Verhandlungstisch zu finden, so wenig reizten ihn die höheren militärischen Sphären. Eine Position im Oberkommando konnte er sich nicht einmal vorstellen. Nicht erst der Ordonnanzoffizier in den Karpaten ließ sich abkommandieren, »um den Kämpfen aus der Nähe zu folgen und darüber zu berichten«,[21] auch bei der Munitionskolonne hatte es nicht lange hinter der Front gehalten. Ihn reizten riskante, nächtliche Inspektionsgänge längs der vordersten Linie. Im Mondschein[22] mutierte der Salonhabitué der Vorkriegszeit zum einsamen Schlachtenbummler, der sein überraschendes Auftauchen im Schützengraben genoß.

Kessler protokollierte in ledernen Oktavbänden mit fliegendem Stift detailliert die Frontabschnitte und hielt sie oft auch in

Lageskizzen fest. Diese soldatische Bodenhaftung hatte auch eine schützende Funktion. Das »felsenfeste Vertrauen«,[23] Deutschland werde schließlich siegen, beruhte auf der Kampfmoral der Truppe, die ihn noch nie enttäuscht hatte; alles übrige erwartete er von der unwiderstehlichen »Kombination Hindenburg-Ludendorff«.[24] Die Faktoren, welche namhafte Vertreter aus Wirtschaft und Politik am Kriegsausgang zweifeln ließen, nahm Kessler nicht einmal zur Kenntnis.

Als etwa Ferdinand von Stumm, ein Diplomat der Bismarck-Ära und seit 1901 führender Schwerindustrieller an der Saar, dem mittlerweile achtundvierzigjährigen Heißsporn am 22. September 1916 bei Borchardt schweren Herzens prognostizierte, die Niederlage sei nicht mehr zu umgehen, wobei er »Mannschaftsmangel, ungenügende Munition, bevorstehende Kartoffelnot im Winter und die ungeheuren Hilfsquellen der Entente«[25] benannte, blieb der angehende Diplomat, der sich für seine Aufgabe an der deutschen Botschaft in Bern bereit machte, gänzlich unbeeindruckt. Kessler verspürte keinen schalen Geschmack auf der Zunge, als er dem wehmütigen alten Herrn, dessen düstere Stimmung nur zu berechtigt war, seinen »absoluten Glauben an einen guten Ausgang« mit dem »Vertrauen zu Hindenburg und Ludendorff«[26] begründete. Es kam Kesslers Hang zur Vision und Zukunftsgestaltung entgegen, bei Berlin-Aufenthalten zu den Herrenabenden der »Deutschen Gesellschaft 1914« im Pringsheimschen Palais in der Wilhelmstraße zu gehen oder den Vorträgen in der »Mittwoch-Gesellschaft« zu folgen, die im Hotel Continental an der Neustädtischen Kirchstraße tagte. Die Kriegszieldiskussionen dort schienen ihm allemal ersprießlicher, als sich mit der Frage zu beschäftigen, ob und wie der Krieg noch zu gewinnen sei.

Als Eberhard von Bodenhausen den ersten Brief aus dem Feld umgehend und ausführlich beantwortete, konnte Kessler mit dessen Reaktion zufrieden sein. Der körperlich bereits geschwächte Mann beneidete ihn aufrichtig um die Erlebnisse an der Front; in »dem einheitlichen Kameradengeist, der Euch alle erfüllt« sah auch er »das Wehen einer völlig neuen, völlig veränderten Zeit«.[27] Damit nicht genug. Angetan von der Schilderung »der grossartigen Atmosphäre, in der Ihr lebt«, gewährte der Krupp-Direktor ihm Einblicke in die gestiegene Waffen- und Munitionsproduktion seines Konzerns. Aber so stolz diesen die Produktion machte, deren sprunghafte Erweiterung er guten Gewissens als »märchenhaft« bezeichnen konnte, von Optimismus war Bodenhausen weit entfernt. Seine Einschätzung, bereits am 1. Dezember 1914 in wenigen Sätzen lakonisch formuliert, konnten als Warnung gelten: »Was wir leisten, geht weit hinaus über alles, was je von uns erwartet worden ist. Dass es trotzdem in Relation zum Ganzen so wenig ist, hat seinen Grund in den gigantischen Anforderungen, die die Lage uns stellt. Trotz unserer ungeheuer gestiegenen Produktion bedeutet unsere Leistung an Geschossen für das Ganze so gut wie nichts. Die gesamte Industrie Deutschlands arbeitet mit an dieser Aufgabe, von deren Umfang offenbar niemand sich auch nur die entfernteste Vorstellung gemacht hatte.«[28]

Dies war die Perspektive des führenden Vertreters der Rüstungsindustrie, vier Monate nach Kriegsbeginn, noch bevor die Kriegsziel-Debatte begonnen hatte. Im Frühjahr 1915, als sich der Kriegseintritt Italiens anbahnte, gehörte auch er zu denen, die angesichts der militärischen Lage Österreich zumuteten, den Trentino abzutreten. Bodenhausen befürchtete, daß nach einer Kriegserklärung Italiens, der Rumänien und Bulgarien folgen würden, Deutschland und Österreich nur noch einen »ehrenvollen Untergang« zu erwarten hatten, »um damit für alle Zeiten von der Bildfläche der Weltgeschichte zu verschwinden«.[29]

In seinem Brief vom 2. März 1915 an Hofmannsthal machte der Krupp-Direktor die Ansicht des Generalfeldmarschalls von Hindenburg geltend, »daß die militärische Lage gegen eine solche Koalition, gegen uns gerichtet, nicht mehr zu halten ist«.[30] Während Kessler nicht müde wurde, den baldigen russischen Zusammenbruch anzukündigen, war die »noch völlig ungebrochene Widerstandskraft Rußlands« für Bodenhausen eine Tatsache, die »keinerlei nebelhafte Hoffnung mehr« zuließ, »die Russen mit einigen Gewaltstreichen völlig niederzuzwingen«.[31]

Kessler identifizierte sich nicht allein mit dem kantigen Preußentum Hindenburgs und Ludendorffs, sein Selbstgefühl steigerte auch das Bewußtsein der weltgeschichtlichen Dimension, das seinen Kriegserlebnissen Relief verlieh. Er ließ das großstädtische Leben wie eine diluvianile Vergangenheit hinter sich und vermeinte nun in namenlosen östlichen Gebieten den Atem der Weltgeschichte zu spüren, wobei fragwürdige Analogien seinen Blick für die tatsächlichen Verhältnisse verstellten. Nicht allein, daß er zu Beginn eines Krieges, bei dem kein Protagonist zu erblicken war, den Maßstab setzte: »Seit Napoleon ist kein so hohes Spiel gespielt worden.«[32] Das Gefühl, Zeuge sich anbahnender Ereignisse zu sein, die für spätere Generationen schicksalshaft sein würden, stellte sich allzuoft ein. Kein Frontabschnitt, ob in gottverlassenen Sumpfgebieten Wolhyniens oder den unwegsamen Karpaten, war zu entlegen, um nicht zum potentiellen welthistorischen Kriegsschauplatz zu taugen.

Politik besaß keinen Stellenwert mehr. »Denn diesen Krieg entscheidet wie selten einer das Schwert, erst wenn dieses unwiderruflich gesprochen hat, kann überhaupt von Frieden die Rede sein.«[33] Obwohl selbst größte Erfolge über die russische Armee kaum Spuren hinterlassen hatten, trieb den Kriegbegeisterten noch die Vorstellung um, eine einzige Schlacht in den Karpaten könnte für Deutschland und Österreich »die Entscheidung auf Jahrhunderte hinaus bringen«.[34] Seine Vergleiche mit Hannibal oder Napoleon hatten nicht nur dekorative Funktion, sondern sorgten für eine Evidenz, die Kesslers wahnhafte Siegeszuversicht vervollständigte: Das deutsche Heer, das mächtige Balkangebirge »im feindlichen Feuer« der Russen eroberte, übertraf Hannibal und Napoleon, welche die Alpen ohne Feindberührung überquerten.[35] »Die erste Armee der Welt« würde deshalb unbesiegbar sein.

Der Umstand, daß auf polnischem Gebiet Kosaken in Bauernkleidung auf den Feldern arbeiteten und unterstützt von Teilen der ländlichen Bevölkerung einen Partisanenkrieg entfachten, wurde für Kessler zum Schreckbild eines zukünftigen Bündnisses zwischen Rußland und Polen. Dem Ungestüm dieser slawischen Koalition seien Deutschland und Österreich auch nicht nach ihrem Sieg im gegenwärtigen Krieg gewachsen. Durch seine Lage am Ort sah Kessler sich privilegiert, als prophetischer Warner aufzutreten, der Bodenhausen und Hofmannsthal unermüdlich suggerierte, das Nachkriegsschicksal der Deutschen und Österreicher werde fast ausschließlich vom künftigen Status Polens abhängig sein.

Als Kessler die Orientierungslosigkeit der deutschen Politik auf den Nägeln brannte und ihm sogar »Zweifel am Wert der Entscheidung durch den Krieg«[36] kamen, wurden weltgeschichtliche Ausblicke seltener, waren aber als Rettungsanker willkommen. Als die ersten großen Streiks in der Rüstungsindustrie und die Reaktion der Regierung Ende Januar 1918 »eine Sturmflut«[37] signalisierten, konnte Kessler diese Sorgen vierzehn Tage später bereits vergessen, als »die neue Schicksalsfrage« drängte: Das Deutsche Reich, das sich anschickte, in Livland und Estland vorzumarschieren, habe »die Erbschaft des Zarentums und die Reorganisation des Ostens übernommen vom Weissen Meer bis Indien; eine gigantische Aufgabe, die unsere menschlichen und wirtschaftlichen Kräfte auf Jahrhunderte anspannt; und das Alles fast über Nacht«.[38]

Wiederum zwei Wochen später, nach der russischen Kapitulation, als deutsche Truppen »wie ein Sturm über das alte Russland« herfielen, stand unbezweifelbar fest: »Es hat seit der hellenistischen Eroberung Asiens oder den römischen, spanischen und englischen Weltreichsgründungen keine ähnlich unausdenkbare weltgeschichtliche Perspektive gegeben wie diese der deutschen Organisation Osteuropas und Westasiens.«[39]

Nach zwei Jahren in Frontnähe erhielt Kessler durch den Freund Bodenhausen eine Position, die seiner organisatorischen Begabung entgegenkam und seine Neigung zu Kultur und Diplomatie im Dienst des Deutschen Reiches produktiv machte. Nachdem er den Krupp-Direktor davon überzeugt hatte, durch qualitätsvolle Kulturpropaganda sei das Klima im neutralen Ausland zu verbessern, hatte dessen Brief an den befreundeten deutschen Botschafter in Bern, Konrad-Gisbert von Romberg, Korpsbruder der Bonner Borussen, genügt, um diesen für Kessler zu interessieren. Der neue Mann verfügte über ausgezeichnete Verbindungen nach London und Paris; seine Absicht, die deutsche Kulturpropaganda in der Schweiz in großem Stil zu fördern, war im Hinblick auf die kulturellen Aktivitäten der Entente nur zu begrüßen. Romberg hatte nicht gezögert und ihn eigens nach Berlin begleitet, um die Sache ohne Aufschub durchzusetzen.

Die deutsche Gesandtschaft in Bern ähnelte wie die der Franzosen und Engländer einem Hauptquartier und beschäftigte während des Krieges bis zu fünfhundert Mitarbeiter. Das Treiben in dieser Zentrale verlief entsprechend unkoordiniert, ein absurdes Theater, das für den zweiten Mann, Dietrich von Bethmann Hollweg, einem Vetter des Reichskanzlers, einem »Narrenhaus« glich: »Tausende von Fäden, die nirgends zusammenliefen, eine unübersehbare Menge von Einzelkräften, die nicht organisiert seien, ein Jeder tue mehr oder weniger fleissig seine Sache, liefere seine Arbeit, und dann werde das Ganze ungesichtet, ungeordnet nach Berlin geschickt.«[40]

Als Kessler im Herbst 1916 die Leitung der deutschen Kulturpropaganda in der Schweiz übernahm – der Begriff besaß damals noch keinen Beigeschmack –, behielt er seine intransigente Haltung bei, auch wenn er dem Reiz der Kultur rasch wieder verfiel. Trat das Auswärtige Amt der Forderung nach einem unbeschränkten U-Bootkrieg entgegen, sah er darin lediglich das Zögern von Bürokraten, die wieder einmal vor der letzten Konsequenz zurückschreckten. Für Bethmann Hollwegs Versuch, einen Rest politischen Handlungsspielraums zu bewahren, brachte er nicht das geringste Verständnis auf. Die mißtrauische Distanz, die der Frontoffizier seinen Gesprächspartnern und ihren Erwägungen entgegenbrachte, imprägnierte die Tagebuchnotizen. Typisch für diese Haltung war das Resümee nach einem langen Gartenspaziergang mit seinem jovialen Berner Vorgesetzten: »Romberg hat mit diesen Anschauungen zu grossem Teil zweifellos recht; aber er sieht die Wirklichkeit ohne eigene Gestaltungskraft, phantasielos, passiv, ängstlich, im Spiegel eines durch zahllose Kleinigkeiten verbrauchten und zermürbten Temperaments. Er sagt, dass er jeden Tag bis 1 oder 2 Uhr Nachts arbeitet.«[41]

Wenn gar ein ziviler Kopf wie Heinrich Simon, Mitinhaber der »Frankfurter Zeitung« und Leiter der Redaktionskonferenz, »vorsichtig« von Tauchbootkrieg anstatt U-Bootkrieg sprach und inständig hoffte, »dass die entscheidenden Leute nicht ohne zuverlässige Unterlagen sich dazu entschieden haben«, wurde er für Kessler zur zwergenhaften Gestalt: »schwach, phrasenhaft und aufgeregt, ein kleiner, überarbeiteter, von sich selbst sehr überzeugter Mann«.[42]

Der wachsende »Einfluß von Ludendorff, der alles in seine Bahnen zieht und mit seinem Temperament beseelt«, machte ihn noch zuversichtlicher. Hatte Kessler vor dem Krieg wirkungsvoll für eine Verständigung mit England frondiert, zeigte er sich nun, wie deutsche Diplomatie insgesamt, außerstande, Alternativen zum »Siegfrieden« zu entwickeln. Wurde der Problemdruck selbst für ihn zu stark, begann er zu improvisieren und wartete mit unsinnigen Vorschlägen auf. Zur Erfüllung von Ludendorffs astronomischen Forderungen an die Rüstungsindustrie, der eine Million Arbeiter fehlten, verwies er den sorgenvollen Eberhard von Bodenhausen auf die bereitstehende Reserve polnischer Juden, »die doch nicht Soldaten würden«.[43]

Die Aufgabe, deutsche Kulturpropaganda in der Schweiz zu organisieren, war neu. Die psychologische Kriegsführung hatten die Blitzkrieg-Strategen im »Roten Haus« des Großen Preußisch-Deutschen Generalstabs an der Spree ebenso übersehen wie die Rohstoffversorgung der Kriegsindustrie, deren Organisation, von Walther Rathenau angeregt, erst nach Kriegsanfang im August 1914 mit acht Mitarbeitern begonnen wurde. Es galt, sich im sensiblen Bereich der Meinungsbildung zu bewähren, der mittlerweile kriegswichtig erschien. Erst als sich die internationale Öffentlichkeit nach dem Überfall auf das neutrale Belgien einhellig gegen die deutsche Kriegsführung empörte und die publizistische Isolierung der Mittelmächte in den neutralen Ländern offenkundig war, war man aufgewacht.

Um ein zentrales Propagandabüro für das neutrale Ausland aufzubauen, waren erprobte Meinungsmacher aus dem Reichsmarineamt an den prominenten, linksstehenden Zentrumsabgeordneten Matthias Erzberger herangetreten. Der schwäbische Exponent der katholischen Arbeiterbewegung, der sich um die propagandistische Durchsetzung der Flottennovellen verdient gemacht hatte, genoss ihr volles Vertrauen. Seit Oktober 1914 versuchte die »Zentralstelle für Auslandsdienst« das Durcheinander der siebenundzwanzig deutschen Bureaus oder Stellen aufzulösen, die sich auf eigene Faust mit der Auslandspropaganda befaßten. Man widmete sich dem heiklen, wenig erfolgversprechenden Geschäft, durch Unmengen bedruckten Papiers das ramponierte deutsche Ansehen in der Welt aufzubessern.

Die Zentralstelle unterstand dem Auswärtigen Amt, aber

Matthias Erzberger behielt die Fäden in der Hand. In seiner Erzberger-Biographie gibt Wolfgang Ruge eine Vorstellung von dem Umfang dieser Aktivitäten: »Er gab einen für ausländische Zeitungen bestimmten Depeschendienst in deutscher, englischer, französischer, italienischer, spanischer, dänischer und rumänischer Sprache heraus, ließ im Ausland Bücher und Broschüren über Deutschlands Kultur und ›Friedensliebe‹ veröffentlichen, rief eine Vielzahl von mehrsprachigen Zeitschriften ins Leben, die zumeist für Katholiken bestimmt waren, sich z. T.- wie z. B. die ›Evangelischen Wochenbriefe‹ – aber auch an andere Bevölkerungsgruppen wandten, regte die Herausgabe einer monatlich in sieben Sprachen erscheinenden ›Kriegschronik‹ an, stellte Bändchen mit christlichen Soldatenbriefen zusammen, ließ für die Bevölkerung der besetzten polnischen und belgischen Gebiete antirussische bzw. antifranzösische Flugblätter und Plakate anfertigen.«[44]

Für papierene Werbekampagnen, die trotz des Überfalls auf Belgien und der Torpedierung der »Lusitania« am 7. Mai 1915 deutsche Friedensliebe und Menschlichkeit zu bezeugen versuchten, war Kessler nicht zu haben. Den Korrespondenten der »Frankfurter Zeitung«, der ihn wegen einer Wochenschrift in der Schweiz anging, beschied er kurz: »publizistische Propaganda Unternehmungen seien regelmässig Totgeburten. Ihnen fehle die innere Lebenskraft. Wenn er Etwas mache müsse er zuerst irgendeinen inneren Lebenskeim suchen, der der Zeitschrift ein natürliches Wachstum in Aussicht stelle.« Erfolg sei nur durch »eine eigene, neue Form, die das Publikum anziehe und unterhalte« und durch brisante Themenstellung möglich: »Als wirkliches gemeinsames Interesse der Schweiz und Deutschland käme etwa die Demokratie, die demokratische Neugestaltung Mitteleuropas in Betracht. Ausserdem die Richtung auf einen Friedensbund der Völker.« Obwohl politisch keineswegs »auf einem demokratischen Standpunkt« stehend, schlug Kessler dem verblüfften Journalisten unumwunden den Titel »Deutsche Demokratie« vor. Nur »eine prickelnde Aufmachung der Gedanken, die verbreitet werden sollen«, verspreche Erfolg: »Leitartikel von unseren besten Schriftstellern (Heinrich Mann, Hofmannsthal, L. v. Wiese, Schickele) in kurzen Absätzen, und nicht über drei Seiten lang; diese sehr hoch honorieren.«[45]

Um nicht von vornherein unglaubwürdig zu erscheinen, lehnte er eine Finanzierung des Projekts aus öffentlichen Mitteln ab und dachte an private Geldgeber; James Simon und Walther Rathenau kamen hierfür in Frage. Diese Largesse deutete nicht auf einen Sinneswandel; eine derartige Zeitschrift war schlichtweg zu verkraften, weil sich die Frage der deutschen Demokratie nach dem Sieg von selbst erledigen würde. Allerdings war »ein Friedensbund der Völker« eine Idee, die ihn bereits im November 1916 beschäftigte.

Im Hinblick auf René Schickeles antimilitaristische Zeitschrift »Die weißen Blätter«, die in der Schweiz erschienen und mit Ludendorffs Zustimmung auch im Deutschen Reich vertrieben werden durften, vermutete Kessler nicht ohne Grund, der Berliner Regierung werde auch an dieser Wochenschrift als sichtbarem, nicht allzu gefährlichem Toleranzbeweis gelegen sein. Um dem Aufsehen, welches das Anti-Kriegsbuch von Henri Barbusse »Das Feuer« erregte, etwas »Ebenbürtiges gegenüberzustellen«, schien es geboten, die antimilitaristische Erzählung »Opfergang«,[46] worin Fritz von Unruh den Todesweg einer Frontkompanie vor Verdun darstellte, in den »Weißen Blättern« zu drucken. Zu deren elsässischem Herausgeber René Schickele hielt Kessler in der Schweiz einen besonders engen Kontakt.

»Kulturpropaganda«, wie Kessler sie verstand, verpflichtete nicht nur zu einer Qualität, die über Sympathiewerbung hinausging. Mitten im Krieg wollte er die »inneren Werte und Schöpfungen« präsentieren, die Deutschlands Sieg und hegemoniale Stellung rechtfertigten, wie Phidias und Perikles die Vorrangstellung Athens, Racine und Voltaire die französische Leitkultur im 17. und 18. Jahrhundert. Die große Herausforderung der Nachkriegszeit, »Frankreich, England, Russland, auch geistig«[47] niederzuringen, war bereits jetzt anzunehmen.

Der Umfang des Programms, das er aus dem Ärmel schüttelte, überraschte die amtlichen Gesprächspartner, überzeugte sie aber auch: »Theater, Musik, Kunst (namentlich unser Kunstgewerbe), auch Varieté und hübsche Mädchen«.[48] Mit einigem Geschick gelang es ihm rasch, namhafte Institutionen, wie das Leipziger Gewandhaus-Orchester oder die Darmstädter Hofoper mit dem Generalmusikdirektor Felix Weingartner, zur Mitarbeit zu gewinnen; nur bedingt auf finanzielle Unterstützung angewiesen, ergriffen sie die Gelegenheit, ihre Kriegswichtigkeit zu beweisen. Auch Kammermusik-Abende wurden vereinbart und Ausstellungen wie die des Werkbunds, verbunden mit »Modenschau, Mädchen, Hintergrund eleganter transportabler Raum etwa von Bruno Paul«.[49]

Trotz dieser Vielfalt verfiel das Angebot nicht in Beliebigkeit. Kessler wählte ausschließlich Produktionen, die ihn selbst überzeugten. Planung und Durchführung eng zu verbinden, gelang wie nie zuvor.

Das Konzert des Gewandhaus-Orchesters unter Arthur Nikisch am 22. November 1916, dem Todestag des österreichischen Kaisers Franz Joseph, bildete in Bern den fulminanten Auftakt, der Kesslers Anspruch auf kulturelle Hegemonie in jeder Hinsicht erfüllte. Nach den bescheidenen Volksgesängen der Ungarn und Ruthenen an der Ostfront berührte ihn dieser Abend besonders stark. Nicht allein, daß der Beifall des Publikums grenzenlos war und »viele Westschweizer, Franzosen und Engländer« das Konzert besuchten, die Aufführung besaß die Kraft, die Wertordnung zurechtzurücken: »Brahms I Symphonie machte auf mich den tiefsten Eindruck durch ihre sittliche Größe, der Nikisch das Feuer seines Temperamentes gab. Preussische Musik,

Fritzischer Geist, der Geist Kants, Scharnhorsts und unserer Truppen vorne. Formung der Masse durch den Gedanken, der dadurch eine Art von Naturgewalt schafft; Naturgewalt aus Intellekt geboren. Was diese Musik ausdrückt, ist weniger als, wie sie es ausdrückt. Strauss und selbst Wagner erschienen heute hinterher dünn und sozusagen willkürlich.«[50]

Auch »Elektra« in der Züricher Oper, von Richard Strauss dirigiert, zeugte von einer dramatischen Energie und ließ, der Kriegszeit angemessen, die Belle Époque hinter sich: »Das verkleinerte Orchester erlaubte, jedes Wort zu hören. Die Gutheil-Schoder war als Elektra über jeden Begriff hinaus genial und gewaltig: eckig, mager, ungelenk, der Körper nur wie ein dünnes, ungeschicktes Werkzeug einer gigantischen, entflammenden Suggestionskraft. Sie und die Körner sind die beiden grössten tragischen Künstlerinnen, die ich auf der deutschen Bühne gesehen habe. Der Erfolg der Vorstellung war ungeheuer; brach elementar hervor, ebenso stark wie bei Nikisch. Das Schweizer Temperament ist schwer zu bewegen, rast aber mit unerhörter Leidenschaftlichkeit, wenn es losbricht, ein Föhn. Politisch zu beachten.«[51] René Schickeles Brief am nächsten Tag bestätigte den Eindruck: »Herrgott, war das schön! Ich habe Sie den ganzen Abend gesucht, um Ihnen die Hand zu küssen. Es war eine Schlacht von Erzengeln, eine elementare Erhebung wie die Schoder habe ich noch nie auf der Bühne gesehen.«[52]

Die »Mobilmachung unserer Kultur«,[53] die Kessler in Angriff nahm, gipfelte in rauschenden Erfolgen, zu denen erwartungsgemäß auch Gastspiele des Reinhardt-Ensembles zählten. Die finanziellen Möglichkeiten erlaubten es bald, auch das bekannte Züricher Varieté »Bonbonnière« »in der Hand«[54] zu haben. Die kulturdiplomatische Aktivität trieb aber auch phantastische Blüten. So bekam der Dirigent und Komponist Oscar Fried den Auftrag, »den alten französischen Gustav Mahler Kreis wieder zusammenzubringen, der die Clemenceaus, Painlevé u.s.w. umfasste«. Den absurden Gedanken, erneut den Enthusiasmus zu entfachen, den führende Politiker der Radikalen Partei und der Sozialisten vor dem Krieg für die Musik des österreichischen Spätromantikers gezeigt hatten, hielt nicht allein Kessler für erfolgversprechend, auch sein Chef Romberg billigte den Plan.[55]

Wie zu erwarten, fand das ehrgeizige Kulturprogramm bei den Kulturschaffenden, mit denen Kessler ständig verkehrte, großen Anklang. Erstaunlicherweise zeigten sich aber auch die diplomatischen Kreise bis hin zum Staatssekretär des Auswärtigen Amtes, Gottlieb von Jagow, von der neuen Aufgabe angetan. Erich Ludendorff empfing Kessler, war interessiert und beseitigte bürokratische Hemmnisse. Zum ersten und einzigen Mal verfügte Kessler über ausreichende finanzielle Mittel. 1920 behauptete er dem sozialdemokratischen Nachfolger Rombergs in Bern, Adolf Müller, gegenüber, »dass meine Propaganda Unternehmungen in der Schweiz, für die ich keine drei Millionen Mark ausgegeben habe, im letzten Jahre 5 Millionen Mark Netto Gewinn abgeworfen haben«.[56]

Der »totale Krieg« des Generalquartiermeisters richtete an die neue psychologische Kriegsführung hochgespannte Erwartungen. Vor allem die »überragende Macht des Bildes und des Films als Aufklärungs- und Beeinflußungsmittel«[57] barg ein gewaltiges Potential, das die Feinde bereits erfolgreich einsetzten. Die Filmproduktion nach den Methoden der Fehlinformation zu organisieren, welche die Kriegspropaganda entwickelt hatte, war das vaterländische Ziel, dem die am 18. Dezember 1917 in Potsdam-Babelsberg gegründete Universum Film AG (Ufa) zusteuerte.

In den Anfängen, als er noch mit den Attraktionen von Zirkus und Varieté bescheiden konkurrierte, besaß der Film für die gebildeten Schichten lediglich den Reiz der Groschenliteratur. Kessler teilte diese Geringschätzung und fand es schändlich, daß ein »blöder Filmsketch« wie »Die Hochzeit des Maharadscha.

Große indische Ausstattungsschau« im Berliner Apollotheater wochenlang ausverkauft war.[58] Die kriegspolitische Bedeutung des Mediums, seine Massensuggestion und die Unterstützung für das »Durchhalten«, lag außerhalb seines Horizonts. So war er ziemlich erstaunt, als Ludendorffs Vertrauter, Oberstleutnant Hans von Haeften, ab Juli 1916 Chef der Militärischen Dienststelle für Auslandspropaganda im Auswärtigen Amt, ihn einbestellte, um ihm »die Kino Propaganda ans Herz zu legen«. Der ungewöhnliche, schwungvolle und phantasiebegabte Mann hatte sich immer mehr erregt: »Ludendorff selbst habe die Sache in die Hand genommen und lege auf sie das allergrösste Gewicht; er wolle in der Schweiz, in Holland und in Dänemark unter allen Umständen damit bis in den entlegensten Winkel dringen.«[59]

Überraschend zum Filmbeauftragten der Obersten Heeresleitung in der Schweiz ernannt, hatte Kessler ohne Zögern zugesagt, »eine Schweizer *Organisation* zu schaffen, die unsere Filme durchdrücke«.[60] Filme mit »kriegswirtschaftlichem Hintergrund« wurden für das neutrale Ausland als besonders geeignet betrachtet. Sie sollten demonstrieren, daß das Deutsche Reich technisch und moralisch in der Lage sei, Waffen- und Munitionsherstellung weiter zu steigern. In kürzester Zeit stand eine Masse von Propagandafilmen bereit, die ihrer Verwendung harrten.

Der Kulturpropagandist, der sein ästhetisches Gewissen nicht beschwichtigen konnte, agierte auf dem filmischen Sektor uninspiriert wie ein Befehlsempfänger. Im Mai 1917 kritisierte das Bild- und Filmamt (Bufa) unmißverständlich, über seiner erfolgreichen »Kunstpropaganda durch Konzerte und Theateraufführungen« sei der Film zu kurz gekommen.[61] Das Manko war freilich nicht allein der lässigen Abteilung K in der Berner Gesandtschaft anzulasten. Die Möglichkeit, Propagandafilme in der Schweiz »durchzudrücken«, war begrenzter, als man es sich beim Bufa in Berlin vorstellen konnte. Zwar produzierte die eidgenössische Industrie in der Westschweiz Munition, monatlich »für

20 Millionen Mark«, die gegen Gold an das Deutsche Reich geliefert wurde,[62] die Bereitwilligkeit, die heimischen Kinos der deutschen Kriegspropaganda zu öffnen, hielt mit dieser Zulieferung an die Kriegsindustrie des Reichs aber keineswegs Schritt.
Diese Zurückhaltung konnte Kesslers Eifer jedoch nicht dämpfen. Es dauerte nicht lange, bis er dem Phantasma vom antik-modernen Gesamtkunstwerk abschwor, das seine Griechenlandreise mit Maillol und Hofmannsthal motiviert und im Weimarer Nietzsche-Denkmal gegipfelt hatte. Statt dessen machte er sich die Kunstauffassung zu eigen, welche die elementare Erfahrung von Krieg und Zerstörung einbezog und den Kanon seiner Vorkriegsästhetik verabschiedete. Er konnte sich mit dem Bufa-Angebot nicht abfinden, verspürte den Ehrgeiz, Filme zu produzieren, die ihre Massenwirksamkeit ästhetischer Innovation verdankten. Dabei war ihm das Risiko nicht zu groß, zwei junge Mitarbeiter heranzuziehen, denen die Militärbehörden Wehrdienstwürdigkeit abgesprochen hatten.

George Grosz und John Heartfield, denen Kessler zutraute, zündend mit dem neuen Medium umzugehen, waren Vertreter der Generation, welcher der Krieg die erste große Lebenserfahrung aufzwang. Während George Grosz sich freiwillig gemeldet hatte und danach Kriegsgegner wurde, widersetzte sich Heartfield, der aus dem linkssozialistischen Milieu kam, dem Kriegsdienst von Anfang an. Auf beide Talente hatte der Dichter Johannes R. Becher Kessler aufmerksam gemacht. Obwohl er ihre Zeitschrift »Neue Jugend« wegen der »Stellung zum gegenwärtigen Kriege« politisch bedenklich fand,[63] überzeugten ihn die in Form und Inhalt gediegenen, knappen Hefte, die Gedichte von Theodor Däubler und Else Lasker-Schüler enthielten. Zwei vierseitige, überformatige Nummern der »Wochenausgabe« wiederum gingen ganz anders vor und parodierten die Sensationslust im Hinterland. Hier brachten die jungen Avantgardisten den »Ernst der Zeit« mit übermütigem Nonsens durcheinander, wobei die widerborstige Typographie die aggressive Absurdität der Texte unterstrich.

Das Duo hatte nicht zuviel versprochen, als es im November 1917 zu ihm gekommen war, um neue Kino-Ideen zu entwickeln. Keine zwei Monate später lag das erste Ergebnis vor und erfüllte den Auftraggeber mit Produzentenstolz: »Grosz und Herzfeld haben die Pointen sehr lustig herausgearbeitet. Es wird der erste wirklich politische Film, den wir im Kriege herausbringen.«[63]

Der kontaktfreudige Wieland Herzfelde, Heartfields jüngerer Bruder, erinnerte sich, wie dieser merkwürdige Ufa-Film zustande kam: »Die ›neuen Ideen‹ führten zur Einrichtung einer Trickfilmabteilung. Für den Trickfilm – es war meines Wissens der erste in Deutschland gedrehte – lieferte Grosz die Zeichnungen, anhand deren Heartfield flache, in den Gelenken bewegliche Figuren schnitt. Der Film sollte ›Pierre in Saint Nazaire‹ heißen und die Landungsabsichten der Amerikaner im verbündeten Frankreich lächerlich machen, hingegen das kaiserliche Heer und insbesondere die ›Dicke Berta‹, eine 42-cm-Krupp-Kanone, verherrlichen. Bei der zeitraubenden Geduldsarbeit des millimeterweisen Verschiebens der Gelenke mit einem Stäbchen und beim Kurbeln der jeweiligen Stadien habe ich geholfen; John hatte mir nämlich, als ich mich im Sommer 1918 vom Militär entließ und in Berlin auftauchte, eine Anstellung als Assistent bei dem UFA-Operateur Böner verschafft. Als der Film endlich fertig war, wurde er nicht abgenommen. Die Amerikaner waren längst gelandet, und Grosz hatte nicht sie, sondern ›unsere Feldgrauen‹ so gezeichnet, daß sie Abscheu erweckten.«[64]

Die neuen Präferenzen befremdeten alte Freunde. Bodenhausen beneidete Kessler um den Kontakt mit den Jüngsten, aber daß er »von zwei Menschen, die Werfel und Däubler heißen, so etwa wie wir von Tizian und Rembrandt«[65] sprach, war beunruhigend. Die Nähe zu einem Dichter wie Johannes R. Becher,

»mit dem er ununterbrochen zusammen ist«,[66] überzeugte vollends vom bedauerlichem Naturell des »PAN«-Gefährten: »Trotz der offenbar wohltuenden Wirkung, die der Krieg auf ihn ausgeübt hat, habe ich immer mehr den Eindruck, daß ihm jede Art von Gleichgewicht fehlt«.[67]

Die Neuorientierung in kürzester Zeit konnte opportunistisch wirken, sofern man übersah, daß der Kunstenthusiast nur die Konsequenz aus der schmerzlichen Gewißheit zog: Das Leben nach dem Kriege war nicht mit der Kultur der Vorkriegszeit fortzusetzen. Den durch den Krieg herbeigeführten Werteverlust als endgültig zu akzeptieren, fiel ihm nicht leicht. Noch in den Karpaten waren es Sternstunden gewesen, wenn er seinem Adjutanten Fritz von Schoeler, der aus der Kadettenanstalt in den Krieg beordert war und »eine knabenhafte Freude an schönen Versen, Landschaften und Musik«[68] hatte, Hofmannsthals frühe Dichtungen vortrug. Doch bei Kessler mischte sich, anders als bei den meisten in seiner Umgebung, in die Trauer über die »Zerschmetterung der Welt von 1914« ein Triumphgefühl: »Der Krieg hat mehr getan, um die alte Moral in der Wurzel auszurotten als Tausend Nietzsches.«[69]

Diese Tabula rasa gewährte zumindest die Chance des Neubeginns. Die Zeitenwende gärte in der Unruhe der Jungen und drückte sich zunächst in radikaler Absage aus. Selbst dem glühenden Pazifisten Wilhelm Herzog, dessen »Hang zu Spielereien und Kaffeehaus Pazifimus« Kessler abstieß, mußte er zugestehen: »Alle früheren Parteien und Richtungen sind mehr oder weniger veraltet und verkalkt dem stürmisch Spriessenden und Quellenden gegenüber, das man fühlt.«[70] Mit der Weigerung, ihr Leben unter dem Gesichtspunkt des Geldverdienens zu organisieren, erinnerten die sympathischen jungen Männer Kessler an den nie bereuten Entschluß, die Geschäfte des Vaters nicht zu übernehmen: »Es giebt eine nichtkapitalistische Schicht selbst in unserer Gesellschaft: die Jugend. Wahrscheinlich ist sie deshalb die einzig erträgliche. Der Konflikt zwischen Vater und Sohn (Hasenclever) ist in Wirklichkeit ein Konflikt zwischen kapitalistischer und nichtkapitalistischer Gesinnung.«[71]

Das kulturpropagandistische Kräftemessen nach dem Krieg konnte nur erfolgreich enden, wenn die unverbrauchte Frische der Jüngsten nicht dem Moloch des Krieges geopfert wurde. Als Kessler die Nachricht erhielt, daß Otto Braun, der Sohn der sozialdemokratischen Frauenrechtlerin Lily Braun, gefallen war, erschütterte es ihn, »dass wieder einer von den begabtesten und frischesten, die wir für die Zukunft nötig haben, fort ist«.[72] Von Gedichten bezaubert, die Ernst Wilhelm Lotz hinterlassen hatte, bedrängte ihn die Vorstellung: »Das liegt nun zerschmettert, verblutet, verfault, verstummt in irgendeinem Regenloch in Flandern oder Frankreich.«[73] Für Wieland Herzfelde und seinen Kreis war Harry Graf Kessler ein verläßlicher Mann, dessen Gutachten als Kunstsachverständiger halfen, den einen oder anderen »als unabkömmlich reklamieren zu lassen oder auf sogenannte Druckposten zu bringen«.[74] George Grosz verdankte ihm, daß er Anfang 1917 nach seiner Desertion nicht vors Kriegsgericht, sondern in eine Nervenklinik kam.

In den trotzigen Gesichtern junger Frontkämpfer, aber auch mutiger Kriegsgegner trat Kessler der neue Typus entgegen, dessen Erbitterung für die Nachkriegsgesellschaft unheilvoll werden sollte: »Ein Meer von Bitternis und Rebellion sammelt sich Tropfen um Tropfen in den Herzen, deren Gefühle die Welt von Morgen gestalten werden: wo man hinhorcht, hört man in Gesprächen und Gesinnungen der Jugend das Rieseln und Sickern der kommenden Sündflut.«[75]

Im Gefühl der Verantwortung korrespondierte er mit den jungen Männern. Aus Belgien erhielt er von Wieland Herzfelde lange Briefe, die dessen Haß auf den unmenschlichen Krieg und seine Befürworter nicht verschwiegen. 1917 publizierte die Cranach Presse Herzfeldes »Sulamith«-Gedichte. Zu Kesslers

Schützlingen zählte auch der drogenabhängige, suizidale Johannes R. Becher, »der genialste Dichter aus der Generation des Weltkrieges«.[76] Im Laufe der Zeit wurde die Verbindung mit dem »Gast aus der Hölle«[77] so obsessiv, daß der Helfer fürchtete, mit dessen Lebensschicksal zu verwachsen.[78] Sein junger Mitarbeiter Curt von Unruh, der Bruder des Dichters, war »der einzige Mensch in Bern, für den ich eine unbedingte Sympathie hatte, und dem ich vollkommen vertraute«.[79] Daß es nicht gelungen war, ihn vor erneutem Einsatz zu bewahren und dem aktiven Offizier den Stumpfsinn der Rekrutenausbildung zu ersparen, bereitete Kessler Stunden tiefer Niedergeschlagenheit. Auch widerspenstige Dichter »wie Hardekopf, Ehrenstein, Hugo Ball, Frank u.s.w.«, die in die Schweiz geflüchtet waren und dort ihre Ablehnung des deutschen Militarismus publik machten, gab er nicht auf. Es konnte nicht darum gehen, »diese antideutschen deutschen Elemente in der Schweiz zu bekehren, sondern ihre Kritik fruchtbar zu machen, indem man sie auf Dinge lenkte, die vielleicht zu ändern, meinetwegen umzustürzen, wären, und fortlenkte von der Kritik am Unabänderlichen«.[80]

Der Umgang mit der anstößigen Kunst der Jüngsten rüttelte Kessler auf und lockerte mitunter den Panzer der Siegesgewißheit. Auch auf die Gefahr hin, den Boden unter den Füßen zu verlieren, stellte er sich der bedrohlichen Ausgeburt des Krieges, die ihm bei George Grosz eindringlich vor Augen trat. Zurück vom ersten Besuch in dessen Atelier zeigte die deutsche Metropole, kurz nach der bolschewistischen Revolution in Petersburg, ein seltsam verändertes Gesicht: »Ringsherum tobt der Weltkrieg; im Zentrum diese nervöse Stadt, in der sich soviel drängt und stößt, soviel Menschen und Strassen und Lichter und Farben und Interessen: Politik und Varieté, Geschäft und noch immer Kunst, Feldgraue, Geheimräte, Chansonetten, und rechts und links, und oben und unten irgendwo, sehr weit weg, die Schützengräben, stürmende Regiementer, Sterbende, U Boote, Zeppeline, Flugzeuggeschwader, Kolonnen auf Schlammstrassen, Hindenburg und Ludendorff, Siege; Riga, Konstantinopel, der Isonzo, Flandern, die russische Revolution, die Anzacs und die Poilus, die Pazifisten und die wilden Zeitungsleute, und das Alles in die halbverdunkelte Friedrichstrasse mündend, in die unbezwingbare, nie von Kosaken, Gurkhas, Chasseurs d'Afrique, Bersaglieris, Cowboys erreichte, noch immer nicht, trotz der Prostituierten, die sie begehen, geschändete. Wenn hier eine Revolution hereinbräche, eine gewaltsame Umwälzung in dieses Chaos, Barrikaden auf der Friedrichstrasse, oder der Einsturz der fernen Brustwehren, welch ein Funkenstieben, wie krachte dann der mächtige, unentwirrbar komplizierte Organismus, wie ähnlich dem Weltgericht!«[81]

Diese Vision ging auf zwei futuristisch inspirierte Bilder zurück, welche die Collage-Technik in altmodische Ölmalerei überführten:»ein Mexikanischer Kunstschütze (Artist) und eine Grossstadtstrasse«.[82] Noch am selben Tag, an dem Grosz ihm zusammen mit Heartfield seine Filmideen vortrug, hatte es Kessler in dessen Atelier weit draußen in Berlin-Südende in der Stephanstr. 15 gezogen. Wie immer, wenn er etwas Durchschlagendes sah, reagierte der Kunstenthusiast zunächst eher distanziert, aber George Grosz erläuterte ihm seine Passion für artistische Vorführungen, Varieté und Reklame, die ihn bei seinen Bildern stimulierten.»Simultanität« von Realitätseindrücken unterschiedlichster Art hieß das Arkanum, das hier auf die Spitze getrieben wurde. Die Kautschukmänner im Varieté erfüllten sein plastisches Ideal. Mit dem Höllenbreughel als Lehrmeister aktualisierte der autodidaktische Maler eine Tradition, die Kessler bei seinem Engagement für die schimmernden Farben der Neoimpressionisten ferngerückt war.

An diesem Tag entdeckte Kessler die »neuberliner Großstadtkunst«, die er von nun an mit großer Sympathie verfolgte, auch wenn sie ihn nicht restlos befriedigen konnte. In ihrer »rücksichtslosen Häßlichkeit ganz unfranzösisch«, belohnte sie den Betrachter mit ihrer eigenen Sprache. Der dezidierte Anhänger französischer Kunst der Vorkriegszeit überschritt den Rubikon, als er zu einem Plädoyer gelangte, das die nahe Verstrickung in den Reizen Mahagonnys, der »Netzestadt«, ankündigte: »Ich halte Etwas von Grosz. Es steckt eine Art Dämonie in ihm. Überhaupt diese neuberlinische Kunst, Grosz, Becher, Benn, Wieland Herzfelde, höchst merkwürdig; Grossstadtkunst, von hochgespannter Dichtigkeit der Eindrücke, die bis zur Simultanität steigt; brutal realistisch und gleichgültig märchenhaft wie die Grossstadt selbst, die Dinge wie von Scheinwerfern roh beleuchtet und entstellt und dann in einem Glanz verschwindend. Eine höchst nervöse, celebrale, illusionistische Kunst; dadurch innerlichst mit dem Varieté verwandt; auch mit dem Kino, wenigstens mit einem möglichen noch unentdeckten Kino. Blitzlichtkunst mit einem Parfüm von Laster und Perversität wie jede nächtliche Grossstadtstrasse.«[83]

Seine überraschende Faszination zu überprüfen, hatte Kessler zwei Tage später Gelegenheit, als Bruno Walter in Basel Hans Pfitzners »Palestrina« dirigierte. Die Novität versprach ein weiteres Glanzlicht für die Kulturpropaganda in der Schweiz; auch politisch waren keine Mißtöne zu erwarten: Hans Pfitzner bejahte den Krieg und sah dem Siegfrieden zuversichtlich entgegen. Im Juli 1917 in München erfolgreich uraufgeführt, beanspruchte die »Musikalische Legende in drei Akten«, unbehelligt vom Kriegsgeschehen, eine genuin deutsche Musik- und Weltauffassung. Das schwermütige, »verspätetdeutsche« Werk begeisterte nicht nur Thomas Mann über alle Maßen: »Welch hohe Artistik in der Vereinigung nervösester Beweglichkeit, durchdringender harmonischer Kühnheit mit einem frommen Väterstil! Das seelisch Moderne, wie rein organisch verbindet es sich mit dem, was musikalisches Milieu, was also demütig-primitiv,

Mittelalter, Kargheit, Grabeshauch, Totengerippe ist in dieser romantischen Partitur!«[84]

Nach Pfitzners Münchener Triumph hatte Kessler mehr erwartet als die folgende Enttäuschung: »Mir schien die musikalische Erfindung trivial, bis auf die technisch geschickte, aber kalte Orchestrierung. Im zweiten Akt sind die Motive gewöhnlicher als die von Meyerbeer; überhaupt ist dieser Akt nicht viel mehr als ein schwacher Abglanz der ›Hugenotten‹.«[85] Auch der tragende Konflikt zwischen deutscher Innerlichkeit und welschem Klerikalismus, den Kessler »als richtige Grundidee« konzedierte, entschuldigte die musikalische Trivialität nicht. Mit seinem Werk stimmte die Person des Komponisten nur zu gut überein: »Pfitzner ergieng sich dann in ziemlich törichten Ausfällen gegen die Franzosen, die für ihn keine Menschen, sondern wilde Tiere seien u.s.w.«[86]

Obwohl Kesslers Vertrauen zu Ludendorff und Hindenburg bis zuletzt standhielt, weil er für gravierende Mißgriffe die unqualifizierte Umgebung des Generalquartiermeisters verantwortlich machte, zeigten sich allmählich Symptome, die schwindenden Siegesoptimismus verrieten. Der Krieg, der immer technischer wurde und kein Ende zu nehmen schien, rief depressive Stimmungen hervor, die sich bis zum Todeswunsch steigern konnten. Palmsonntag 1918, einem warmen, wolkenlosen Frühlingstag, wurde er den Gedanken an die militärisch sinnlose Bombardierung von Paris nicht los, als er hinter Zollikofen durch die Hügellandschaft spazierenging. Der am Vortag begonnene Artilleriebeschuß über 120 Kilometer verfolgte lediglich den Zweck, den Franzosen die überlegene Reichweite und Stärke deutscher Geschütze zu demonstrieren: »Das gespensterhaft Grausige dieser nach Kriegsrecht (wenn es Recht im Kriege gibt) unanfechtbaren Beschiessung von Paris, dass man auf einer solchen Entfernung nicht zielen kann. Notre-Dame, die SteChapelle, die

Bibliothèque Nationale, so viel Feines, Schönes, Unersetzliches kann zufällig getroffen werden. Unser armes Haus, Laure, ihre alten Eltern, Odette, wie viel Anderes, das mir lieb, ein Stück meines Lebens ist. Das Zimmer, in dem mein Vater gestorben ist, das in dem Wilmas Kinder geboren sind, in dem ich zum letzten Mal meine Mutter sah, so viele Zimmer, in denen ich als junger Mensch geliebt habe; und draussen der Père Lachaise, das Grab meines Vaters, meiner Großeltern. Der Krieg ist ein gestrenges Ding.«[87] Als Kessler in dieser Stimmung im Wald einem Strolch begegnete, hatte er für einen Augenblick das Gefühl, es wäre besser, wenn dieser ihn berauben oder ermorden würde.

Nach diesem Tief ermannte sich der Diarist beim nächtlichen Rückblick jedoch wieder. Der idyllische Palmsonntag mit Glockenläuten und Vogelgezwitscher, der ihn an die Blumenverkäuferinnen, den Mimosengeruch und die kleinen weißen Erstkommunikantinnen seiner Pariser Kindheit erinnerte, endete dunkel-verheißungsvoll:»Die Spannkraft und Phantasie Deutschlands, seine Überlegenheit wächst ins Dämonische. Ihre volle Wucht und Bedeutung erhalten die zahlreichen deutschen Friedensbitten erst durch diese allmählich zutage tretende dämonische Kraft, durch die Zerschmetterung Russlands und die ungeheure Organisation und Gewalt des Ansturmes in Frankreich.«[88]

Drei Monate später, als der Geburtstag der Mutter die ausradierte Vorkriegszeit aufleben ließ und »draussen wieder Tausende« gestorben waren, erschrak der annexionsfreudige Ludendorff-Mann vor seinem Spiegelbild:»Das Schlimmste am Kriege ist, dass er die menschlichen Tiefen verschüttet, dass man flach und hart wird. In dieser allgemeinen Zerstörung erlangt der Mensch die grandiose Gleichgültigkeit der Natur; und man erkennt dann an seiner eigenen Öde, dass diese naturhafte Erhabenheit nicht viel Inhalt hat, dass die ganze Töterei Etwas recht Oberflächliches ist, von aussen aufgeputzt. Dass diese Oberflächen Bewegung in vielen Einzelfällen in die Tiefen schlägt und

Helden schafft, kompensiert kaum die allgemeine Verödung und Verflachung. Blut ist noch verdummender als Alkohol. Wir Alle leben seit vier Jahren wie Besoffene.«[89]

Seit der russischen Oktoberrevolution 1917, für Kessler nicht allein das Signal zum stürmischen Vormarsch der deutschen Armeen, sondern auch merkwürdiges Zeichen der Zeitenwende, beschäftigte ihn eine politische Konstellation, die es in sich hatte. Berauschender Ländergewinn im Osten und ein Italien am Rande der Niederlage stärkten die Zentralmächte, reichten aber nicht aus. Vor allem ein Vorgang im Inneren warf beängstigende Schatten. Im kaum verhüllten Streben des österreichischen Bundesgenossen nach einem rettenden Sonderfrieden, gepaart mit der deprimierenden Gewißheit, daß die deutsche Reichsregierung unfähig war, mit den unvermeidlichen Streiks der Industriearbeiter umzugehen und innenpolitische Zugeständnisse zu machen, zeichneten sich bedrohliche Unsicherheitsfaktoren ab.

Damit nicht genug. Der neue Bezugsrahmen, »von der Maaß bis an die Memel, von der Etsch bis an den Belt«, den die Oberste Heeresleitung noch mit eigenen Verlautbarungen und Aktivitäten besetzte, glich einem unruhigen, dämmrigen Wartesaal, in dem die deutsche Diplomatie in geschäftiger Untätigkeit ausharrte. Selbst in »resignativen« Anwandlungen wollte Ludendorff zumindest Belgien behalten, um den nächsten Krieg gegen England und Frankreich von einer günstigeren Ausgangsposition zu führen. Die Aktivität des Auswärtigen Amtes blieb darauf beschränkt, das Gras wachsen zu hören und mit Ausgeburten diplomatischer Phantasie zu jonglieren, wobei Gegensätze in der Entente und oppositionelle Strömungen in Frankreich und England aufgebauscht wurden.

Kessler weigerte sich jedoch, den Grund für die Passivität der deutschen Diplomatie zu erkennen. Als seine Sondierungen und die Kontakte mit französischen Gewährsmännern in Berlin keine Resonanz fanden, hielt er dies zwar nicht für verhängnisvoll, aber es bestätigte seine Auffassung von der déformation professionelle im »Amt«. Bürokratische Entschlußlosigkeit war dort zur Charakterschwäche sedimentiert. Von Bern aus war er speziell mit Elsaß-Lothringen, einer für beide Kriegsparteien ausschlaggebenden Frage, befasst und suchte nach Optionen, um die starre deutschen Haltung zu ändern. Über die notwendige Umwandlung des Reichslands in einen republikanischen Bundesstaat legte er Memoranden vor, die man im Auswärtigen Amt immerhin las und mit Bemerkungen versah. Allein auf eine Basis zu hoffen, die es erlaubt hätte, mit dem Kriegsgegner ins Gespräch zu kommen, grenzte angesichts der Bewegungsunfähigkeit der deutschen Politik an Donquichotterie.

Mit dem endlosen Warten auf die große Offensive, die vor dem Einsatz amerikanischer Truppen im Westen die Entscheidung bringen sollte, ging ein Gefühl der Entwirklichung einher, ein entnervender Schwebezustand, dem selbst in der Schweiz nicht zu entkommen war. In diesen Monaten verspürte Kessler den kühlen Hauch einer Übergangszeit, in der der Verfall der Werte unaufhaltsam fortschritt. Hoffnungen auf eine Wende zum Besseren waren so irreal geworden, daß auch okkultistische Lösungen nicht abzuschlagen waren. Wie Kessler im Januar 1918 den wirren Friedensinitiativen Else Lasker-Schülers in der Schweiz Gerechtigkeit widerfahren ließ, beschrieb nicht zuletzt die eigene Situation: »Brief von Else Lasker-Schüler, die einen gewissen Malzahn bei mir anbringen will, weil er, wie sie Unruh gesagt hat, ›so unglaublich schöne Augen hat‹ und deshalb ›den Frieden machen könne‹. Närrische große Dichterin. Aber die Narrheit dringt allmählich überall ans Licht. Gestern in Zürich telephonierte die Lasker deshalb fünfmal. Genie, Geist, Macht, Geld, Wissenschaft werden im Blutdunst allgemein von ihren eigentlichen Zwecken fort pervertiert. Der Mangel und die Narrheit dringen überall allmählich wie eine Art von Schimmel an die Oberfläche. Millionenfach hungrige Narren, die sich einbilden, um hohe Ideale Blut zu vergießen oder durch Worte ungeheure Kräfte binden zu können. Dabei kalt: die Sexualität spielt kaum noch eine Rolle, Mann und Weib sind mehr geschieden denn je vorher in einer Zeit; oder, was auf dasselbe herauskommt, mehr einander angeglichen; bis zu dem Grade, dass in den Schützengräben und rückwärts in der Freundschaft und allem Übrigen kaum ein Unterschied gemacht wird. Die Else Lasker-Schüler, die mit einer Schellenkappe als ›Jussuf, Prinz von Theben‹ herumläuft und den allgemeinen Frieden stiften will durch einen Jüngling mit schönen Augen ist in ihrer Winzigkeit und Narrheit doch ein organischer Teil des Ganzen. Apokalyptische Zeiten, deren Gewebe nicht zu durchschauen ist. Welche Wahlverwandschaft läßt sich ahnen mit den letzten Jahrhunderten des Römerreichs und dem Aufkommen des Christentums und aller Mysterien! Asexualität, Weltuntergang, Mystizismus bis zur Narrheit, die Schwüle der Verwesung und des Werdens. Falsche Propheten überall zwischen Kriegsgewinnlern und Märtyrern.«[90]

Die letzten Kriegsmonate waren von politischer Aufregung erfüllt, die kulturelle Dinge in den Hintergrund treten ließ. Selbst der weiterhin vertrauensvolle Ludendorff-Anhänger Kessler konnte sich der drohenden Niederlage im Westen nicht länger verschließen. In dieser Krise hielt er engen Kontakt zu Vertretern der bolschewistischen Revolution, die sich in Berlin um eine tragfähige Verständigung der Russischen Sowjetrepublik mit dem Deutschen Reich bemühten. Das merkwürdige Duo, das der bolschewistische Botschafter Adolf Abramowitsch Joffe und sein enger Mitarbeiter Leonid Borissowitsch Krassin bildeten, beeindruckte ihn und begründete die Sympathie, die Kessler bald für linke Tendenzen jenseits der Sozialdemokratie aktivierte. Als er zum ersten Mal die ehemalige zaristische Botschaft besuchte, in der lediglich die Zarenbilder entfernt waren, weckte das gespensterhafte Ambiente, in dem noch die alten, würdigen Diener im Frack servierten, gemischte Gefühle.[91] Welche Berührungsängste der konservative Aristokrat bei dieser Begegnung überwunden hatte, ist nur zu ahnen. Als Kessler bei einem Diner im Umkreis des Auswärtigen Amtes über sein Erlebnis mit den Russen berichtete, »machte (es) Sensation und erregte eine Art von drolligem Gruseln, daß ich bei den Bolschewiks diniert habe. Ich wurde mit Fragen bestürmt.«[92]

Joffe, »ein kleiner etwas verwachsener Jude mit einem dunklen Spitzbart, ziemlich edlen orientalischem Gesichtsschnitt und träumerischen Augen, Ghetto-Augen«,[93] verkörperte das Versponnene der bolschewistischen Revolution. Das Verhalten des hochrangigen Politikers, der in Brest-Litowsk der sowjetischen Delegation angehört hatte, glich eher einem Mystiker als einem entschlossenen Funktionär. In der Botschaft Unter den Linden hatte er jedoch eine Schlüsselfunktion inne, die für den Bestand der bolschewistischen Revolution wichtig war: »Er sitzt meistens in sich zusammengesunken da, wacht plötzlich sozusagen auf, sagt Etwas oft Kluges und versinkt dann wieder in seine Träumerei.«[94] Im Hinblick auf »die Eigentümlichkeit des revolutionären Zustandes, die Besonderheit der Machtverhältnisse und inneren Grenzen« hielt es Joffe nicht für unwahrscheinlich, sein Leben am Galgen zu beenden: »Ich bitt' schön, meine Cherren, es handelt sich um einen Klassenkampf.«[95]

Im Kontrast zum todesverachtenden Träumer zeigte sich der hünenhafte Leonid Krassin, »man könnte meinen ein Gewaltmensch«,[96] weltoffen und kooperationsbereit. Zwei Jahre jünger als Kessler und schon ergraut, beseelte ihn der »Volk und Menschheit nach einem nebelhaften Begriff ›Glück‹ dirigierende Ingenieur-Idealismus«.[97] Zwischen 1908 und 1912 hatte er in Berlin gelebt und bei Siemens gearbeitet. Trotz revolutionärem Elan interessierte ihn die Wirtschaftsorganisation am meisten; bei der notwendigen Vergabe von Konzessionen an Ausländer favorisierte er die Deutschen und lockte mit einem Projekt wie dem »Bau der Untergrundbahn in Moskau«.[98] Daß die Bolschewiken bei einer deutschen Verweigerung nicht zögern würden, an amerikanische Kapitalisten heranzutreten, war keine leere Drohung.

Im Juli und August 1918 brachten Joffe und Krassin dem fieberhaft nach Rettung suchenden Diplomaten die große Chance deutsch-sowjetrussischer Zusammenarbeit nahe; in Momenten äußerster Verstiegenheit hoffte Kessler sogar auf russisches Kriegsmaterial für den Sieg im Westen. Aber nicht nur die politische Dimension des Rapallovertrags im Jahr 1922 zeichnete sich ab. Die bolschewistischen Protagonisten personifizierten den neuen, hochherzigen Menschentyp: Ohne unbedingt zivilisatorischen Normen zu entsprechen, konnte er über sich hinauswachsen, da er seinen persönlichen Vorteil verachtete und übergeordneten Zwecken zugewandt war. Friedrich Nietzsche, Stanislaw Przybyszewski und Waslaw Nijinsky waren für Kessler seine Vorboten in der Vorkriegszeit. Bereits damals hatte jedoch die mächtige Gestalt Maxim Gorkis, der »Russlands Auferstehung« ankündigte, die drei gefährdeten Artisten überragt: »Ich habe nie stärker die Empfindung des Übermenschen gehabt.«[99]

Als der Dichter im März 1906 zur Aufführung des »Nachtasyls« mit russischen Schauspielern nach Berlin kam, hatte bereits sein Äußeres charismatisch gewirkt: »Der blonde Schnurrbart und die grosse mächtige Figur im dunkelblauen russischen Hemdkittel und hohen Schaftstiefeln, die eine Art Uniform darstellen, erinnern an Bilder von Peter d. Grossen und zugleich etwas an Nietzsche, mit dem er die Massivität der Kiefern- und Schädelknochen, die Feinheit der darüber ausgebreiteten Hautformen und die Intensität des Blickes gemein hat.«[100]

Der russische Übermensch, der »kindlich rein, unerfahren, unschuldig« lächeln konnte, war alles andere als ein Apostel sieghafter Gewalt. Er überzeugte »durch die Kraft seines Mitgefühls«.

Was Gorki als Schriftsteller bot, blieb hinter seiner persönlichen Wirkung weit zurück: »Ja er ist jemand, der mir durch seine Existenz, dadurch dass ich ihn erlebt habe, die ganze Ethik in ein neues Licht rückt. Man empfindet in seinem Anblick, dass der Mensch, d. h. der grosse Mensch, doch mehr ist als Alles, was er aus sich hinausstellen, produzieren kann, grösser als auch die Kunst. Das Endziel ist doch schließlich der grosse, starke Mensch, nicht das grosse Werk.«[101] Bereits im Jahr 1906 war Kessler überzeugt, der Paradigmenwechsel auf ethischem Gebiet werde jede künstlerische Innovation weit hinter sich lassen.

Nach einem Jahr erfolgreicher Kulturpropaganda hatte Kessler eine Position erreicht, durch die er den Rahmen für »die Propaganda nach dem Kriege«[102] abstecken konnte. Sie sollte nicht auf schwachen Füßen stehen. In der Verhandlung mit dem Chef der Reichskanzlei schlug der bedächtige Bodenhausen einen Etat von nicht weniger als zwanzig Millionen Reichsmark jährlich vor. Auch ließ der Kontakt zu Oberst von Haeften nichts zu wünschen übrig und sicherte seinen Organisationsplänen den Rückhalt der Obersten Heeresleitung.

Auf Kesslers analytisches Vermögen wirkte sich die propagandistische Aktivität indessen ungünstig aus. Der unablässige Gedanke an maximale Verwertung verstärkte nicht allein seine Neigung zu gedanklichen Höhenflügen. Der Blick des Propagandisten entsubstanzialisierte die Politik und verwandelte sie in ein Phänomen, das nur auf Massenmanipulation aus war. Die gerade aufkommende Praxis moderner »Massendiplomatie«, die »nicht auf einzelne hervorragende Persönlichkeiten, sondern auf die Massen der fremden Völker« berechnet sei,[103] wurde zum beherrschenden Fixpunkt, nach dem er sein Urteil ausrichtete. In Woodrow Wilsons und Edward Greys Vorschlägen zum »Völkerbund« sah er noch Anfang Oktober 1918 lediglich »eine vertragliche Festlegung der angelsächsischen Weltherrschaft«, in dieser Formulierung »ganz geschickt, zum Einfangen der ungebildeten englischen, amerikanischen und neutralen Massen«.[104]

Derartige Kunstgriffe galt es selbst zu beherzigen, um die deutsche Politik beweglicher zu machen und das Odium des Starrsinns in der Weltöffentlichkeit zu mindern. Keineswegs gewillt, Elsaß-Lothringen aufzugeben, setzte Kessler sich leidenschaftlich ein, das als preußische Kolonie behandelte Reichsland demonstrativ »zur Republik nach Art Hamburgs oder Bremens«[105] umzuwandeln. Allein »die suggestive Wirkung des Wortes ›Republik‹« sei dazu angetan, im Ausland Berge zu versetzen: »Wenn es zur Republik erklärt würde, dann würde dies zweifellos auf die Minderheits Sozialisten in Frankreich und auch auf Teile der anderen Parteien stark wirken und sie zum Frieden geneigt machen. Ähnlich werde die Wirkung in Amerika und England sein; auch in der Schweiz würde es uns viele Sympathie bringen und unsere Stellung stärken.«[106]

Damit nicht genug. In der politischen Krise, die sich nach Hindenburgs und Ludendorffs Eingeständnis der gescheiterten Westoffensive am 3. August für Kessler zu einer inneren auswuchs, wartete er mit Szenarien auf, die harmlose Gesprächspartner erschreckten. So schlug er den gediegenen Verlagskaufleuten Anton Kippenberg und Otto Fürstner, die in die Schweiz kamen, um Buchhandelsfragen und Ausstellungsprojekte zu besprechen, ernsthaft vor: Deutschland solle sich, »unter Haase als Reichskanzler, an die Spitze der Arbeiterbewegung stellen und das Proletariat der Welt aufrühren, auch in allen anderen Staaten Tabula Rasa zu machen«.[107]

Einen Monat später sollte die Weltrevolution unter der Leitung preußischer Generalstäbler entfacht werden. Als zwei Schweizer Musiker nach ihrem Konzert beim Wein die positive Antwort auf das deutsche Waffenstillstandsersuchen bezweifelten, zog Kessler das volle Register: »Ich winkte mit der schwarzen Fahne: Ablehnung = Verzweiflungskampf = Weltrevolution von uns entfacht und militärisch durchgeführt mit Unterstützung der russischen Sowjetregierung und der Arbeitermassen der Entente Länder. Der Klassenkampf des Weltproletariats unter Führung preußischer Generalstäbler. Vorläufig klingt das wahnsinnig, kann aber Wirklichkeit werden. Man ahnt u. fürchtet das bei der Entente, namentlich in England.«[108] Dann wiederum sah er es als unvermeidlich an, daß Deutschland »in nicht allzuferner Zukunft entweder mit der Entente gegen den Bolschewismus, oder mit dem Bolschewismus gegen die Entente gehen« müsse.[109] Völkerbund oder bolschewistische Revolution als Mimikry und Notausgang der deutschen Politik, aber auch Pazifismus als »einzige Rettung«, damit »Deutschland wieder hochkommen« kann,[110] derartige Vorschläge zeigten deutlich das Chaos, in dem Kessler sich am Kriegsende befand.

Am Abend des 4. Oktober 1918, als Romberg ihn im Zwiegespräch vor dem Kamin mit dem deutschen Waffenstillstandsersuchen überraschte, erlebte er die dunkelsten Stunden des Krieges. Vor allem die blamable Form der Kapitulation »ohne Vorbereitungen, ohne Tastversuche«, die jeder Professionalität spottete und den Kriegsgegner ermunterte, das Ersuchen abzulehnen oder erniedrigende Forderungen zu stellen, verletzte seinen Korpsgeist tief. Als er danach von der deutschen Gesandtschaft zu seinem Appartement im Hotel »Bellevue« über die große Brücke ging, verspürte er »Lust, in die Aare zu fallen«. Aber nicht allein innere Erschöpfung hielt ihn zurück. Trotz aller Zweifel am Völkerbund der Entente hoffte er, daß »diese Tage nicht des Deutschen Volkes Untergang« besiegelten.

Eine Woche später war der Schock überwunden, als er nachts im Baseler Hotel »Drei Könige« die Zukunft überdachte. Der verlorene Krieg ließ Kessler, der das fünfzigste Lebensjahr überschritten hatte, nicht gebrochen und perspektivlos zurück: »Der Rhein fliesst unter meinem Fenster, der vielleicht bald nicht mehr deutsche Rhein. Ich glaube allerdings an eine ungeheure

Reaktion der jetzt schweigenden Elemente in Deutschland. Und wenn nicht: die durch das Eingreifen Amerikas gefälschte Kraftverteilung in Europa könnte keinen Bestand haben. In Europa selbst sind und bleiben wir die Stärksten. Falls kein ehrlicher Ausgleich in einem gerechten Völkerbund zustande kommt, wird über kurz oder lang dieses unverrückbare Machtverhältnis wieder durchdringen und die verlogene Fassade sprengen.«[111]

SIEBTES KAPITEL

Der rote Graf

Die Abdankung Wilhelms II., obwohl »so kläglich, so nebensächlich nicht einmal Mittelpunkt der Ereignisse«, hatte Kessler »doch an die Gurgel«[1] gegriffen, ein schmerzhafter Moment, der ihn selbst überraschte. Das würdelose Ende der Hohenzollern entband den Wahl-Preußen von Restloyalität und verstärkte seine Gewißheit: Hier gab es wie beim uneinsichtigen letzten »Herrn aller Reussen« nichts mehr zu reparieren.

Der Zusammenbruch des kaiserlichen Deutschland zerstörte Kesslers vage Vorstellung seit Hamburger Gymnasialtagen, das Erbe Bismarcks sei, gründlich umgestaltet, zu erhöhter Machtfülle zu bringen. Das Trugbild kontinentaler Hegemonie, das seinen diplomatischen Ehrgeiz genährt und durch den deutschen Vormarsch in Rußland eine gespenstische Form angenommen hatte, war nun endlich verblasst.

Der Wandel konnte kaum größer sein. Auf demokratischer Grundlage galt es nun, »die durch den Krieg erzeugten psychologischen Gewohnheiten« zu überwinden und, gestützt auf die international organisierte Arbeiterschaft und deutsch-französische Industriekartelle, die Kohle und Erz tauschten, »ein neues und arbeitsfähiges Europa«[2] zu schaffen.

Am 9. November, als das Bürgertum sich kaum auf die Straße traute und die höheren Staatsbeamten, ihren Dienstherrn vermissend, jegliche Konfrontation mit der Revolution vermieden, kannte Kessler keine Berührungsängste. Am späten Abend verschaffte er sich Zugang zum besetzten Reichstag, um dort

Hugo Haase, den Vorsitzenden der USPD, zu sprechen und sich in der Höhle des Löwen umzusehen. Als er durch das von der Menge umlagerte und von Scheinwerfern feldgrauer Autos angestrahlte Hauptportal getreten war, stieß ihm das altbekannte Ambiente übel auf: »Dieser lächerliche ›altdeutsche‹ Kasten, eine schlecht imitierte Augsburger Truhe.« Die beiden Hauptgruppen jener Tage waren nicht zu übersehen: »Innen herrschte ein buntes Treiben; treppauf, treppab Matrosen, bewaffnete Zivilisten, Frauen, Soldaten. Gut, frisch und sauber, vor allen Dingen sehr jung sehen die Matrosen aus; alt und kriegsverbraucht, in verfärbten Uniformen und ausgetretenem Schuhzeug, unordentlich und unrasiert die Soldaten, Überreste eines Heeres, ein trauriges Bild des Zusammenbruchs.«[3]

Nach der Verabredung mit Hugo Haase für den nächsten Tag wurde ihm auf Empfehlung Leo Kestenbergs, Verlagsdirektor bei Paul Cassirer, eine Legitimationsbescheinigung überreicht, »den Ordnungs- und Sicherheitsdienst in den Strassen der Stadt zu versehen«.[4] Mit Erstaunen sah Kessler sich »sozusagen zum Schutzmann in der roten Garde« avanciert. Daß eine Frau, »anscheinend die eines Abgeordneten«, die Legitimationen austeilte, zeugte vom nahen Umschwung. Die Vollmacht, vom Arbeiter- und Soldatenrat signiert und mit dem Stempel des Reichstags versehen, war keine Kuriosität, die der Empfänger in wirren Revolutionstagen nur zur Tarnung akzeptierte. Angesichts des Engagements, das Kessler von nun an der schüchternen Hoffnung auf die Neuordnung zuwandte, erscheint dieser rätedemokratische Vertrauensbeweis wie ein Initiationsritual.

Die Träger des Umsturzes wirkten wie aus einem Film über die russische Revolution, sie waren gänzlich unerfahren. Grau und verhungert, erregten sie Kesslers Mitgefühl. Nur in den Trauerzügen für die Revolutionsopfer fanden die elenden Massen einen imponierenden Ausdruck. Im Unterschied zu den praktisch denkenden Mehrheitssozialisten, die sich mit der

Übergabe der Garde-Ulanen-Kaserne an den Arbeiter- und Soldatenrat,
9. November 1918

Durchsetzung materieller Forderungen begnügten, schwebten »den Schwärmern weiter links« »neue Gefühls- und Ideenwelten«[5] vor, die Kessler dem ungeheuren Blutopfer des Weltkriegs angemessen fand. Die revolutionäre Inbrunst war das Neue, nicht mehr zu Bremsende, auch wenn die verschwindende Zahl der Spartakisten noch nicht fähig war, der Empörung ihrer Sympathisanten eine Zielrichtung zu geben. Der Erlösungsdrang randständiger Existenzen, zu denen auch Abtrünnige der Mittelschichten gehörten, konnte unterdrückt und niedergeworfen werden, aber schien Kessler wie das Christentum unter den römischen Kaisern durch Gewalt allein nicht zu besiegen.

Kesslers erster Eindruck von den Spartakisten, die das Polizeipräsidium am Alexanderplatz besetzt hielten, um die Amtsenthebung des Berliner Polizeipräsidenten Emil Eichhorn zu verhindern, war der einer religiösen Massenversammlung, welche die Ankunft des Messias ersehnte: »Vom Balkon redete Liebknecht. Ich hörte ihn zum ersten Male; er redet wie ein Pastor, mit salbungsvollen Pathos, langsam und gefühlvoll die Worte singend. Man sah ihn nicht, weil er aus einem verdunkelten Zimmer sprach, aber der Singsang seiner Stimme tönte über die lautlos lauschende Menge bis weit hinten in den Platz. Am Schluss brüllte Alles im Chore ›Hoch‹, rote Fahnen bewegten sich, Tausende von Händen und Hüten flogen auf. Er war ein unsichtbarer Priester der Revolution, ein geheimnisvolles, tönendes Symbol, zu dem die Leute aufblickten. Halb schien das Ganze eine Messe, halb ein riesiges Konventikel. Die Welle des Bolschewismus, die von Osten kommt, hat Etwas von der Überflutung durch Mohammed im Siebten Jahrhundert. Fanatismus und Waffen im Dienste einer unklaren neuen Hoffnung, der weithin nur Trümmer alter Weltanschauungen entgegenstehen. Die Fahne des Propheten weht auch vor Lenins Heeren.«[6]

Die Spartakusbewegung war ein befremdendes Zeitphänomen, das der Weltkrieg hervorgebracht hatte, doch Kessler begnügte sich nicht mit verblüffter Außenbetrachtung. Ihre Radikalität, die sie für jüngere Intellektuelle so anziehend machte, sprach ihn an und legte den Vergleich mit dem »fast reinen Kulturrevolutionarismus« des PAN-Kreises nahe: »Der Vorwurf des Aesthetizismus, der der Bewegung der Neunziger Jahre gemacht wurde, war vielleicht berechtigt, insofern sie nicht mit genügender Energie die politischen und wirtschaftlichen Folgerungen zog. Die deutschen Intellektuellen sind heute im Begriffe, wieder einen politischen Glauben zu bekommen; möglicherweise einen Irrglauben, aber Etwas konsequent aus den Verneinungen, Träumen und Erfahrungen der letzten dreißig Jahre Abgeleitetes; eine Doktrin, die sie erarbeitet haben: man mag sie der Bequemlichkeit halber Kommunismus nennen.«[7]

Karl Liebknecht spricht vor dem Ministerium des Inneren,
6. Dezember 1918

Seit den Berliner Streiks in der Rüstungsindustrie im Januar 1918 besaß Kessler durch Fritz Guseck, seinen späteren Privatsekretär, »mit Arbeiterkreisen Verbindung«.[8] Was Wieland Herzfelde ihm offenherzig über seine Entwicklung hin zum Spartakismus und die Diskussion unter jungen Berliner Linksintellektuellen mitteilte, hielt er ausführlich im Tagebuch fest. Bereits in der Schweiz wurde er durch den elsässischen Schriftsteller René Schickele, dem er eine Wohnung über seinem Berner Büro in der Junkerngasse besorgte, mit sozialistischen Gedankengängen vertraut, die sehr von den Auffassungen der Mehrheitssozialdemokraten abstachen. Der Herausgeber der antimilitaristischen Zeitschrift »Die weißen Blätter« verfügte nicht allein über gute

Kontakte zu französischen Linken, in Bern hatte er auch mit den russischen Revolutionären um Lenin Gespräche geführt.

Am 9. November fungierte Schickele als Mittelsmann, der Kessler im besetzten Reichstag Hugo Haase vorstellte. Zusammen mit dem Kunsthändler Paul Cassirer, der sein Haus in der Viktoriastraße am Tiergarten zu einem linksorientierten Treffpunkt machte, entwickelte der »kleine, blonde Allemanne mit gallischem Temperament«[9] in den Berliner Umbruchtagen eine erstaunliche politische Aktivität. Die Nähe beider zu den USPD-Spitzen kam Kessler zugute, der mit größter Selbstverständlichkeit mit Karl Kautsky, dem führenden Kopf der Zweiten Internationale, oder Rudolf Breitscheid sprach. Dieser beeindruckte ihn, weil er sich vom Freisinnigen Demokraten zum Sozialisten gemausert und im Krieg seine pazifistische Einstellung geltend gemacht hatte. Mit Rudolf Hilferding, der in Wien Kinderarzt gewesen war, bevor er in die Politik ging, freundete er sich bald an. Das vom Chefredakteur der »Freiheit«, dem in Halle erscheinenden Zentralorgan der USPD, verfochtene Ziel, parlamentarische Demokratie und Rätedemokratie in Einklang zu bringen, machte sich Kessler zu eigen. Rudolf Hilferding bestärkte seine Vorstellung, das Konfliktpotential zwischen den Industriellen und den Beschäftigten in den Betrieben zu beseitigen und, mit Zustimmung der Arbeiter, die großen Produktionszweige international zusammenzuschließen.

Im übrigen frequentierte Kessler nach wie vor die »Deutsche Gesellschaft 1914« und die »Mittwoch-Gesellschaft«, wo der durch seine Weltkriegspolitik kompromittierte Gustav Stresemann weiter den Ton angab. Es waren mittlerweile uninteressante Orte, an denen alte Herren besprachen, wie man sich mit den veränderten Verhältnissen arrangieren konnte. Die politische und wirtschaftliche Elite, die sich hier regelmäßig traf, war außerstande, die Zukunftsmöglichkeiten zu sehen, die es jetzt nach Kessler Ansicht zu ergreifen galt.

Rudolf Hilferding, Theoretiker des
organisierten Kapitalismus, um 1923

Nach seiner Rückkehr aus Warschau, wo er vom 20. November bis zum 16. Dezember 1918 ein Intermezzo als Gesandter des Deutschen Reiches absolvierte, erhielt Kessler den Status eines Gesandten z. D. und nahm an informellen Besprechungen im Auswärtigen Amt teil. Ein nicht unbeträchtlicher Teil der Mitarbeiter hielt eine geistige Umgestaltung des Landes für notwendig. Besonders die jüngeren Leute schienen auf seiner Seite zu stehen, aber ihre Unreife erschwerte die Zusammenarbeit und erboste Kessler, der sich zum »Schulmeister« wenig geeignet fand: »Unter jungen Proletariern oder Halbproleten wie Herzfeldes ist die Reife schon zehn Jahre früher viel grösser als unter diesen dreissigjährigen Legations Sekretären.«[10] Zu Wieland Herzfelde wurde Kesslers Verhältnis so eng, daß sie einander duzten.

Vor allem ging man in der Wilhelmstraße daran, die Behauptung zu entkräften, allein Deutschland sei am Kriegsausbruch schuldig, und publizierte entsprechende Dokumente und Aktenstücke. Der liberale Historiker Veit Valentin, der 1917 seine Freiburger Professur auf Betreiben der Alldeutschen verloren hatte, erhielt nun die Erlaubnis, seine umstrittene Denkschrift über die deutsche Vorkriegsaußenpolitik aus dem Jahr 1916 erweitert zu publizieren. Im Hinblick auf eine friedliche Revision des Versailler Vertrages unterstützte das Auswärtige Amt Vorschläge zur Modifikation des gegen Deutschland gerichteten Völkerbunds, den die Sieger zum Bestandteil des Versailler Vertrages gemacht hatten. Ein Zusammenschluß, dem das Reich gleichberechtigt angehörte, sollte die Deutschen von der Anklagebank in die internationale Gemeinschaft zurückbringen.

Die Deklarationen der Entente über Frieden und Demokratie wurden hier an dem demütigenden Umgang mit dem besiegten Deutschen Reich gemessen. Obwohl Kessler die Rachsucht der Sieger beklagte, brachte es ihn auf, wie rasch die Vertreter des Siegfriedens sich in Opferlämmer der Entente gewandelt hatten. Besonders Graf Brockdorff-Rantzau, der erste republikanische Außenminister, 1912 bis 1918 deutscher Gesandter in Kopenhagen, meisterte den neuen Unschuldston, als er am 14. Januar 1919 vor der Presse bekannte: »Der Gedanke des Völkerbundes wurde von uns mit all dem Idealismus aufgenommen, der das Erwachen zu einer neuen Staatsform kennzeichnet. Mit all diesem Idealismus stehen wir auch heute hinter ihm. (...) Niemand kann uns jedoch durch Zwang und Gewalt dazu bringen, von der Überzeugung zu lassen, daß die sittlichen Kräfte in allen Ländern nach einem Neuaufbau der Ordnung zwischen den Staaten dürsten und daß wir in dem Verlangen nach der Schaffung einer einigen großen Völkerfamilie uns der Zustimmung der edelsten Geister in der ganzen Welt sicher fühlen.«[11]

Kessler, alles andere als ein »Vernunftrepublikaner«, der dem

Kaiserreich nachtrauerte, fühlte sich in seinen alten Kreisen trotz der soignierten Umgangsformen nicht mehr wohl. Es empörte ihn, daß man die Morde der Brigade Ehrhardt an den Kieler Matrosen als politische Notwehr tolerierte und nach der Liquidierung Karl Liebknechts und Rosa Luxemburgs durch die Lichterfelder Gardeschützen zur Tagesordnung überging. Der linksliberalen Deutschen Demokratischen Partei war er mit dem Hintergedanken beigetreten, womöglich deren »Parteimaschine« in die Hand zu bekommen.[12] Um die Sozialisierung von »Bergbau, Grossgrundbesitz, Grosshandel und Großbank« durch die Honoratiorenpartei zu propagieren, plante er außer privaten Geldmitteln eine diesen »Ideen ergebene Presse« »einzubringen«,[13] wobei ihm Organe von Ullstein und die »Frankfurter Zeitung« vorschwebten. Bei dieser Erwartung wirkte offensichtlich die kulturpropagandistische Tätigkeit nach, die von diesen Zeitungen unterstützt worden war. Kein Wunder, daß dieser Plan bloßes Gedankenspiel blieb. Kessler konnte froh sein, daß ihn die DDP trotz seiner Sympathie für die Unabhängigen Sozialdemokraten in ihren Reihen duldete. Mit seiner Kandidatur zum Reichstag im Dezember 1924 half Kessler der DDP aus einer überraschenden personellen Verlegenheit, die sich einige Zeit später ohne ihn erledigte. Die Kampagne auf eigene Kosten, in die er sich mit vollem Elan stürzte, war für ihn eine willkommene Gelegenheit, in der Wahlkampfatmosphäre dem bedrohlichen Anwachsen der Deutsch-Nationalen entgegenzutreten und seine Völkerbundideen in dem für die DDP aussichtslosen Wahlkreis zu verbreiten.

Das Projekt des »wahren« Völkerbunds, das im nachhinein wie eine Marotte der weltverbesserungssüchtigen zwanziger Jahre wirkt, wurde zum Dreh- und Angelpunkt, von dem aus Kessler seine Fähigkeit zu Organisation und Vermittlung wirkungsvoll ins Spiel brachte. Vergleichbar mit seinem Engagement für den »PAN«, der ein für Deutschland neues, produktives Verhältnis zwischen Avantgarde und Publikum in Gang setzte, erfüllte er hier die Mission politischer Kultur, fern von sozialer Ignoranz und Klassenkampfideologie. Daß der Aktivist die Chance zum Neuanfang überschätzte, daß die Völkerversöhnung auf demokratischer Basis, durch sozialen Ausgleich gefestigt, sich bald wieder im Strudel des Nationalismus verlor, sind Einschränkungen, welche das angestrebte Ziel nicht schmälern.

Nicht anders als die offizielle deutsche Politik hatte Kessler Völkerbund und Pazifismus aufgegriffen, als die Niederlage im Herbst 1918 eine Frage von Wochen wurde. Erst am 17. Oktober hatte er, noch in der Schweiz, die »Paniere« aufgereiht, die es zu »entfalten« galt, um »für uns und die ganze Welt« Rettung zu finden: »Völkerbund, Selbstbestimmung, demokratische Freiheit, Entmilitarisierung, Sicherung eines ewigen Friedens, soziale Hebung der Volksmassen«. Diese Wende schien nur erfolgversprechend, wenn die »ehrliche Verwirklichung der von Wilson formulierten Grundsätze« beabsichtigt war. Es »dürfe kein Theater sein, sondern müsse zum ernsten Willen der deutschen Regierung und des deutschen Volkes gemacht werden«. Nur dann wären »die breiten Schichten aller Völker, nicht nur des deutschen, sondern auch die neutralen und feindlichen« zu gewinnen. Seit August 1914, wo er Unter den Linden »gewaltige Menschenmassen« erlebt hatte, »deren Zuversicht ohne Aufregung einen grossen Eindruck machte«,[14] hielt Kessler Politik nicht länger für das Vorrecht einer Kaste. Die Zustimmung breitester Bevölkerungsschichten war ein Faktor, ohne den eine Regierung, ob auto- oder demokratisch, nicht mehr vorzustellen war.

Woodrow Wilson hatte sich den Verbündeten politisch nicht gewachsen gezeigt und konnte seine Friedensvorstellungen nicht durchsetzen. In der Kriegsschuldfrage wie hinsichtlich der Reparationen mußte er Kompromisse eingehen, überdies hatte der Senat die Signatur des Versailler Friedensvertrags verweigert. Da die kriegsentscheidenden USA dem Völkerbund nicht angehörten, verlor er für das besiegte Deutsche Reich seine Strahlkraft und wurde von deutschen Politikern nicht mehr als dringlich betrachtet.

Den Konjunkturwechsel mitzumachen, bestand für Kessler jedoch kein Anlaß. Seine nüchterne Einschätzung des europäischen Aggressionspotentials traf den Kern: Die Staaten, die nur durch den Eintritt der USA dazu gebracht werden konnten, das Morden und die Verschleuderung des wirtschaftlichen Reichtums ihrer Länder zu beenden, würden auch in Zukunft ihre Interessenkonflikte kaum friedlich lösen. Dauerhafter Friede konnte aus dieser Konstellation nicht hervorgehen. Die Völker mußten auf anderer Basis zusammenkommen.

Um das durch den Krieg zerstörte »Netz der Weltwirtschaft«[15] wiederherzustellen, war von ökonomischen Tatsachen auszugehen. In England und den USA, aber auch in der Schweiz, in Holland und Skandinavien wuchs bereits die Arbeitslosigkeit. Dort sanken die Exporte drastisch, weil es dem Markt für ihre Waren in Deutschland und Osteuropa an Kaufkraft fehlte. Die fünf Milliarden Goldfranken, die Kriegsentschädigung von 1871, hatten dem Deutschen Reich wenig Segen gebracht. Der Geldstrom von über 200 Milliarden Goldmark in umgekehrter Richtung würde kaum besser wirken. »Ohne rosarote Wolken irgendwelcher Brüderlichkeits-Utopie«[16] waren zunächst die wirtschaftlichen Zusammenschlüsse zu bündeln, die sich in der Vorkriegszeit trotz des vorherrschenden Nationalismus gebildet hatten. In erster Linie war dies die international organisierte Arbeiterbewegung, »das mächtige Instrument der Welterneuerung«,[17] aber auch internationale Kartelle und Trusts sah Kessler als wirksame Korrektive, die sich der zwischenstaatlichen Militanz widersetzen und internationale Kooperation fördern konnten. Hier war vor allem an Austausch zwischen deutscher Kohle und französischem Erz in großem Maßstab zu denken. Allerdings werde »freie Konkurrenz«[18] nicht genügen, den industriellen

Zusammenschluss zu allgemeinem Vorteil zustande zu bringen. Nicht zuletzt gehöre »der gewaltigste geistige Antrieb«, »die überall erwachende Sehnsucht nach ethischer und religiöser Erneuerung«[19] dazu, um aus der Welterneuerung ein neues Lebensgefühl entstehen zu lassen und nicht nur die notwendige wirtschaftliche Besserstellung für die Masse zu bringen.

Der wahre Völkerbund war kein Geschenk. Ihn durchzusetzen, verlangte »charakterstarke, entschlossene Männer und Frauen«;[20] »streitbare und rücksichtslose Pazifisten« taten »not, nicht Lämmer«.[21] Nietzsches Postulat nach »starken Menschen« übertrug Kessler umstandslos auf die Ebene demokratischer Politik. Nur unermüdliche Agitation würde helfen, die »organisierte Zusammenarbeit von Millionen in allen Völkern«,[22] durch die Katastrophe des Weltkriegs näher gerückt, schließlich zu erreichen. Kessler wollte dabei nicht zurückstehen. Die Rolle des Inspirators und Ideengebers im Verkehr mit tonangebenden Kreisen genügte ihm nicht mehr. Seine Stimme, die sich zuvor bei Vorträgen über ästhetische Fragen bewährt hatte, tönte nun laut in rauchigen, verstaubten Veranstaltungssälen, wo sich ein zahlreiches, gemischtes Publikum versammelte und es nicht immer gut roch. Er nahm die Anstrengung von Massenversammlungen auf sich, um durch den Gesinnungswandel eines Angehörigen der alten Oberschicht breiteste Teile der Bevölkerung für die neue, erlösende Idee zu gewinnen. Die Parallele mit reichen, römischen Patriziern, die Christen wurden und aus »allerhöchster Verfeinerung und Zauberhaftigkeit der Kultur« »in die Katakomben stiegen und das Märtyrertum auf sich nahmen«,[23] zog er durchaus.

Zum ersten großen Auftritt kam es am 23. April 1919 im vormals Preußischen Herrenhaus, der aristokratischen Bastion des alten Preußen, die der Revolution zum Opfer gefallen war. Im voll versammelten Haus stellte Kessler seine Auffassung in einer einstündigen Rede vor und richtete überdies mit seinem

Schlußwort »eine energische Absage an die formale Demokratie«. Zu diesem Zeitpunkt war der Völkerbund noch en vogue, und Kessler konnte auch mit dem Interesse der ausländischen neutralen Presse zufrieden sein.

Als am 10. Januar 1920 der Versailler Vertrag in Kraft trat, waren die deutschen Hoffnungen auf einschneidende Konzessionen der Sieger längst verflogen. Der Zeitdiagnostiker spürte bereits die unheilschwangere Atmosphäre vor dem Ausbruch des Zweiten Weltkriegs: »Eine furchtbare Zeit beginnt für Europa, eine Vorgewitter Schwüle, die in einer wahrscheinlich noch furchtbareren Explosion als der Weltkrieg enden wird.«[24] Daß in Deutschland »alle Zeichen für ein fortgesetztes Anwachsen des Nationalismus« sprachen, war für Kessler ein Grund mehr, sich dagegen aufzulehnen.

Auf Einladung von Ortsgruppen der Gewerkschaft oder der Deutschen Friedensgesellschaft begab er sich auf Vortragsreisen, die ihn vom Ruhrgebiet über Hamburg bis in die ostpreußische Provinz führten. Trotz seiner Kritik am Genfer Völkerbund sah er, daß Maximalismus nicht weiterführte, und akzeptierte dieses Gremium als immerhin ersten Schritt. Als Deutschland im September 1924 vom englischen Premier Ramsay MacDonald eingeladen wurde beizutreten, machte Kessler sich dafür stark.

Harry Graf Kesslers Erscheinen in der Provinz sorgte für Aufsehen. Es wurde nicht nur begrüßt, auch Saalverweigerungen und Protestaktionen örtlicher Gegner blieben nicht aus. Die gesteigerte Aufmerksamkeit nutzte Kessler für Interviews mit der Lokalpresse, für die der Paradiesvogel aus Berlin willkommene Abwechslung bot. Auch Einladungen ins Ausland, wo er in Genf, Lugano, Paris und Den Haag vor großem Publikum sprach, kam er gern nach. Bei diesen Aktivitäten hat man nicht den Eindruck, es handle sich um Ersatzhandlung oder Kessler sei sich eigentlich dafür zu gut gewesen. Im Gegenteil. Der Kontakt mit der Masse, in Dortmund auf dem Hansaplatz neuntausend Menschen,[25] zog

Berliner Lustgarten am 25. Juni 1922, der Tag nach der
Ermordung Walther Rathenaus

ihn an. Als sich am 30. Juli 1922, nach der Ermordung Walther Rathenaus, etwa 100 000 Demonstranten im Lustgarten versammelten, gefiel es ihm, »auf der Schlossbalustrade an der Ecke bei der Brücke« stehend, einer von dreißig Rednern zu sein, die sich von verschiedenen Stellen aus an Zuhörer wendeten.

In der Weimarer Republik schwankte Kesslers Stimmung zwischen messianischer Erwartung und finsterstem Pessimismus, die einmal gefasste Hoffnung auf Lebenserneuerung durch Demokratie gab er jedoch nicht mehr auf. Obwohl diese Zuversicht eher durch ein Erweckungserlebnis als durch gründliches Nachdenken entstanden war, empfand er die Demokratie nicht als politisches Allheilmittel. Seine Diagnose der deutschen politischen Zustände blieb erstaunlich nüchtern.

Im Jahr 1923, als durch Ruhrbesetzung, Inflation und bayrischen Separatismus die Deutsche Republik ins Chaos zu fallen drohte, zweifelte auch Kessler, »ob vorläufig mit demokratischen Mitteln ein so kompliziertes Gebilde wie das deutsche Reich zusammen gehalten werden kann«. Er lastete dies aber nicht der Demokratie an, sondern dem alten Gegensatz zwischen Norden und Süden. Das Reich würde sich auf Dauer »auch durch eine Autokratie nicht zusammen halten lassen«.[26]

Von den hochfliegenden Erwartungen an die wirtschaftliche Zusammenarbeit der Völker abgesehen, besaß Kessler auch im Hinblick auf die westlichen, lange etablierten Demokratien keine übertrieben anspruchsvollen Vorstellungen. Als der Londoner Gesandte Albert Dufour-Feronce, ein sächsischer Parfümfabrikant, der nach 1918 ins Auswärtige Amt eingetreten war, die Demokratie überall in der Welt »als Schwindel« darstellte, war Kessler nicht bereit, die Invektive des frischgebackenen Diplomaten der Deutschen Republik hinzunehmen: »Nach meinen Beobachtungen könne heute nirgends anders als demokratisch d. h. unter Rücksicht auf die öffentliche Meinung regiert werden. Allerdings werde die öffentliche Meinung durch Männer wie Rothermere und Stinnes gefälscht. Aber das ermögliche noch lange nicht eine Regierung gegen die öffentliche Meinung.«[27]

Der Kulturpropagandist war erfahren genug, die Massenmanipulation nicht zu überschätzen. Seit der Französischen Revolution begleitete sie die Manifestationen des Volkswillens. Aber obwohl im Weltkrieg zur Lawine angewachsen, würde sie in der Nachkriegszeit das Schicksal der Demokratie nicht besiegeln. Die Erleichterung über das Kriegsende herrschte selbst in den Siegerländern vor. In England und Frankreich gab es wenig Anlaß zu anhaltenden Triumphgefühlen, in den USA zog man sich, der europäischen Streitereien müde, auf die Probleme des eigenen Landes zurück. Kessler hatte guten Grund, im November des Krisenjahres 1923 nicht zu zweifeln: »die grosse Mehrheit aller Menschen, Deutsche, Engländer, Amerikaner, Franzosen, *wollen den Frieden;* werden von dem Ziel, das sie am Tiefsten ihres Herzens erstreben, nur künstlich fort in die Irre geführt.«[28] Diesem Friedenswillen stand allerdings die betrübliche Erkenntnis entgegen: »diese große Mehrheit *ist unendlich schwach;* ihre Organisationen, so weit sie welche hat, sind viel zu arm und zu wenig fest, um den wilden Willen zur Macht kleiner reicher Minoritäten in allen Ländern wirkungsvoll Widerstand zu leisten.« Die friedliche Mehrheit zu aktivieren war Sache der pazifistischen Bewegung, die allerdings auf Beihilfe von oben angewiesen war. In nüchterner Einschätzung der Autoritätshörigkeit der breiten Bevölkerung dachte Kessler einem Staatsmann die wichtige Rolle zu, gestützt auf die Volksbewegung, dauerhaften Frieden zu schaffen. Mahatma Gandhi, »der die Non-resistance-Bewegung in Indien eingeleitet u. organisiert hat«,[29] war bereits in sein Blickfeld getreten. Im August 1922, als Kessler in Lugano am »Weltfrauentag« teilnahm, hatte er mit Gandhis Vertrauten Kalidas Nag gesprochen, der den erfolgreichen Verfechter des gewaltlosen Widerstands als »die größte Figur der indischen Geschichte seit vier Jahrhunderten« bezeichnete.

Aber selbst die Erwartung eines charismatischen Staatsmannes, »der aus den Tiefen seine Kraft schöpfen und der Zukunft sein Siegel aufdrücken will«, reichte als Lösung nicht aus. Horkheimer-Adorno vorwegnehmend, brachte Kessler den »autoritären Charakter« und dessen hemmende soziale Wirkung ins Spiel: »Die Frage ist, ob die heutige Gesellschafts Ordnung nicht notwendig so viele abhängige, kleinliche, ängstliche, überarbeitete, kraftlose Existenzen schafft, dass in ihr jede grosse, schöpferische Massenbewegung unmöglich ist?«[30]

Es bedurfte wohl erst der Erfahrung des Zweiten Weltkriegs,

um den sympathischen Irrtum zu verabschieden, der noch in Kesslers optimistischer Schlußfolgerung steckte: »Aber der Nationalismus hat diese Lethargie überwunden. Warum sollte es nicht auch eine auf das wahre tiefe Herzensziel der Massen eingestellte Bewegung tun?«[31]

Kesslers Neuorientierung blieb nicht an der Oberfläche und ließ kaum einen Bereich in seinem geistigen Haushalt unberührt. Selbst das Verhältnis zur Antike wandelte sich gründlich. Nach dem mißlungenen Abenteuer mit Maillol und Hofmannsthal hatte er Griechenland den Rücken gekehrt. Auch war er seit van de Veldes Scheitern beim Nietzsche-Denkmal überzeugt, es sei unmöglich, diesen von griechischer Körperästhetik erfüllten Traum in der modernen Massengesellschaft zu verwirklichen.

Nun sprach ihn die römische Antike an, für die er sich zuvor nicht erwärmen konnte. Waren doch die Römer nur ungeschickte Nachahmer und kulturell hoffnungslos hinter ihren etruskischen und griechischen Nachbarn zurückgeblieben. Ohne das Manko zu leugnen, kam der Architekt des wahren Völkerbunds nicht umhin, die Koordinaten zu ändern, nachdem er 1921 erstmals wieder nach Italien gereist war.

Die lateinischen Techniker der *»Kunst, Macht zu gewinnen«* und *»das Meisterwerk dieser Kunst,* das römische Weltreich«,[32] erhielten nun Umriss und Gestalt. Als Kessler bei einem Spaziergang unerwartet auf die »gewaltigen Mauern und Säulen« des Augustus-Forums stieß, hielt er elektrisiert inne: »Sie machten in ihrer Anonymität auf mich den Eindruck einer überwältigenden Macht und Grösse. Wie Jahrmarktsbuden erscheint im Vergleich zu diesen den Stempel der Ewigkeit tragenden Bauten Alles Moderne. Man fühlt, dass was die Römer schufen, die Festigkeit und Grösse besass, um als Fundament für Jahrtausende zu dienen; dass ähnliche Qualitäten dem römischen Recht, dem römischen Staatsbegriff, der römischen Kirche ihre Dauer verbürgen.«[33]

Die ehrfurchtgebietende Größe lebte in der römisch-katholischen Kirche fort. Durch ihre supranationale Struktur war sie für Kesslers Vision des Völkerbunds prädestiniert; allerdings hatte es den Sendboten aus dem protestantischen Norden nicht sonderlich überrascht, daß Papst Benedikt XV. in einer Privataudienz durchblicken ließ, der universalen Kirche genüge der Völkerbund aller katholischen Christen.[34]

Die kapitolinische Wölfin, »das älteste authentische Symbol Roms, in dem es sich selbst verkörpert hat«,[35] übte auf Kessler eine Suggestion aus, in die sich Scham über die demütigende Lage des Deutschen Reiches und seiner hilflos agierenden Bevölkerung mischte. Die Bronzeskulptur markierte den Anfang der römischen Selbständigkeit nach der Befreiung von etruskischer Vorherrschaft. Wie nirgendwo sonst artikulierte sich hier der starke altrömische Charakter, dem die Jahrhunderte nichts anhaben konnten: »Welches Volk hat je ein solches Symbol am Eingang zu seiner freien Selbstbetätigung aufgerichtet, ein so erschütterndes, verzweifeltes, grandioses, unheimliches Selbstbekenntnis, einen solchen Schrei!«[36] Überlebenswille und ein Machthunger, der nicht in die Katastrophe geführt hatte, imponierten Kessler, dessen geliebtes Preußen mit seiner kunstfernen Frugalität und den militärischen Tugenden der Junker als Episode versunken war.[37]

In den römischen Katakomben wiederum widmete er sich den Hinweisen darauf, daß das Christentum zu »einer Zeit, wo einzelne Apostel noch am Leben sein konnten, wo es noch in voller Bildung war, *keine bloße Sklaven und Proletarierreligion mehr*, sondern schon in die Kreise der römischen Aristokratie eingedrungen«[38] war. Wegen seiner Sympathie für die USPD im Auswärtigen Amt als Abtrünniger angesehen,[39] beruhigte ihn der Gedanke an die noblen Geistesverwandten im römischen Kaiserreich, die seinem Übertritt ins demokratische, pazifistische Lager einen menschheitsgeschichtlichen Horizont gaben. Die früheren

Besitzer der Katakomben waren nicht selten »Leute von hoher gesellschaftlicher Stellung u. Kultur«. »Frühchristliche Symbole in der elegantesten, leichtesten, raffiniertesten Ausführung« zeugten davon, daß es in der römischen »Gesellschaft« »einen Kreis von Bekennern des neuen Glaubens« gegeben hatte, »die keineswegs auf feinen Geschmack, künstlerischen Luxus u. Kultur verzichten wollten«.[40]

Vor diesem Hintergrund lebte die alte Aversion gegen Nietzsches »Genealogie der Moral« und dessen Verachtung der christlichen Sklavenseelen mit neuem Impetus auf. Bei seiner »Darstellung des Kampfes zwischen Rom und ›Judäa‹« war Nietzsche der entscheidenden Frage ausgewichen, warum der christliche Sklavenaufstand triumphieren konnte und nicht »ergebnislos verpufft« war, »wie so viele andere«.[41] Kesslers Erklärung koinzidierte auffällig mit der Sinnkrise, in die er beim Zusammenbruch der Kaiserreichs geraten war.

Die römischen Machttechniker, die über Jahrhunderte »mit der grössten Machtanhäufung der Geschichte *experimentiert*« hatten, waren ihrer Erfolge müde geworden. Der »Sklavenaufstand« hatte nicht aus eigener Kraft gesiegt; »*bei den Mächtigen selbst*« waren die Enttäuschung und »das Gefühl des Unbefriedigtseins durch die Macht« so stark geworden, daß sie allmählich dem Christentum zuneigten und die innere Bereicherung des Menschen, »die Veredelung und Rettung seiner ›Seele‹«, als neue Zielrichtung akzeptierten. Nicht aus Schwäche waren Angehörige der Oberklasse zum neuen Glauben übergetreten und den Märtyrertod gestorben, sie hatten sich vom »römischen Machtideal« abgekehrt, weil sie »die Hohlheit des Idols erkannten«.[42]

Die Transformationsperiode bis zum Toleranzedikt des Kaisers Konstantin im Jahre 313 fasste Kessler bemerkenswert harmonisch und als für die spätere Entwicklung höchst vorteilhaft auf. Um der »reifen Früchte« willen, welche die »ungeheure Lebenskraft« der kaiserlich-römischen Kultur bis zuletzt hervorbrachte,[43] weigerte er sich, den Niedergang und Verfall des Römischen Reiches und dessen verheerende Folgen auch nur in Betracht zu ziehen: »Die römische Gesellschaft der ersten zwei oder drei Jahrhunderte war noch so beweglich, so lebensfrisch und mannigfaltig, dass sie das Christentum in sich aufnehmen und verarbeiten und mit ihm zusammen eine völlig neue, christlich-römische Welt vorbereiten konnte.«

Dagegen hatte der radikale Werteverlust der letzten hundert Jahre eine ganz andere Lage hinterlassen, die es den sozialistischen Revolutionären nicht erlaubte, ihrerseits eine Erbschaft anzutreten. Gezwungen, am Nullpunkt zu beginnen, zeitigte die revolutionäre Strömung der Gegenwart nur »das jammervolle Fiasko des Sozialismus, wo er heute an die Regierung kommt«.[44] Diese düstere Sicht bezog Kessler nicht nur auf die gewaltsame Praxis der russischen Bolschewisten, denen er aus der Ferne eine gewisse Achtung zollte; mit der ungarischen und der Münchener Räterepublik hatte das Jahr 1919 zwei Beispiele in größerer Nähe geboten, die, selbst bei wohlwollender Betrachtung, keine andere Bezeichnung verdienten.

Damit nicht genug. Die neue kulturhistorische Sicht bezog die römischen Dichter des ersten Jahrhunderts ein und verdeutlichte die Auspizien, unter denen Vergils »Eclogen« in den Jahren 1926/27 in deutscher, englischer und französischer Übertragung in der Cranach Presse gedruckt wurden. Bei der ziemlich unerfreulichen Lektüre des Satirikers Juvenal, der seine düsteren Gedichte mit endlosem Pathos und Beispielen überhäufte, war ihm aufgefallen, daß dieser einen anderen Ton anschlug, sobald er die einfachen Dinge schilderte, die draußen auf dem Lande unverfälscht gediehen. Auch dieser griesgrämige Patron hatte, wie die Dichter des ersten Jahrhunderts, wo sie »*das Land* berühren«, Zugang zu Kräften, »die Etwas Tiefes, durch den Kontrast Neues ahnen lassen«.[45]

Für Kessler, dem die »Eclogen« den Anstoß zu einer eigenen

Presse gaben, verknüpfte sich die rustikale Tendenz im römischen Kaiserreich mit Wegmarken der eigenen Biographie. Den Rückzug von den alten Verbindungen, der ihm nach dem Desaster mit dem Weimarer Großherzog in Frankreich Ansätze zum Neubeginn gezeigt hatte, fand er hier ebenso präformiert wie seine Wendung zum Pazifismus:»Diese Sehnsucht nach dem Lande aus dem Kaiserreich heraus, das so zwecklos erscheint, ist *das Gegenstück* zur Sehnsucht nach dem Geheimnis, dem Mysterium, dem Paradies, Gott, Christus. Es ist das Gegenstück u. der Gegen-*Beweis* für die Echtheit dieser gewaltigen Strömung, die fort vom großen Rom wollte, weil es keinen Zweck mehr, kein ›Wozu‹ in dessen Herrlichkeit erkennen konnte.«[46]

Die»Eclogen«, in denen Vergil als erster in der römischen Dichtung das arkadische Leben pries, waren keine rückwärtsgewandten Elegien, keine Trauer über das verlorene Paradies. Sie gehörten vielmehr zu einer mächtigen Widerstandsbewegung, an der das Christentum ursprünglich teilhatte. Die Begeisterung über die »Frische« und »quellenmässige Ursprünglichkeit« des gerade von ihm entdeckten »Rusticalen« versetzte den Diaristen in den agitatorischen Schwung, der seine Zuhörer in den Vortragssälen mitriss:»Das ganze war *mehr* als eine blos religiöse oder ethische Bewegung; es war ein Aufstand *des Menschen* gegen das Unmenschliche, Halbmenschliche, Untermenschliche; der Ausbruch der Seele gegen die Unseele; die Zersplitterung der Maschine durch die Kräfte, die sie treiben.«[47]

Im Jahr 1923, als die Franzosen im Januar das Ruhrgebiet besetzten und Deutschland in der Reparationsfrage auf Verständigung mit der englischen Regierung hinarbeitete, erreichte Kesslers politische Aktivität ihren Höhepunkt. Dabei engte die Sympathie für die Linke seinen Spielraum nicht ein. Ihn behinderte weder das schlechte Gewissen linker Parteipolitiker in der Koalition, noch teilte er die in tonangebenden Kreisen immer noch starke Aversion gegen die SPD. Ob Kessler im besetzten Essen die Wogen nationalistischer Erregung glättete und dort auf einer Gewerkschaftsversammlung »auf die Gefahr eines deutsch-französischen, unter französischer Kontrolle stehenden, auf die französische Armee und die französische Weltstellung gestützten Schwerindustriellen Trusts«[48] hinwies und den Kommunisten recht geben mußte, wenn sie von einem »Kampf hinter den Kulissen« zwischen zwei Kapitalistengruppen sprachen, oder ob er zwei Wochen später in London staatsmännisch die »Neuorientierung der russischen Politik auf einen *Kontinentalblock gegen England*« aufdeckte,[49] er redete nicht mit gespaltener Zunge. Die Interessen des Deutschen Reiches brachte er mühelos mit denen der Friedensbewegung in Einklang. Am 11. August 1929, dem 10. Jahrestag der Weimarer Verfassung, marschierte er neben Philipp Scheidemann an der Spitze von 150 000 Reichsbannerleuten »die Linden hinauf zur Schloßfreiheit«.

Als eloquenter Interimsunterhändler der ratlosen Regierung Cuno pendelte Kessler zur Lösung der Reparationsfrage zwischen Berlin und London. Mit dieser bereitwillig übernommenen Rolle verband er den Plan, im Tiergarten in der Hildebrandstraße ein Haus zu kaufen, das wieder van de Velde umbauen sollte.[50] Obwohl ihm sein englisches Vermögen als Feindeigentum vorenthalten blieb, hielt er den Neuerwerb, der seiner politischen Stellung einen angemessenen Rahmen geben würde, für notwendig.

Die legendären Gesellschaften, die Kesslers Prestige in den zwanziger Jahren aufrecht hielten, fanden weiter in der Köthener Straße 28 statt. Maillols »Große Hockende« im Bibliothekszimmer rief immer noch Erstaunen hervor,[51] und der britische Botschafter Viscount d'Abernon, der in der Köthener Straße mit dem Ehepaar Lichnowsky an einem Diner teilnahm, näherte sich dem großen Seurat, der zur Veräußerung ausgerollt und umgehängt war, »mit überraschender Sachkenntnis«.[52] Erst 1930 richtete der politisch Resignierte eine zweite größere Wohnung und das Büro der Cranach Presse in der Hildebrandstraße ein.[53]

Im Wirbel der Londoner Verhandlungen, durch die explosive Lage im Ruhrgebiet dramatisch beleuchtet, erhielt Kessler das ehrenvolle und finanziell lukrative Angebot, in die neuenglische, heile Welt von Massachusetts zu reisen und dort an einer Sommeruniversität mitzuwirken. Am College von Williamstown fanden für Professoren und geladene Gäste aus der High Society Vorträge und Diskussionen statt, die den Zuhörern Gelegenheit boten, sich aus erster Hand über die politischen Fragen in Europa zu informieren. Harry A. Garfield, Sohn eines Präsidenten der USA, hatte Kessler in London zu sich gebeten und Wert darauf gelegt festzustellen, daß als deutscher Vertreter Walther Rathenau vorgesehen war. In Kesslers Begeisterung, in einem derartigen Rahmen zu glänzen, war ein Wermutstropfen gefallen, der bewies, daß seine Position im Auswärtigen Amt nicht stärker geworden war. Zwar wollten Reichskanzler Cuno und sein Außenminister Rosenberg ihren Spezialbeauftragten gern zur unmittelbaren Verfügung behalten, aber es war Carl von Schubert, Ministerialdirigent im Auswärtigen Amt, der die englischen Beziehungen als eigene Domäne betrachtete, mühelos gelungen, den neuen Vertrauensmann wegzuloben.

Kesslers Fähigkeit, derartige Vorkommnisse schnell wieder zu vergessen, war noch ungebrochen. Der arbeitsreiche Sommer, an den sich ein Erholungsaufenthalt auf Madeira und den Kanaren samt Besteigung des Pico del Teide auf den Spuren Alexander von Humboldts anschloß, eröffnete ihm noch einmal einen neuen Zugang zur Welt.

Bei der langen Einfahrt in den New Yorker Hafen zum hypermodernen Hapag Pier erinnerte er sich etwas beklommen: »Als ich junger Kerl nach einem durchtanzten Winter fortfuhr, hatte ich das Gefühl, dass ich ein Stück meiner selbst hier zurückliesse. Werde ich dieses Gespenst meiner Jugend hier plötzlich an einer Strassenecke treffen?«[54] Als ihn jedoch bereits auf dem Schiff eine Schar von Reportern umringte und im Morgennebel die Wolkenkratzer wie eine Fata Morgana auftauchten, war der Trübsinn verflogen: »New York ist überwältigend. Ich hätte nicht geglaubt, dass irgend ein Eindruck mich noch aus der Fassung bringen könnte. Vor dem ungeheuren Anprall dieser Stadt gerate ich ins Wanken. London ist dagegen fast ›Provinz‹. Hier ist die Erfüllung von London. Hier ist das moderne Rom, die kolossale Welthauptstadt, die Stadt, die das Gesicht hat, Mittelpunkt und Herrscherin Beherrscherin der modernen Welt zu sein. Wie Babylon trägt sie das Kainszeichen auf der Stirn. Es ist die Welt des Dr. Mabuse, die Welt des rücksichtslosen Spiels, die Welt, wo die Zahl, wo Alles, was nach Wert oder Grösse messbar, wägbar, spielbar, regulierbar, käuflich auf der Börse benennbar käuflich und beleihbar ist, Titanisch und schamlos das Haupt bis zu den Sternen erhebt.«[55]

Nicht nur in New York sah Kessler sich aufmerksam behandelt, in Washington führte er ein ergiebiges Gespräch mit Senator Robert M. La Follette aus Wisconsin, der ihm eröffnete, daß die USA sich nur widerstrebend durch Woodrow Wilson in den Krieg hatten hineinziehen lassen. Auch hätte die demokratische Propaganda erst eingesetzt, als man erkannte, daß die verletzten Interessen von Schiffahrtsgesellschaften und Banken für eine Massenmobilisierung nicht ausreichten. Kessler wußte diesen Freimut zu schätzen und wies darauf hin, nur das Eingreifen Amerikas habe den unseligen Diktatfrieden ermöglicht. Er brachte den isolationistischen, prominenten Senator dazu, die moralische Verpflichtung der USA einzugestehen. Wohin er auch kam, der amerikanische Unwille, sich im zanksüchtigen Europa zu engagieren, war nicht zu übersehen.

Kaum im prachtvollen Klub- und Wohnhaus der Studenten untergebracht und von einem schwarzen Diener umsorgt, wurde Kessler von zwei Bostoner Journalisten aufgesucht. Für das bereitwillig gegebene Interview revanchierten sie sich, indem sie über den Verlauf der bisherigen Veranstaltungen berichteten. So lernte Kessler die Vorgaben seiner Kontrahenten Abbé Dimnet und Sir Edward Grigg samt Publikumsreaktion kennen, bevor er zwei Tage später vor vollem Haus über die Kriegsschuldfrage sprach.

Das öffentliche Interesse an Kesslers Auftritt war so groß, daß er sein Manuskript im voraus dem Pressebüro des Veranstalters überließ. Die tolerante Atmosphäre der neuenglischen Society, die in Autos von ihren Feriensitzen in der Umgebung anreiste, war ein lange entbehrter Genuß. Vor allem das Echo in der großen amerikanischen Presse, selbst wenn es nicht schmeichelhaft war, sorgte für Hochstimmung: »Alle New Yorker u. Bostoner Zeitungen bringen heute ausführlich meine gestrige Rede. Die ›New York Times‹, die führende Zeitung der Vereinigten Staaten, auf drei vollen Spalten, u dazu noch einen Leitartikel über mein gestriges Interview. Das Interesse, das die führenden Zeitungen Williamstown darbringen, ist erstaunlich; die Vorgänge u Reden hier spielen neben der Erkrankung des Präsidenten die erste Rolle. Die Resonanz, die man hier hat, ist durch die Zeitungen ganz bedeutend.«[56]

Als Kessler sich nach Abschluß der Sommeruniversität daranmachte, auf Autotouren Land und Leute kennenzulernen, bezauberte ihn manch schöne Landschaft, aber die Mentalität der Provinzbevölkerung hatte so gar nichts mit der entspannten Atmosphäre und geistigen Aufgeschlossenheit zu tun, die ihn in Williamstown angenehm überrascht hatte: »Amerika ist ein schlafender Riese, ein Riese, der schläft und verdaut. Wenn man so wie ich heute auf den wie eine Auto Rennbahn glatten und geteerten Landstrassen entlangfliegt, den hunderten von Autos beegegnet, rechts u links immer die gleichen kleinen, komfortabeln weissgestrichenen Häuser sieht, die zwischen atlantischem u stillen Ozean immer wieder die gleiche Familie in Millionen von Exemplaren beherbergt, alle mässig wohlhabend, alle durch und durch zufrieden und satt, alle mit den gleichen spiessig konventionellen Vorurteilen, ermisst man, warum Amerika nicht zu bewegen ist, für Europa Etwas zu tun. Warum auch? Was geht diese Millionen Spiesser Familien irgendetwas ausser ihrer Sonntagspredigt und ihrem Kassenschrank an?«[57]

Dieses »Staubecken der Philisterei« forderte zur propagandistischen Reaktion heraus und reizte Kessler, bereits im Januar wiederzukommen und eine Tournee durch die Vereinigten Staaten zu wagen. Die Vorträge wurden von Lee Kudick organisiert, einem angenehmen jungen Mann, der als bester amerikanischer Vortragsagent galt und diesen Ruf auch verdiente. Selbst in Kleinstädten des verschneiten Mittleren Westen wurde Kessler von freundlichen Menschen erwartet, die Kontakte herstellten und auf Sehenswürdigkeiten aufmerksam machten.

Als Woodrow Wilson am 3. Februar gestorben war und der deutsche Botschafter in Washington, eine Weisung Stresemanns übererfüllend, sich geweigert hatte, die deutsche Fahne auf Halbmast zu setzen, war dies kein Zwischenfall, der die amerikanische politische Öffentlichkeit bewegte, aber die Goodwill-Tour unglaubwürdig machte und Kessler den Eindruck vermittelte, die Vortragsreise, welche in der New Yorker Foreign Policy Association im Hotel »Astor« so hoffnungsvoll begonnen hatte, sei »dadurch wohl überhaupt ziemlich gegenstandslos geworden«.[58] Kurz zuvor vereinbarte Veranstaltungen wurden unter fadenscheinigen Gründen abgesagt. Kessler nahm die Wende mit erstaunlicher Gelassenheit hin und zeigte auch keine Lust, gleich nach Berlin zurückzukehren. Erst nach zwei Monaten kam die Vortragstätigkeit wieder etwas in Gang.

Die weiten Touren, bei denen grandiose Schneelandschaften mit üppiger tropischer Natur abwechselten, fügten sich zu einer fünfmonatigen Informationsreise, die der Stellung eines deutschen Botschafters in den USA gut zu Gesicht gestanden hätte.

Ein längerer Aufenthalt an der Westküste in Los Angeles und Umgebung, wo sich das zukünftige Amerika formierte, zeigte jedoch, wie hoffnungslos fremd die Neue Welt für Kessler blieb: »Und man fragt sich schliesslich hier wieder, wie in New York, wie in Chicago, wie auf den villengesäumten Landstrassen von New England: wohin treibt das Alles? Was wird dabei herauskommen? Hier ist der Höhe- und Endpunkt (zur Zeit) der modernen Welt; hier stehen wir auf ihrem Gipfel: wohin schauen wir? Was sehen wir von hier aus vor uns? Seit der römischen Kaiserzeit hat es Nichts Ähnliches, keine vergleichbare Zahl und Fülle von wohlhabenden, jeden Luxus gewöhnten Existenzen wie jetzt in Amerika gegeben. Was wird aus diesem Reichtum und dieser Macht dieses Mal hervorgehen? Wird Geist hineinfahren? Wird eine Mutation in Etwas Grösseres, Neues sich ereignen? Wie wird hier in Californien ›die dritte Generation‹ aussehen? Die Kinder, deren Eltern im Luxus geboren u. aufgewachsen sind? Vorläufig hat man hier das Gefühl, dass dieser Reichtum von ziemlich flachen Seelen erzeugt und genossen wird. Die grossen Paläste gehören Filmgrössen oder Filmproduzenten, Warenhausbesitzern, Zucker- oder Petroleum Königen, Kaugummimilliardären (wie Wrigley) oder Bierbrauern wie Busch (der wie ein Spiessbürger in Kyritz seinen Garten mit Heinzelmännchen schmückt). Ich frage mich noch einmal: was wird sich in diesem Paradies ereignen? Wieder nur ein Sündenfall der Kulturmenschheit?«[59]

Kurz vor seiner Rückreise nach Europa im Mai 1924 erblickte Kessler vor seiner politischen Zukunft, die in Washington bei Gesprächen mit dem amerikanischen Außenminister Charles Evans Hughes rosig ausgesehen hatte, ein neues Hindernis. Als der Vorsitzende der Mittwoch-Gesellschaft, Ludwig Stein, ihm in New York eröffnete, er könne den deutschen Botschafter Otto Wiedfeldt in Washington ablösen, wenn er heirate, war dies die verzuckerte bittere Pille, mit der das Auswärtige Amt seine

Goodwill-Tour honorierte. Der Heimkehrende, der nicht geneigt war, darauf einzugehen, konnte sicher sein, daß von da an gegen seine »Ernennung nach London oder Washington mit diesem Scheingrund in Berlin intrigiert werden wird«.[60]

Der deutsche August 1924 hatte es in sich und riß Kessler erneut in den Strudel politischer Ereignisse, ein widersprüchliches Geschehen, in dem sich gleichwohl für die Deutsche Republik Normalität anzubahnen schien. Die gewaltige »Gedenkfeier zu Ehren der Opfer des Weltkrieges« vor dem Reichstag, die an den 10. Jahrestag des Kriegsausbruchs erinnerte, stand ganz im Zeichen »engsten Nationalismus«. Für Kessler war es kaum zu fassen, vor den 100 000 Menschen fiel kein einziges Wort über die Sinnlosigkeit des Krieges und die Verpflichtung gegenüber den Toten, eine bessere Welt und Versöhnung zwischen den Völkern zu schaffen. Die Feier sollte vor allem der Reichswehr Gelegenheit bieten, ihre Machtstellung in der Republik zu demonstrieren. Vom Ausland Vertrauen auf deutsche Friedfertigkeit zu erwarten, verbot sich angesichts dieser monumentalen Inszenierung des Selbstmitleids. Am selben Tag fand bei Friedrich Ebert ein großes Frühstück für den amerikanischen Außenminister Hughes statt, dessen Besuch »zum ersten Mal seit dem Kriege wieder den leitenden Staatsmann einer Grossmacht nach Berlin gebracht«[61] hatte. Der amerikanische Außenminister bekundete Verständnis für die Schwierigkeit der deutschen Regierung, den von ihm inspirierten Dawes-Plan im Reichstag durchzusetzen, und vertrat den gewachsenen Willen der USA, dem zerstrittenen Europa zu einem dauerhaften Frieden zu verhelfen.

Die Feier zum 5. Jahrestag der Weimarer Verfassung ließ Kessler sich nicht entgehen. Noch zornig über die Berliner Gedenkfeier, erläuterte er am 10. August in Holzminden feurig die Grundsätze der Demokratie und ging mit den falschen Vaterlandsfreunden, die dem autoritären Kaiserreich nachtrauerten, ins Gericht. Von einem hohen, schwankenden Podium aus, auf das er über eine Leiter hinaufgeklettert war, forderte der Redner seine etlichen tausend Zuhörer auf, für eine bessere Zukunft zu kämpfen, wobei der »rote Graf« sein vorwiegend aus Arbeitern bestehendes Publikum duzte: »Ich frage Euch: Wollt Ihr wieder die Untertanen irgendeines durch Gottes Gnade Euch geschenkten Wilhelms werden? (stürmische Rufe: Nein, Nein) Wollt Ihr wieder Kanonenfutter für einen neuen Krieg werden? (Nein, Nein) Wollt Ihr wieder als rechtlose Arbeitnehmer mit der Mütze in der Hand auf dem Fabrikhofe vor den »Herren im Hause« stehen? (Nein, Nein) Dann tretet vor die Republik hin, schützt sie, verteidigt sie. Tretet ein in die Organisationen, schliesst Euch an das ›Reichsbanner Schwarz Rot Gold‹. Die beste Verteidigung aber ist die Verwirklichung. Seht zu dass, was in der Verfassung versprochen ist, auch verwirklicht wird. Vor Allem die Wirtschaftsdemokratie, die Euch der Art 165 gewährleistet, und den wahren Völkerfrieden, den Euch Eure Aussenpolitik bringen muss. Zwingt Eure Führer, Eure Abgeordneten, Eure Minister unablässig die Erreichung dieser beiden Ziele zu erstreben. Denn ohne wirtschaftliche Demokratie giebt es keine wahre politische Demokratie, und ohne Frieden kann es keine wahre Selbstbestimmung der Völker, keine wahre Menschenwürde geben. Heute aber stehen wir hier, um uns gegenseitig zu geloben, dass wir diese Grundsätze und Ziele der deutschen Verfassung und Republik immerdar gemeinsam schützen und erstreben wollen; und dieses Gelöbnis fordere ich Euch auf abzulegen, indem Ihr mit mir ein stürmisches Hoch auf die Republik ausbringt. (Donnerndes Hoch und wieder Hoch der vielen Tausende, die den Platz füllen; ungeheure Begeisterung u. Klatschen).«[62]

Dagegen wirkte Ludendorffs Weimarer Aufmarsch der »Völkischen« am 17. August, »wenig altgediente Leute, wenige eiserne Kreuze, meistens blasse, unreife Jungens oder alte Herren mit steifem Kreuz und vorsorglich mitgenommenem Regenschirm«, erbärmlich genug. Nach dem gescheiterten Novemberputsch in München konnte dieser Haufen als Ausdruck einer abklingenden Bewegung gelten, die ersichtlich unter Geldmangel litt: »In Halle noch 60,000, drei Monate später in Weimar reicht es nur noch zu weniger als 10,000. Schliesslich die Talentlosigkeit der Redner, sowohl der grossen Kanone, die vor Ludendorff redete, wie Ludendorffs selber. Kein Geld und kein Geist, damit macht man keine Volksbewegung, geschweige denn eine Revolution. Der Weimarer ›Deutsche Tag‹ ist kaum noch ein Achtungserfolg gewesen, fast schon ein Fiasco.«

Die Verabschiedung der »Dawes-Gesetze« im Reichstag vom 25. bis 29. wurde vollends zur Zitterpartie, die den bedeutungsschwangeren August des Jahres 1924 abschloß. Die Verpfändung des deutschen Eisenbahnnetzes, ein Hauptpunkt der Vereinbarungen, erforderte eine Zweidrittelmehrheit, die nur mit Stimmen der Deutsch-Nationalen zu erreichen war. Als Kessler, über den Erfolg der Regierung erleichtert, nach Weimar fahren wollte, um sich beim Druck der »Eclogen« von den Aufregungen der letzten Tage zu erholen, rief ihn der Staatssekretär im Auswärtigen Amt, von Maltzan, an und forderte ihn auf, in zwei Tagen als inoffizieller deutscher Beobachter nach Genf zu kommen. Der britische Premier Ramsay Macdonald werde sich zur Sitzung des Völkerbunds begeben und habe den Wunsch nach einem Verantwortlichen geäußert, mit dem er über den deutschen Beitritt sprechen könne.

Die englische Demarche, der man sich schlecht verweigern konnte, traf die deutsche Politik gänzlich unvorbereitet. Im Auswärtigen Amt erinnerte man sich an den Außenseiter, der in der kritischen Situation Anfang 1923 in London als Interimsunterhändler überzeugend aufgetreten war. Kessler dagegen sah sich endlich am Ziel und ergriff, freudig erregt, die Gelegenheit, durch die Genfer Mission seine politische Tätigkeit zu krönen:

»Jetzt komme ich endlich zu meinem eigentlichen Lebenswerk: praktisch an erster Stelle mithelfen Europa zusammenschmieden. Vor dem Kriege habe ich das auf dem allzu dünnen u. zerbrechlichen Niveau der Kultur versucht; jetzt geht es an die Fundamente. Möge es ein gutes Vorzeichen sein, dass meine Ernennung am Tage erfolgt, wo durch die Annahme des Gutachtens durch Deutschland vielleicht eine neue Friedensaera anfängt.«[63]

Die Dringlichkeit, mit der Macdonald vorging, machte die deutschen Verantwortlichen mißtrauisch. Anstatt eine politische Entscheidung zu treffen, bekundete man in Berlin grundsätzlichen Beitrittswillen und versteifte sich auf juristische Kautelen. Nicht zuletzt spielten Bedenken eine Rolle, den einzigen Erfolg der deutschen Nachkriegsdiplomatie, die in Rapallo eingegangene Verbindung mit Sowjetrußland, zu gefährden.

Kessler, dem es mit englischer Unterstützung im ersten Anlauf gelungen war, den französischen Vertretern in Genf Zugeständnisse abzuringen, die man in Berlin nicht für möglich gehalten hatte, sah seinen Spielraum durch neue deutsche Bedingungen eingeengt. Damit nicht genug. Als ihn die »Deutsche Allgemeine Zeitung« als eigenmächtigen Initiator angriff und das Gustav Stresemann nahestehende Blatt »Die Zeit« sekundierte, »der sattsam bekannte Pazifist Graf Kessler« sei nicht befugt, über den Völkerbund zu verhandeln, bestätigte das Auswärtige Amt lediglich, Kessler sei nicht in offizieller Funktion in Genf tätig, ohne seinen Status als inoffizieller deutscher Beobachter zu erwähnen.[64] Schließlich konnte der halbherzig Rehabilitierte froh sein, sich mit einem gewundenen Schreiben des deutschen Außenministers für seine Verhandlungsposition legitimieren zu können.[65]

Für den Sicherheitspakt zwischen Deutschland, Frankreich und Belgien, den Stresemann am 9. Februar 1925 auf Anregung des englischen Botschafters in Berlin vorschlug, setzte sich Kessler energisch ein. In London nutzte er seine Kontakte zur Labour Party, um sie für das Friedensprojekt, in dem sich der Locarno-Vertrag abzeichnete, zu gewinnen. Der Verzicht auf gewaltsame Revision der Grenzen entsprach seiner pazifistischen Überzeugung; mit Großbritannien und Italien als Garantiemächten ging der Vorschlag über die bilateralen Vereinbarungen der Vorkriegszeit hinaus und näherte sich seiner Vorstellung internationalisierter Außenpolitik.

Als im Oktober 1925 in Locarno verhandelt wurde, hatte Kessler sich, von Krankheit gezeichnet, bereits aus der Politik zurückziehen müssen und versuchte, mit der unvermeidlichen Statistenrolle zurechtzukommen. Im September 1926, als Deutschland dem Völkerbund beitrat, war er in London und erholte sich nur allmählich von der lebensgefährlichen Erkrankung, Lungenentzündung verbunden mit Darmblutung, die ihn Ende Juni im *Hotel Cecil* niedergeworfen hatte. Den körperlichen Zusammenbruch begleiteten wachsende finanzielle Schwierigkeiten, die Kessler zu überspielen versuchte, indem er sie nicht zur Kenntnis nahm. Auf bessere Zeiten vertrauend, setzte er seine aufwendige Lebensführung fort. Im März 1926 erlebte er allerdings den Verkauf des großen Seurat als tiefen Einschnitt in seiner Biographie. Fast dreißig Jahre hatten die »Poseuses« seiner Wohnung in der Köthener Straße Identität verliehen, ein endgültiger Abschied, der nicht zu verleugnen war.[66]

Die deutschen Verhältnisse betrachtete Kessler nun aus einem Abstand, der ihm erlaubte, die eigene Funktion im Auswärtigen Amt deutlich zu sehen: »Die Fürstin Hatzfeldt mit mir über Politik, aussen u innen, im Sinne einer gemässigt konservativen Innenpolitik u Locarno in der Aussenpolitik. Eindruck des Abends: (bunter Stumm-Bethmannscher Clan) genau dieselbe Familienklique hat die Macht inne wie vor dem Kriege und während des Krieges, der aufgeklärt liberale, lau monarchische, antiwilhelminische Bethmannsche Familienkonzern, die Bethmanns,

Stumms, Harrachs, u. ihre Familienangehörigen (Kühlmann, Hatzfeldts, Schubert, Mutius u.s.w.). Hier in diesem Familienkomplex ist das Machtzentrum unserer Aussenpolitik (heute wie 1914 u. 1917). Heute sind sie mussrepublikanisch, pazifistisch (Locarno), einer europäischen Zollunion geneigt, aber streng auf sich und die Macht ihrer Klique eingestellt. Dagegen kommt Nichts auf. Stresemann ist nur ihr geduldeter parlamentarischer Condottiere. Im Hintergrund steht die Schwerindustrie (Stumm). Mich benutzen u. dulden sie auch nur, wie vor 1914, allerdings zur Zeit wieder (nach Dawes u. Locarno mit mehr Wärme) als Handlanger.«[67]

Déjà-vu-Erlebnisse, wie dieses Gespräch mit der Fürstin Hatzfeldt, bedrängten ihn. Mit der Arbeit an der Rathenau-Biographie Anfang 1927, verstärkt mit der Vorbereitung seiner Memoiren im Oktober 1932 beschäftigt, trat die Retrospektive in den Vordergrund, die Kesslers Bild als letztem Europäer für die Nachwelt prägte. Den langsamen Abschied begleitete Wilma Marquise de Brion, die französische Schwester; als Beschützerin bot sie dem von ihr bewunderten Bruder persönlichen und finanziellen Rückhalt. Ihm den Verkauf der »Hockenden« zu ersparen, war sie jedoch nicht entschieden genug:»Vormittags kamen die Arbeiter von Knauer, bauten das Gerüst vor dem Fenster auf und holten die Figur. Um 2 Uhr 5 Minuten glitt sie in ein grosses Tuch gehüllt, als ob sie selber trauerte und ihr Haupt verhüllte, zum Fenster hinaus. Das Gesicht schien, als sie ins Freie kam u. das Licht es berührte, noch einmal in strahlender Schönheit aufzublühen. Mir war es ein Schmerz, den ich nie ganz verwinden werde.«[68]

Das pulsierende Leben der Weltstadt Berlin war attraktiv genug, um weiterhin Kesslers Lebensmittelpunkt zu bilden. Dabei wirkten die Ströme von Menschen, das Verkehrsgewühl und die nächtliche Glitzerwelt anziehender als die mondän gewordene Atmosphäre reicher Berliner Salons, ein gefühlsinsuffizientes Flui-

Sidney Bechet im Treppenhaus von
Marie-Anne Goldschmidt-Rothschild (1929)

dum, das ihn bisweilen in rasende Wut versetzte: »Gegessen bei Baby Goldschmidt-Rothschild am Pariser Platz. 8–10 Personen, kleines Diner, äusserster Luxus, vier unschätzbare Meisterwerke von Manet, Cézanne, van Gogh, Monet an den Wänden, 30 Briefe von Van Gogh in einem überreichen, hässlichen Einband wurden nach Tisch zu Cigaretten u Kaffee herumgereicht. Armer Van Gogh! Man empfindet schliesslich pogromhaft: diese Leute müsste man totschlagen. Nicht Neid, sondern Ekel über die Verfälschung u. Verflachung geistiger u. künstlerischer zu blos materiellen Werten, zu Gegenständen des ›Luxus‹.«[69] Die Hausherrin, Alleinerbin des oberschlesischen Kohlenmagnaten Fritz von Friedlaender-Fuld und in zweiter Ehe mit dem Staatssekretär des Auswärtigen Amtes, Richard von Kühlmann, verheiratet, galt nach Bertha Krupp von Bohlen und Halbach als zweitreichste Frau Deutschlands.

Im zweifelhaften Eldorado des Nachtlebens, wo die Ansprüche auf Lebensgenuß nicht kaschiert wurden, ging es erheblich ehrlicher zu. In diesem Punkt hatte sogar der Kulturpropagandist, der die deutsche Weltrolle anvisierte, aus seinem Herzen keine Mördergrube gemacht: »Nachts durch Bekannte ins Kleistkaffee (Berlin N.W), wo in einer dicken Cigaretten- und Sekt-Luft Kokotten, Päderasten, Matrosen, Lesbierinnen, Fähnriche in Uniform, Rote Kreuz Schwestern ziemlich widerlich im engen Raum gedrängt sassen. Aber ich kann nicht finden, dass diese sogenannte Korruption ein Einwand gegen die Befähigung zum Weltvolk ist; im Gegenteil jedes Muckertum (z. B. nach Michaëlis) wäre es mehr: namentlich da Verweichlichung ausser bei Wenigen, meistens Juden, fehlt, und diese Leutchen sich tapfer schlagen. Servilität ist gefährlicher als Perversität bei grossen Aufgaben, insofern als Willenskraft und Formkraft mehr durch Servilität als durch Ausschweifungen angegriffen werden.«[70]

Die Largesse gegenüber dem verruchten Zeitgeist söhnte ihn jedoch mit der Kultur der Oberfläche in den zwanziger Jahren nicht aus. Die gelungene »Mache« verstimmte trotz aller Sympathie für die notwendige, neue Richtung. Nach wie vor sehr interessiert und nach Kräften bemüht, alles Bemerkenswerte zu sehen, kam keine Begeisterung auf, selbst für das rasante Theater dieser Jahre konnte sich Kessler nicht erwärmen.

Als er mit seiner Schwester am Schiffbauerdamm die »Dreigroschenoper« besuchte, imponierte ihm die gute Gesellschaft im Publikum mehr als die Spitzenleistungen auf der Bühne: »Sehr fesselnde Vorstellung, Piscatorhaft primitiv u. proletarisch aufgemacht (Apachen Stil), Weils Musik einschmeichelnd u ausdrucksvoll, die Schauspieler (Harald Paulsen, Rosa Valetti etc.) ausgezeichnet. Es ist das Modestück, immer ausverkauft, wir trafen Prittwitzens (der Botschafter mit Frau), Herbert Guttmanns u.s.w. ›Man muss da gewesen sein‹.«[71]

Einen Monat später vermittelte der erfolgreiche Wieland Herzfelde seinem früheren Mäzen die Gelegenheit, George Grosz wiederzusehen, den der Inhaber der Cranach Presse für Zeichnungen zur Plautus-Komödie »Asinaria« zu gewinnen beabsichtigte. Das Buch sollte offenbar das satirische Gegenstück zu Maillols Feier des Hirtenlebens werden. Für Kesslers neugierigen, wenn auch nicht restlos befriedigenden Umgang mit der linken Kulturszene war das Rencontre bei Erwin Piscator charakteristisch: »Hübsche, helle Wohnung von Gropius eingerichtet, ›sachlich‹, aber ansprechend, und die Menschen sehen darin gut aus. Ziemlich grosse Gesellschaft, vierzig bis fünfzig Menschen, Männer u. Frauen, die bis nach Mitternacht immer mehr wurden; anscheinend fand die Veranstaltung zu Ehren des russisch-jüdischen Regisseurs Granovsky statt. Viele Schauspieler und Schauspielerinnen. Brecht kennen gelernt. Auffallender Dekadenten Kopf, fast schon Verbrecher Physionomie, sehr dunkel, Schwarzes Haar, schwarze Augen, dunkle Haut, ein eigenartig lauernder Gesichts-Ausdruck: fast der typische Ganover. Aber wenn man mit ihm spricht, taut er auf, wird fast naïv. Ich erzählte ihm, wie es schien zu seinem grössten Vergnügen, d'Annunzio Anekdoten. Er ist jedenfalls ›ein Kopf‹, wenigstens äusserlich, und nicht unsympathisch (wie Bronnen).«[72]

Trotz des Vorbehalts gegenüber der aktuellen Produktion in der Literatur und auf dem Theater sah Kessler keinen Grund, sich in Nostalgie zu flüchten. Wie weit er innerlich von der Welt vor 1914 Abstand gewonnen hatte, zeigte sein uneingeschränkter Beifall für Erich von Stroheims Melodrama »Der Hochzeitsmarsch«. Es hatte sich gefügt, daß Kessler am selben Tag, an dem er Hugo von Hofmannsthal zum Tod seines Sohnes telegraphisch kondolierte, abends im Kino Stroheims Abrechnung mit dem Vorkriegs-Wien sah: »Eine geniale Schöpfung, mit der Bosheit eines George Grosz die Hohlheit des Glanzes Altwiens u. des Wiener süssen Kitsches (nebenbei auch des Hollywooder) aufgezeigt: alles dessen, was Hofmannsthal immer geblendet u. gefangen gehalten hat. Das gerade Gegenstück zu Hofmannsthal.«[73]

Zu den Glanzlichtern jeder Darstellung der goldenen zwanziger Jahre gehört Josephine Bakers mitternächtlicher Tanz in Kesslers Bibliothek, die er für die Performance bis auf die Maillol-Figur hatte ausräumen lassen. Schon bei der ersten Begegnung hatte ihm vorgeschwebt, sie in einem Ballett mit Serge Lifar zusammenzubringen, der bei Diaghilew erster Solist war. Nach langem Zögern hatte die schwarze Tänzerin, die »Hockende« im Blick, zu improvisieren begonnen und tanzte schließlich mit grandiosen Bewegungen, »wie eine kindlich spielende, über sich selbst und ihre Göttin sich lustig machende Priesterin«, um das marmorne Idol: »Genie (denn sie ist ein Genie der Grotesk-Bewegung) sprach zu Genie. Dann brach sie plötzlich ab und tanzte ihre Negertänze u. Karikaturen von allerlei Bewegungen. Den Höhepunkt erreichte sie, als Fried versuchte, sich in ihre Pantomime einzufügen und sie jede Bewegung, die er machte, immer toller, immer gesteigerter karikierte. Was bei Fried hülflos war, wurde bei ihr grosser Stil, Ur-Groteske, Figur, die die Mitte hielt zwischen ägyptischem Reliefstreifen und mechanisierter Puppe von George Grosz.«[74] Kesslers Lieblingsidee, Skulptur und Drama zu konfrontieren, um die ursprüngliche Einheit von Form und Bewegung neu zu evozieren, hatte gezündet. Was in Griechenland mit Maillol und Hofmannsthal nicht geglückt war, wurde hier endlich eingelöst. Die Befriedigung des Initiators hielt jedoch nicht lange vor. Als er ein paar Tage später erlebte, wie Josephine Baker in unsoignierter Gesellschaft, statt zu tanzen, eine Bockwurst nach der anderen aß, zeigte er keine Lust, mit ihr über das Ballett zum Hohen Lied zu sprechen, und ging unmutig heim.

Dagegen war es für Kesslers Koordinatenwechsel bezeichnend, wie sehr ihn die Begegnung mit Elsa Brändström in diesen

Tagen ergriff. Die »nordische Jeanne d'Arc«, die viel für die deutschen Kriegsgefangenen in Rußland erreicht hatte, umgab selbst beim Tee im »Adlon« eine unwiderstehliche Aura. Wie eine »weltliche Heilige« erweckte sie in Kessler den Wunsch hinzuknieen: »Ein erschütterndes Beispiel dafür, was ein einfacher Mensch mit gutem Willen, Mut und Takt erreichen kann. Für Hunderttausende ist sie jahrelang der einzige *Mensch* gewesen. Eine wahre Heldin. Sie machte auf mich denselben tief erregenden Eindruck wie Nansen.«[75] Die schwedische Delegierte des Roten Kreuzes und Fridtjof Nansen, der Hochkommissar des Völkerbunds, waren keine tragisch scheiternden Vorläufer wie Friedrich Nietzsche oder Walther Rathenau. Die beiden nordischen Pioniere der Menschlichkeit und Völkerverständigung besaßen Kraft genug, »die wahren Übermenschen« zu sein; nicht zuletzt deshalb, weil sie es nicht verschmähten, Bündnisse einzugehen und die Kraft ihrer Persönlichkeit kooperativ mit internationalen Organisationen zur Geltung zu bringen.

Kesslers Rathenau-Biographie, die am sechsten Todestag des Ermordeten am 24. Juni 1928 erschien, war einem tragischen Außenseiter gewidmet, dessen Format die tüchtigen Pragmatiker an der Spitze der Weimarer Republik überragte, dessen Vision einer gerechteren Gesellschaft der »Erbknechtschaft« des Arbeiters ein Ende setzte. Einsamer Kampf mit dem Schicksal war für Kessler der Grundakkord dieses Lebens. Walther Rathenaus Einsamkeit hatte früh in der eigenen Familie begonnen. Der zum Scheitern verurteilte Versuch, die Achtung des Vaters zu erringen war ein Auftakt, dessen verhängnisvolle Wirkung der Sohn nicht zu überspielen vermochte: »Sein Vater war nicht Herr, sondern Knecht der von ihm selbst aufgerichteten riesigen Maschine: umso unfreier, je größer diese Maschine wurde und hierdurch bekam das Verhältnis zwischen Vater und Sohn einen neuen Stoß. Denn ein tiefer Grundzug Walther Rathenaus, vielleicht der ausgeprägteste in ihm, war unbändige Abneigung ge-

Elsa Brändström bei einem Berlin-Besuch

gen jede Art von Abhängigkeit. Jede Beschränkung seiner Unabhängigkeit empfand er als Schmerz, gegen den er sich mit allen Mitteln zur Wehr setzte.«[76] Die dunkle Sicht des äußerlich so imponierenden Lebens untermauerte Kessler durch Geständnisse, welcher dieser den Briefen an seine Freundin Lili Deutsch anvertraut hatte. Da er die klandestine Homosexualität nicht ansprechen konnte, verfiel Kessler darauf, »Nietzsches Kriterium des heroischen Schicksals auf Rathenau«[77] anzuwenden.

Im gleichaltrigen Sohn eines Giganten der Gründerzeit erblickte er einen Doppelgänger, dessen biographische Darstellung es erlaubte, die eigene verzweifelte Situation auszusprechen, ohne sich über Gebühr zu dekuvrieren. Das Gefühl der Einsamkeit, das den Grundzug im Leben seines Protagonisten bildete, umgab auch Kessler. Sie hatte seine Kindheit überschattet und ihn nicht mehr losgelassen. Ein Unterschied bestand lediglich in der Art, wie der Porträtierte und sein Biograph das Problem zu bewältigen versuchten. Während der Industriemanager sich im einsamen Freienwalder Schloß der Schönheit und dem »Reich der Seele« zuwandte, brach der Leidensgefährte zu immer neuen Abenteuern auf.

Kaum weniger traf der ausschlaggebende Gesichtspunkt, den der Biograph zur Beurteilung seines tragischen Helden anführte, auf ihn selber zu: Bei allem, was er tat, vertraute auch Kessler der Intuition und verließ sich im Umgang mit der Welt auf den Zuschnitt seiner »Persönlichkeit«. Auf statistische und wissenschaftliche Beweisführung verzichtend, stellte auch er »mit einem Ruck« seine Einsichten nicht wie ein Intellektueller, sondern wie ein Künstler »als Abbild einer einmaligen inneren Vision«[78] heraus.

Obwohl Rathenaus aufsehenerregende Schriften in seiner Lebenspraxis kaum Niederschlag gefunden hatten und in der Weimarer Republik rasch wieder verblasst waren, widmete Kessler ihnen großen Raum. Er nutzte die Gelegenheit zu beweisen, wie sehr sie mit seiner unvermindert starken Sympathie für den Gildensozialismus übereinstimmten. Obwohl ihn Rathenaus Prophetenrolle früher keineswegs überzeugt hatte, schien es nun geboten, den charismatischen Führer, dessen Auftreten Kessler an Karl Liebknecht erinnerte, in hellem Licht hervortreten zu lassen: »Er ist der Mann, der in der Wirrnis zielloser Zivilisation, eng auf Interessen begrenzter Konflikte, gegen die politischen Parteien, gegen seine eigenen Berufsgenossen, gegen sein eigenes böseres Ich, aber gerade deshalb mit Fanatismus, mit Pathos, die Fahne des Menschen, die Fahne des Gottesreiches, das in jeder Menschenseele ruht, die Fahne, auf der geschrieben steht: ›In diesem Zeichen wirst du siegen!‹ entrollt hat.«[79]

Der wachsende Antisemitismus hatte Rathenaus Stellung in der Gesellschaft unterminiert und zur Überidentifikation mit der »Tragödie des *arischen* Stammes« geführt. Der hellsichtige Wirtschaftler, der im August 1914 über den Ausgang des Krieges »in Verzweiflung die Hände rang«,[80] hatte kurz danach die Kriegsrohstoffabteilung organisiert, die das sinnlose Sterben verlängerte. Selbst dieser zweifelhafte Dienst am deutschen Vaterland hatte den Haß gegen den »Erfüllungspolitiker« nicht mindern können. Zu den Symptomen seiner Leidensgeschichte zählte, daß Rathenau unglücklich gewesen war, nicht »arischen Stammes« zu sein.[81]

»Walther Rathenau. Sein Leben und sein Werk« schloß versöhnlich und malte keine Menetekel an die Wand. Als Kessler am 3. Juni 1928 sein Nachwort schrieb, war Rathenaus Ermordung wie die über dreihundert Morde zwischen 1918 und 1923, die an Republikanern und linksstehenden Persönlichkeiten verübt wurden, bereits Vergangenheit. Er lebte in der Hoffnung, »der ungeheure Lebenswille des deutschen Volkes und die Kühnheit und Kunst«[82] Gustav Stresemanns habe Deutschland in die Gemeinschaft gesitteter Völker zurückgeführt.

Wie die meisten unterschätzte auch Kessler die Nationalsozialisten. In seinem Fall täuschte vor allem der Mangel an Geist und Kultur darüber hinweg, wie stark und überlebensfähig Adolf Hitlers Volksstaat war. Daß er das seit langem befreundete Ehepaar, Helene und Alfred von Nostiz, auf ihrer Seite wußte, nahm er schmerzlich zur Kenntnis, ohne daß es ihn stutzig machte.[83] Als Leitfigur des organisierten Pazifismus tat der rote Graf gut daran, Warnungen von verschiedener Seite ernst zu nehmen. Nachdem er an den Reichstagswahlen vom 5. März teilgenommen hatte, verließ er Deutschland keineswegs fluchtartig. Am 8. März fuhr er nach Paris und zog dort nach einem Monat ein erstes Resümee, das bis zuletzt gültig bleiben sollte: »Manchmal denke ich, dass ich in einem bösen Traume lebe, aus dem ich plötzlich erwachen werde. Die letzten Tage waren schlimm! Dabei geht das Leben doch irgendwie weiter. Ich arbeite, kann arbeiten; spreche mit Leuten, lese, aber immer ist ein dumpfer Schmerz wie ein dunkler Grundbass mir bewusst.«

Die besessene, skrupulöse Arbeit an den Memoiren war der Versuch, in der dunklen Gegenwart zu überleben. Noch in Berlin war aufgrund der ersten hundert Seiten ein Vertrag mit Samuel Fischer zustande gekommen, der Kessler mit großen finanziellen Erwartungen erfüllte. Das Werk sollte auf jeden Fall in Deutschland erscheinen, und der Emigrierte richtete sein Verhalten danach. Den Kontakt mit den Exilanten meidend, hütete er sich, öffentlich gegen das nationalsozialistische Regime aufzutreten. Ein Vortrag Eduard von Keyserlings, der in der riesigen, fast leeren Salle Pleyel, »ohne je ein Wort gegen Deutschland und Hitler zu gebrauchen«, die »Nazi Revolution« vernichtend kritisiert hatte, erstaunte deshalb den Diaristen sehr: »Er zeugte von grossem, fast tollkühnem Mut, da Keyserling nach Deutschland zurückwill.«[85] Seine Vorsicht reichte zwar nicht aus, das Verbot von »Gesichter und Zeiten« abzuwenden, doch das Regime nahm die betonte Zurückhaltung wahr. So berichtete das deutsche Konsulat in Barcelona auf Anfrage des Reichssicherheitshauptamtes: »Zur Sache bemerke ich, wie bereits berichtet, Graf Kessler politisch hier nicht hervorgetreten ist. Soweit ich unterrichtet bin, vermied er es absichtlich, zum neuen Deutschland Stellung zu nehmen.«[86]

Am 11. November 1933 begann der Mallorca-Aufenthalt, der Harry Graf Kessler in der »Insel des zweiten Gesichts«, 1953 erschien, zur Romanfigur werden ließ und ihn als nostalgischen letzten Europäer einer breiten Leserschaft bekannt machte. Albert Vigoleis Thelen, der beim variantenreichen Abschluß von »Gesichter und Zeiten« als Schreibkraft tätig war, schildert dort einen von Verwahrlosung bedrohten Grandseigneur, der sich, für den Beobachter beängstigend, in eine vergangene Welt einspann: »Er lebte einzig noch dem Memoirenwerk, in das er sich wie für einen endlosen Winter einmummelte. Tagesfragen der Politik vor allem die des Nazireiches berührten ihn kaum; das heißt, er hielt sie sich vom Leibe, so gut es ging, was manchmal gar nicht ging.«[87]

Nach ununterbrochenem, anderthalbjährigem Aufenthalt hielt Kessler am 1. Juni 1935 in Palma die ersten Exemplare von »Gesichter und Zeiten« in der Hand und reiste, um die französische Fassung »Souvenirs d'un Européen« herzustellen, noch im selben Monat nach Paris. Als Hannah Arendt den illustren Zeitgenossen am Gare du Nord zufällig erkannte, widersprach ihr Eindruck dem Porträt, das Vigoleis Thelen im Roman fast zwanzig Jahre später gab: »Trotz des verhärmten Gesichts wirkte er unglaublich elegant. Gebrechlich auf einen Spazierstock gestützt, wartete er immer ungeduldiger auf jemanden, der nicht kam. Ich kannte ihn aus der Zeitung. In den Jahren zuvor hatte man ihn immer wieder fotografiert, im Gespräch mit Einstein, zu Besuch bei Maillol, im Theater mit Piscator. Unser führender Hansdampf in allen Gassen und doch auch ein Mann mit Charakter und Phantasie. Ich hatte seinen Lebenslauf verfolgt, mit einem Quentchen Neid, wie ich gestehen muß. Da ich mich selber nach der gleichen sehnte, hegte ich eine gewisse Schwäche für Menschen, denen saubere Wäsche, gute Verbindungen, edles Porzellan und exquisite Speisen in die Wiege gelegt waren. Nicht daß ich so etwas hätte selber besitzen wollen; ich wollte es nur haben, um es, wie Graf Harry, wegen seiner offensichtlichen Belanglosigkeit beiseite zu legen. Das alles ging mir durch den Kopf beim Anblick seines grauen Anzugs mit grauer Seidenkravatte, blütenweißem Tuch in der Brusttasche und gelber Rose im Knopfloch. Eine so ausgesuchte Eleganz und dazu ein so sorgenvolles Gesicht ... Als wir beim Zeitungskiosk vorbeigingen, näherte sich Graf Harry und fragte, sichtlich ungeduldig nach den neuesten Zeitungen aus Deutschland. Erst am Abend, hieß es. Graf Harry rieb sich den Nasenrücken und strich sich müde über die Stirn.«[88]

Als die »Souvenirs« im Oktober 1936 in Paris erschienen, herrschte in Spanien seit drei Monaten Bürgerkrieg. Dies verhinderte die Rückkehr nach Mallorca, wo Kessler umfangreiche Materialien zur Fortsetzung der Autobiographie zurückgelassen hatte. Die Tagebücher von 1902 bis 1914 hatte er einem Banksafe anvertraut, der erst 1983 geöffnet wurde.

Statt dessen brachte die Schwester den Mittellosen in der Nähe von Lyon in einer Pension unter, deren Eigentümerin sie war. Von dort wurde er erst drei Monate vor seinem Tod, am 30. November 1937, ins Château de Brion in Fournels geholt, wo Harry Graf Kessler am 30. September den letzten Eintrag ins Tagebuch schrieb.

Es war nur der alten Freundin Maria van Rysselberghe, der Witwe des belgischen Malers Théo van Rysselberghe, zu verdanken, daß André Gide seine Aversion gegen Trauerfeiern überwand. Es war ihr gelungen, ihrer Meinung Geltung zu verschaffen, »daß Kessler als Ausländer, und zwar als Ausländer, der so viel für Frankreichs Künstler getan hat, ein Anrecht darauf hat, daß Gide eine Ausnahme macht«.[89]

Château Fournels, Languedoc-Roussillon, wo Kessler zuletzt lebte

Der mit der Front Populaire sympathisierende rote Graf hatte bei alten französischen Freunden wenig Verständnis gefunden und fühlte sich in der dortigen Hautevolee noch weniger zu Hause als in den tonangebenden Kreisen der Weimarer Republik, wo man sich zumindest mit regierenden Sozialdemokraten arrangiert hatte. Aristide Maillol, einer von denen, die nicht zur Trauerfeier erschienen waren, begrüßte den Putsch General Francos und nannte die Regierung Léon Blums »un gouvernement idiot«.[90] Der Bildhauer, der von Kessler sagte, »ihm verdanke ich meine zweite Geburt«, blieb mit Arno Breker befreundet, auch nachdem dieser maßgebender Propagandist des Dritten Reiches geworden war. Die Abneigung gegen die Volksfront bereitete nicht nur bei Aristide Maillol die Kollaboration mit den deutschen Besatzern vor.

Am Tag der Beerdigung, am 7. Dezember in der Familiengruft auf dem Père Lachaise, fanden die Trauergäste in der eher bescheidenen Kirche der reformierten Gemeinde in der Rue Cortambert, der sich bereits Adolf Wilhelm Kessler zugehörig fühlte, genügend Platz. Unter den Trauernden war auch der bekannte Romancier Julien Green, ein Vertreter der Jungen, der Kessler mit seinem Freund Robert de Saint Jean 1929 in der Cranachstraße in Weimar besucht hatte.[91]

Für Julien Green war der Verstorbene keine Reliquie, der er Reverenz erwies, vielmehr packte ihn während der Trauerfeier das lebendige Grauen, »als ob Keßler, aufstehend, sich an uns festgehalten hätte, gleich einem Mann, der ertrinkt und sich an einem Boot voller Leute festklammert. Gide hielt während der Gebete den Kopf geneigt und bewegte sich nicht. Als man den Sarg forttrug, entstand eine Art allgemeiner tiefer Trauer, anders kann ich das nicht ausdrücken; man entriß den armen Keßler seinen Freunden.«[92]

Dank

Das Interesse meiner Freunde an diesem Buch war so ermutigend, daß ich mich ihnen in erster Linie zu Dank verpflichtet fühle. Im Deutschen Literaturarchiv zeigte sich Dr. Jörg Schuster stets freundlich zum Gespräch bereit und gab, wie andere Mitglieder im Herausgeber-Team des Kessler-Tagebuchs, auch telefonisch wertvolle Auskünfte. Der Einblick in Kesslers Nachlaß an Fotografien, den Dr. Michael Davidis in Marbach gewährte, verlief derart unkompliziert und zuvorkommend, daß ich ihm für das erfreuliche Erlebnis herzlich danke.

Im Berliner Antiquariat Schwarz hatte ich das seltene Glück, über den »PAN« so lange es nötig war zu verfügen. Für überaus hilfreiche Änderungsvorschläge und Hinweise bin ich Dr. Matthias Weichelt, den der Verlag mir frühzeitig als verständnisvollen Lektor anbot, sehr verbunden.

Berlin, den 29. Dezember 2007
Friedrich Rothe

Zitatnachweis

Abkürzungen

Harry Graf Kessler: Gesammelte Schriften in drei Bänden. Hgg. Cornelia Blasberg und Gerhard Schuster. Frankfurt/M., 1988.

KGS I	Band I. Gesichter und Zeiten.
KGS II	Band II. Künstler und Nationen.
KGS III	Band III. Walther Rathenau.

Harry Graf Kessler: Das Tagebuch. 1880 – 1937. Hgg. Roland S. Kamzelak und Ulrich Ott. Stuttgart, 2004ff. (= Veröffentlichungen der Deutschen Schillergesellschaft, Bd. 50).

Band 2: 1892 – 1897.
    Hgg. Günter Riederer und Jörg Schuster. (= Bd. 50.2)
Band 3: 1897 – 1905.
    Hgg. Carina Schäfer und Gabriele Biedermann (= Bd. 50.3)
Band 4: 1906 – 1914.
    Hg. Jörg Schuster (= Bd. 50.4)
Band 6: 1916 – 1918.
    Hg. Günter Riederer (= Bd. 50.6)
Band 7: 1919 – 1923.
    Hg. Angela Reinthal (= Bd. 50.7)

Zitiert wird nach den in Buchform vorliegenden Tagebüchern und nach den im Marbacher Literaturarchiv befindlichen Manuskripten.

Erstes Kapitel

1 Bundesarchiv, Nachlaß Freifrau von Spitzemberg, N 1429/50, S. 34f.
2 Spitzemberg, Das Tagebuch der Baronin Spitzemberg. Hg. Rudolf Vierhaus, Göttingen 1989, S. 395
3 ebd. S. 397f.
4 Tagebuch, 23. 5. 1888
5 KGS I, S. 25
6 ebd. S. 21
7 ebd. S. 18
8 ebd. S. 20
9 ebd. S. 445 (im Original französisch)
10 ebd. S. 29
11 ebd. S. 23
12 Tagebuch, 22. 3. 1907
13 KGS I, S. 24
14 ebd. S. 89
15 ebd. S. 105
16 Tagebuch, 27. 8. 1886
17 KGS I, S. 33
18 Tagebuch, 23. 5. 1881 (im Original englisch)
19 KGS I, S. 60f.
20 Harry Graf Kessler, Tagebuch eines Weltmannes, Marbach 1988, S. 21
21 KGS I, S. 84
22 ebd. S. 33
23 zitiert nach: Peter Grupp, Harry Graf Kessler, Frankfurt a. M. 1999, S. 355 (im Original englisch)
24 KGS I, S. 97
25 ebd. S. 75
26 ebd. S. 98
27 ebd. S. 101
28 ebd.
29 ebd. S. 100
30 ebd.
31 ebd. S. 101
32 ebd. S. 100
33 ebd. S. 101
34 ebd. S. 14
35 ebd. S. 32
36 Tagebuch, 17. 6. 1880
37 ebd.
38 Tagebuch, 24. 2. 1884
39 KGS I, S. 106
40 Tagebuch, 27. 11. 1880
41 Tagebuch, 2. 12. 1880
42 KGS I, S. 103
43 ebd. S. 104
44 Tagebuch, 14. 2. 1911
45 KGS I, S. 104
46 ebd. S. 108
47 ebd. 109
48 ebd.
49 ebd. S. 110
50 ebd. S. 121
51 Tagebuch, 24. 5. 1902
52 KGS I, S. 126

53 ebd. S. 136
54 ebd. S. 135
55 ebd. S. 130
56 Tagebuch, 31. 5. 1884
57 ebd., 1. 6. 1884
58 KGS I, S. 141
59 Tagebuch, 6. 3. 1895
60 ebd., 15. 10. 1896
61 KGS I, S. 142
62 Tagebuch, 23. 4. 1886
63 ebd., 26. 4. 1886
64 ebd., 18. 8. 1889
65 ebd., 19. 7. 1897
66 ebd., 23. 5. 1920
67 KGS I, S. 135
68 ebd., S. 143
69 Tagebuch, 5. 11. 1886
70 ebd., 28. 3. 1886 (im Original englisch)
71 KGS I, S. 111
72 Tagebuch, 18. 6. 1887
73 ebd., 11. 5. 1887 (Im Original englisch)
74 KGS I, S. 79
75 Tagebuch, 28. 4. 1890
76 KGS I, S. 186

Zweites Kapitel

1 Tagebuch, 6. 10. 1891
2 Tagebuch, 26. 12. 1891
3 ebd.
4 Tagebuch, 2. 1. 1892
5 Tagebuch, 26. 12. 1891
6 Tagebuch, 27. 12. 1891
7 Tagebuch, 1. 1. 1892
8 Tagebuch, 3. 1. 1892
9 ebd.
10 KGS I, S. 172
11 Tagebuch, 3. 6. 1892
12 Tagebuch, 1. 6. 1892
13 ebd.
14 ebd.
15 Tagebuch, 17. 2. 1892
16 KGS I, S. 236
17 Tagebuch, 4. 1. 1892
18 Tagebuch, 5. 1. 1892
19 Tagebuch, 22. 1. 1892
20 KGS I, S. 239
21 ebd.
22 Tagebuch, 13. 1. 1892
23 Tagebuch, 14. 1. 1892
24 Tagebuch, 29. 2. 1892
25 Tagebuch, 17. 4. 1902
26 Tagebuch, 19. 11. 1906
27 Tagebuch, 29. 2. 1892
28 ebd.
29 Tagebuch, 22. 1. 1892
30 ebd.
31 Tagebuch, 9. 3. 1892
32 Tagebuch, 17. 1. 1919
33 Tagebuch, 25. 3. 1892
34 ebd.
35 ebd.
36 Tagebuch, 6. 4. 1892

37 Tagebuch, 23. 12. 1892
38 Tagebuch, 9. 2. 1895
39 Tagebuch, 13. 4. 1892
40 ebd.
41 Tagebuch, 24. 4. 1892
42 Tagebuch, 16. 4. 1892
43 Tagebuch, 30. 10. 1896
44 Tagebuch, 16. 4. 1892
45 Tagebuch, 14. 4. 1892
46 Tagebuch, 14. 4. 1892
47 ebd.
48 Tagebuch, 19. 4. 1892
49 Tagebuch, 17. 4. 1892
50 Tagebuch, 20. 4. 1892
51 ebd.
52 Henri de Régnier. In: PAN, Jg. 1 (1895/96). H. 4. S. 244
53 Tagebuch, 23. 5. 1899
54 Tagebuch, 14. 4. 1892
55 ebd.
56 Tagebuch, 20. 4. 1892
57 Tagebuch, 23. 4. 1892
58 ebd.
59 Tagebuch, 25. 4. 1892
60 ebd.
61 Tagebuch, 10. 5. 1892
62 Tagebuch, 30. 5. 1892
63 Tagebuch, 12. 6. 1892
64 Tagebuch, 18. 6. 1892
65 Tagebuch, 20. 6. 1892
66 ebd.
67 Tagebuch, 21. 6. 1892
68 Tagebuch, 23. 6. 1892
69 Tagebuch, 9. 10. 1888 (im Original englisch)
70 Tagebuch, 23. 6. 1892
71 ebd.
72 Tagebuch, 29. 6. 1892
73 Tagebuch, 30. 6. 1892
74 ebd.
75 Tagebuch, 3. 7. 1892
76 Tagebuch, 8. 7. 1892
77 Tagebuch, 19. 7. 1892
78 Tagebuch, 13. 7. 1892
79 Tagebuch, 29. 3. 1907
80 Tagebuch, 28. 3. 1907
81 Tagebuch, 29. 3. 1907
82 KGS I, S. 337
83 vgl. Alexander Ritter, Der Dandy im Lande des Diktators Diaz: Harry Graf Kessler und seine ästhetizistischen »Notizen über Mexiko«. In: Harry Graf Kessler, Ein Wegbereiter der Moderne. Hgg. Gerhard Neumann/ Günter Schnitzler, Freiburg 1997, S. 237
84 KGS I, S. 337
85 ebd.
86 ebd. S. 374
87 ebd. S. 395f.
88 ebd. S. 378
89 ebd. S. 389
90 Tagebuch, 23. 10. 1896
91 KGS I, S. 350

92 ebd. S. 437
93 ebd. S. 397
94 ebd. S. 379
95 ebd. S. 365
96 ebd. S. 382
97 ebd. S. 431f.
98 Tagebuch, 10. 1. 1897 und 11. 1. 1897

Drittes Kapitel

1 Tagebuch, 3. 10. 1892
2 KGS I, S. 324
3 Tagebuch, 23. 1. 1895
4 Tagebuch, 30. 1. 1895
5 ebd.
6 Tagebuch, 6. 2. 1895
7 Tagebuch, 14. 2. 1895
8 Tagebuch, 15. 4. 1902
9 Tagebuch, 18. 10. 1894
10 Tagebuch, 20. 12. 1907
11 ebd.
12 Tagebuch, 10. 9. 1900
13 Tagebuch, 12. 11. 1894
14 zitiert nach: Peter Paret, Die Berliner Secession, Berlin 1981, S. 41
15 Henry van de Velde, Geschichte meines Lebens, München 1962, S. 194
16 Tagebuch, 14. 3. 1895
17 Tagebuch, 5. 3. 1893
18 Tagebuch, 31. 1. 1895
19 Tagebuch, 20. 8. 1905
20 Tagebuch, 4. 1. 1895
21 Tagebuch, 15. 2. 1895
22 Tagebuch, 29. 12. 1901
23 Tagebuch, 17. 12. 1894
24 Tagebuch, 16. 12. 1894
25 vgl. Thomas Föhl, Die dunkle Seite des Mondes. In: Das Buch als Kunstwerk. Hg. John Dieter Brinks, Laubach/Berlin 2005, S. 171
26 Tagebuch, 14. 4. 1890
27 Tagebuch, 1. 11. 1894
28 Autobiographische Skizze. In: Julius Meier-Graefe, Kunst ist nicht für Kunstgeschichte da. Briefe und Dokumente. Hg. Catherine Krahmer, Göttingen 2001, S. 13
29 ebd., S. 25
30 ebd. S. 18
31 Tagebuch, 1. 12. 1894
32 ebd.
33 Tagebuch, 17. 12. 1917
34 Tagebuch, 19. 12. 1917
35 Tagebuch, 1. 12. 1894
36 Tagebuch, 16. 3. 1893
37 Tagebuch, 6. 4. 1895
38 Tagebuch, 20. 1. 1895
39 Tagebuch, 26. 3. 1919
40 zitiert nach: Maria Rennhofer, Kunstzeitschriften der

Jahrhundertwende in
Deutschland und Österreich
1895–1914, Wien, München
1987, S. 36
41 Meier-Graefe, a.a.O., S. 391
42 Tagebuch, 14. 8. 1895
43 Meier-Graefe, a.a.O., S. 15
44 Eberhard von Bodenhausen,
Ein Leben für Kunst und
Wirtschaft. Hg. Dora Freifrau
von Bodenhausen-Degener,
Düsseldorf/Köln 1955, S. 52
45 zitiert nach: Rennhofer,
a.a.O., S. 44
46 KGS I, S. 180
47 Tagebuch, 26. 4. 1895
48 Tagebuch, 14. 8. 1895
49 Tagebuch, 13. 1. 1894
50 ebd.
51 Tagebuch, 26. 10. 1895
52 ebd.
53 Tagebuch, 26. 8. 1900
54 Tagebuch, 28. 8. 1901
55 Aus dem Nachlaß der achtziger Jahre. In: Friedrich Nietzsche, Werke in drei Bänden. Hg. Karl Schlechta, München 1958, Bd. III, S. 753
56 ebd.
57 KGS II, S. 138
58 Tagebuch, 11. 10. 1902
59 Tagebuch, 17. 9. 1894
60 Tagebuch, 11. 10, 1902

61 Tagebuch, 5. 12. 1898
62 Tagebuch, 1. 9. 1903
63 Tagebuch, 5. 8. 1904
64 Tagebuch, 19. 1. 1896
65 Tagebuch, 23. 5. 1897
66 ebd.
67 Tagebuch, 17. 7. 1896
68 Tagebuch, 9. 1. 1892
69 ebd.
70 Tagebuch, 5. 4. 1896
71 Tagebuch, 25. 7. 1898
72 Tagebuch, 1. 9. 1890
73 ebd.
74 Tagebuch, 4. 6. 1905
75 Tagebuch, 1. 9. 1890
76 Tagebuch, 29. 7. 1898
77 Tagebuch, 7. 9. 1890
78 ebd.
79 KGS II, S. 10
80 ebd. S. 33
81 ebd. S. 46

Viertes Kapitel

1 Tagebuch, 17. 2. 1903
2 Kunstsammlungen zu Weimar, München 1994, S. 146
4 Tagebuch, 2. 3. 1901
4 zitiert nach: Roswitha Wollkopf, Das Nietzsche-Archiv. In: Jahrbuch der Deutschen Schiller-Gesellschaft, Stutt-

gart 1990, Bd. XX
bis XIV, S. 146f.
5 van de Velde, a.a.O., S. 54
6 ebd. S. 189
7 ebd. S. 188
8 Tagebuch, 27. 8. 1900
9 Tagebuch, 22. 10. 1903
10 Eberhard von Bodenhausen, Harry Graf Kessler, Ein Briefwechsel 1894 – 1918, Hg. Hans-Ulrich Simon, Marbach 1978, S. 64
11 ebd. S. 66
12 Tagebuch, 24. 1. 1902
13 Tagebuch, 4. 4. 1902
14 Thomas Föhl, Kunstpolitik und Lebensentwurf. In: Aufstieg und Fall der Moderne. Hg. Rolf Bothe, Thomas Föhl, Ostfildern-Ruit 1999, S. 73
15 Tagebuch, 7. 2. 1911
16 Tagebuch, 7. 5. 1900
17 Tagebuch, 18. 1. 1903
18 Tagebuch, 19. 1. 1903
19 Tagebuch, 14. 1. 1903
20 Tagebuch, 19. 12. 1905
21 Tagebuch, 3. 4. 1902
22 van de Velde, a.a.O., S. 238
23 Tagebuch, 19. 1. 1903
24 Tagebuch, 17. 1. 1903
25 Tagebuch, 22. 10. 1903
26 Tagebuch, 9. 11. 1903
27 Tagebuch, 10. 11. 1903
28 KGS II, S. 76f.
29 zitiert nach: Paret, a.a.O., S. 201
30 Tagebuch, 16. 2. 1904
31 ebd.
32 zitiert nach: Paret, a.a.O., S. 208
33 ebd. S. 389
34 Tagebuch, 21. 5. 1904
35 ebd.
36 ebd.
37 Tagebuch, 20. 5. 1904
38 Tagebuch, 7. 6. 1905
39 ebd.
40 Tagebuch, 14. 6. 1904
41 ebd.
42 ebd.
43 Tagebuch, 8. 6. 1905
44 vgl. Gerald D. Feldmann, Hugo Stinnes, München 1998, S. 350
45 ebd. S. 384
46 Tagebuch, 1. 7. 1906
47 Tagebuch, 2. 4. 1906
48 Tagebuch, 1. 6. 1906
49 Tagebuch, 17. 4. 1911
50 Tagebuch, 12. 1. 1906
51 vgl. Tagebuch eines Weltmannes, a.a.O., S. 195
52 Tagebuch, 23. 10. 1905
53 Geschichte meines Lebens, a.a.O., S. 277

54 Tagebuch, 22. 5. 1906
55 Tagebuch, 18. 5. 1906
56 Tagebuch, 9. 11. 1907
57 vgl. Grupp, a.a.O., S. 164
58 ebd., S. 145
59 Tagebuch, 10. 4. 1907
60 van de Velde, a.a.O., S. 242
61 Renate Müller-Krumbach, Kessler und die Tradition. In: Harry Graf Kessler: Ein Wegbereiter der Moderne, a.a.O., S. 215
62 Tagebuch, 3. 10. 1897
63 a.a.O., S. 289

Fünftes Kapitel

1 Tagebuch, 13. 7. 1906
2 Tagebuch, 10. 12. 1908
3 vgl. Tagebuch, 19. 6. 1907 und 27. 6. 1907
4 Tagebuch, 20. 7. 1906
5 Tagebuch, 6. 3. 1907
6 Tagebuch, 21. 2. 1907
7 Tagebuch, 17. 5. 1907
8 Tagebuch, 23. 5. 1907
9 Tagebuch, 10. 6. 1907
10 Tagebuch, 18. 4. 1909
11 Tagebuch, 13. 5. 1909
12 KGS II, S. 179
13 Tagebuch, 14. 5. 1909
14 Tagebuch, 10. 6. 1907
15 Hugo von Hofmannsthal, Harry Graf Kessler, Briefwechsel 1898 – 1920. Hg. Hilde Burger, Frankfurt a. M. 1968, S. 220
16 Tagebuch, 21. 8. 1904
17 ebd.
18 Tagebuch, 3. 9. 1904
19 Tagebuch, 4. 9. 1904
20 Tagebuch, 24. 6. 1907
21 Tagebuch, 7. 12. 1907
22 Tagebuch, 11. 8. 1911
23 Tagebuch, 2. 10. 1910
24 Tagebuch, 10. 6. 1911
25 Tagebuch, 2. 12. 1911
26 Tagebuch, 8. 6. 1910
27 Tagebuch, 17. 8. 1918
28 Briefwechsel mit Hofmannsthal, a.a.O., S. 178.
29 Briefwechsel mit Hofmannsthal, a.a.O., S. 179.
30 Tagebuch, 2. 5. 1908
31 vgl. Das Tagebuch, Bd IV 1906 – 1914, a.a.O., S. 37
32 Tagebuch, 3. 6. 1908
33 KGS II, S. 139
34 ebd. S. 90
35 Tagebuch, 14. 2. 1911
36 Briefwechsel mit Hofmannsthal, a.a.O., S. 166
37 Tagebuch, 1. 5. 1908
38 KGS II, S. 178
39 ebd. S. 173

40 Briefwechsel mit Hofmannsthal, a.a.O., S. 166
41 KGS Bd II, S. 147
42 ebd. S. 153
43 Gerhart Hauptmann und die Antike. In: Gerhart Hauptmann und sein Werk. Hg. Ludwig Marcuse; Berlin und Leipzig 1922, S.49
44 KGS II, S. 147
45 ebd. S. 156
46 ebd. S. 151f.
47 Tagebuch, 21. 4. 1907
48 ebd.
49 KGS II, S. 152
50 ebd. S. 179
51 Griechischer Frühling. Hg. Peter Sprengel, Berlin 1996, S. 104f.
52 ebd. S. 140f.
53 KGS II, S. 179
54 van de Velde, a.a.O., S. 192
55 Wollkopf, a.a.O., S. 134
56 Tagebuch, 27. 8. 1900
57 Tagebuch, 8. 2. 1911
58 Tagebuch, 20. 4. 1911
59 a.a.O., S. 324
60 Tagebuch, 15. 4. 1911
61 a.a.O., S. 325
62 ebd. S. 232
63 Friedrich Nietzsche, a.a.O., Bd. II, S. 708
64 KGS III, S. 118
65 Tagebuch, 11. 2. 1911
66 Tagebuch, 9. 9. 1911
67 ebd.
68 Tagebuch, 22. 12. 1911
69 Tagebuch, 6. 11. 1911
70 Tagebuch, 29. 11. 1911
71 ebd.
72 ebd.
73 Tagebuch, 23. 3. 1912
74 ebd.
75 Briefwechsel mit Hofmannsthal, a.a.O., S. 331
76 Tagebuch, 17. 6. 1911
77 Tagebuch, 19. 11. 1906
78 ebd.
79 Über den Dilettantismus. In: Werke, München 1987, Bd. 54, S. 319
80 KGS II, S. 180
81 ebd. S. 181
82 a.a.O., S. 234
83 Tagebuch, 6. 6. 1912
84 Tagebuch, 29. 5. 1913
85 Briefwechsel mit Hofmannsthal, a.a.O., S. 374
86 Tagebuch, 25. 3. 1914
87 Hofmannsthal, Briefwechsel mit Ottonie Gräfin Degenfeld und Julie Freifrau von Wendelstadt, Frankfurt 1986, S. 307
88 Briefwechsel mit Hofmannsthal, a.a.O., S. 383

89 Hofmannsthal, Ballette – Pantomimen – Filmszenarien, Frankfurt 2006, Sämtliche Werke, Bd XXVII, S. 485

Sechstes Kapitel

1 zitiert nach: Grupp, a.a.O., S. 217
2 Erinnerungen. Hg. Erich Weinert, Berlin 1962, S. 180
3 Tagebuch, 19. 4. 1918
4 zitiert nach: Hofmannsthal, Kessler, Briefwechsel, a.a.O., S. 412
5 ebd.
6 ebd. S. 414
7 ebd. S. 413
8 ebd.
9 ebd.
10 ebd.
11 Hofmannsthal, Bodenhausen, Briefe der Freundschaft, Düsseldorf 1953, 192f.
12 a.a.O., S. 412
13 ebd. S. 413f.
14 ebd. S. 414
15 Bodenhausen, Ein Leben für Kunst und Wirtschaft, a.a.O., S. 312
16 Tagebuch, 14. 11. 14
17 Hofmannsthal, Kessler, Briefwechsel, a.a.O., S. 421
18 ebd. S. 412
19 ebd.
20 ebd. S. 412f.
21 ebd. S. 417
22 ebd. S. 423
23 Tagebuch, 1. 9. 1916
24 Tagebuch, 22. 9. 1916
25 ebd.
26 ebd.
27 Bodenhausen, Kessler, Briefwechsel, a.a.O., S. 98
28 ebd., S. 99
29 Bodenhausen, Ein Leben, a.a.O., S. 308
30 ebd.
31 ebd. S. 309
32 Tagebuch, 3. 8. 1914
33 Hofmannsthal, Kessler, Briefwechsel, a.a.O., S. 422
34 ebd. S. 392f.
35 ebd. S. 415
36 Tagebuch, 11. 2. 1918
37 Tagebuch, 29. 1. 1918
38 Tagebuch, 14. 2. 1918
39 Tagebuch, 26. 2. 1918
40 Tagebuch, 23. 1. 1917
41 Tagebuch, 12. 9. 1916
42 Tagebuch, 7. 2. 1917
43 Tagebuch, 29. 9. 1916
44 Matthias Erzberger, Eine po-

litische Biographie, Berlin 1976, S. 49
45 Tagebuch, 27. 11. 1916
46 Tagebuch, 17. 6. 1918
47 Tagebuch, 1. 10. 1915
48 Tagebuch, 13. 9. 1916
49 Tagebuch, 2. 10. 1916
50 Tagebuch, 22. 11. 1916
51 Tagebuch, 21. 1. 1917
52 Tagebuch, 22. 1. 1917
53 Tagebuch, 16. 9. 1916
54 Tagebuch, 17. 1. 1917
55 Tagebuch, 13. und 16. 1. 1917
56 Tagebuch, 21. 4. 1920
57 zitiert nach: Klaus Kreimeier, Die Ufa-Story, Geschichte eines Filmkonzerns. München 1992, S. 14
58 Tagebuch, 8. 11. 1917
59 Tagebuch, 2. 10. 1916
60 ebd.
61 zitiert nach: Tamara Barzantny, Harry Graf Kessler und das Theater, Köln, Weimar, Wien 2002, S. 196
62 Tagebuch, 30. 11. 1916
63 Tagebuch, 2. 1. 1918
64 Wieland Herzfelde, Zur Sache, geschrieben und gesprochen zwischen 18 und 80, Berlin 1976, S. 452f.
65 Briefe der Freundschaft, a.a.O., S. 211
66 ebd.
67 ebd. S. 212
68 Hofmannsthal, Kessler, Briefwechsel, a.a.O., S. 391
69 Tagebuch, 7. 4. 1918
70 Tagebuch, 5. 2. 1918
71 Tagebuch, 1. 7. 1918
72 Tagebuch, 5. 5. 1918
73 Tagebuch, 28. 6. 1918
74 Der Malik-Verlag, 1916 – 1947, Berlin 1967, S. 6
75 Tagebuch, 26. 12. 1917
76 Tagebuch, 7. 7. 1918
77 Tagebuch, 28. 7. 1918
78 Tagebuch, 11. 7. 1918
79 Tagebuch, 1. 2. 1918
80 Tagebuch, 25. 4. 1918
81 Tagebuch, 18. 11. 1917
82 ebd.
83 ebd.
84 Politische Reden und Schriften. Hg. Hans Bürgin, Frankfurt 1968, Bd. I, S. 304
85 Tagebuch, 20. 11. 1917
86 ebd.
87 Tagebuch, 24. 3. 1918
88 ebd.
89 Tagebuch, 16. 7. 1918
90 Tagebuch, 12. 1. 1918
91 Tagebuch, 18. 7. 1918
92 Tagebuch, 22. 7. 1918
93 Tagebuch, 13. 7. 1918
94 ebd.

95 Tagebuch, 18. 8. 1918
96 Tagebuch, 13. 7. 1918
97 Tagebuch, 23.7. 1918
98 Tagebuch, 18. 7. 1918
99 Tagebuch, 10. 3. 1906
100 ebd.
101 ebd.
102 Tagebuch, 7. 11. 1917
103 Tagebuch, 20. 1. 1918
104 Tagebuch, 1. 9. 1918
105 Tagebuch, 3. 10. 1917
106 Tagebuch, 2. 10. 1917
107 Tagebuch, 4. 9. 1918
108 Tagebuch, 8. 10. 1918
109 Tagebuch, 22. 10. 1918
110 Tagebuch, 2. 11. 1918
111 Tagebuch, 15. 10. 1918

Siebtes Kapitel

1 Tagebuch, 9. 11. 1918
2 KGS II, S. 247
3 Tagebuch, 9. 11. 1918
4 ebd.
5 Tagebuch, 14. 1. 1919
6 Tagebuch, 5. 1. 1919
7 Tagebuch, 26. 1919
8 Tagebuch, 23. 2. 1918
9 Tagebuch. 28. 11. 1916
10 Tagebuch, 15. 2. 1919
11 Tagebuch, 15. 1. 1919
12 Tagebuch, 16. 3. 1919

13 Tagebuch, 11. 3. 1919
14 Tagebuch, 2. 8. 1914
15 KGS II, S. 228
16 ebd. S. 238
17 ebd. S. 213
18 ebd. S. 229
19 ebd. S. 213
20 ebd. S.239
21 Tagebuch, 4. 7. 1924
22 KGS II, S.213
23 Tagebuch, 21. 7. 1921
24 Tagebuch, 10. 1. 1920
25 Tagebuch, 15. 6. 1922
26 Tagebuch, 8. 11. 1923
27 ebd.
28 Tagebuch, 26. 11. 1923
29 Tagebuch, 25. 8. 1922, und KGS III, S. 116
30 Tagebuch, 26. 11. 1923
31 ebd.
32 Tagebuch, 25. 2. 1922
33 Tagebuch, 22. 6. 1921
34 Tagebuch, 25. 6. 1921
35 Tagebuch, 10. 3. 1922
36 ebd.
37 Tagebuch, 18. 10.1918
38 Tagebuch, 30. 6. 1921
39 Tagebuch, 24. 7. 1919
40 Tagebuch, 30. 6. 1921
41 Tagebuch, 1. 7. 1921
42 ebd.
43 Tagebuch, 30. 6. 1921
44 ebd.

45 Tagebuch, 22. 9. 1922
46 ebd.
47 ebd.
48 Tagebuch, 31. 1. 1923
49 Tagebuch, 14. 2. 1923
50 Tagebuch, 23. 3. 1923
51 Tagebuch, 23. 2. 1926
52 Tagebuch, 6. 2. 1926
53 Föhl, Die dunkle Seite des Mondes, a.a.O., S. 176
54 Tagebuch, 20. 7. 1923
55 ebd.
56 Tagebuch, 31. 7. 1923
57 Tagebuch, 27. 8. 1923
58 Tagebuch, 9. 2. 1924
59 Tagebuch, 5. 3. 1924
60 Tagebuch, 26. 4. 1924
61 Tagebuch, 4. 8. 1924
62 Tagebuch, 10. 8. 1924
63 Tagebuch, 29. 8. 1824
64 Tagebuch, 22. 9. 1924
65 Tagebuch, 25. 9. 1924
66 Tagebuch, 1. 3. 1926
67 Tagebuch, 5. 2. 1926
68 Tagebuch, 12. 11. 1931
69 Tagebuch, 8. 12. 1929
70 Tagebuch, 23. 6. 1918
71 Tagebuch, 27. 9. 1928
72 Tagebuch, 30. 10. 1928
73 Tagebuch, 15. 7. 1929
74 Tagebuch, 24. 2. 1926
75 Tagebuch, 22. 2. 1926
76 KGS III, S. 25
77 ebd. S. 356
78 ebd. S. 13
79 ebd. S. 215
80 ebd. S. 166
81 ebd. S.220
82 ebd. S. 327
83 Tagebuch, 14. 7. 1932
84 Tagebuch, 8. 4. 1933
85 Tagebuch, 24. 5. 1933
86 zitiert nach: Harry Graf Kessler, Tagebuch eines Weltmannes, a.a.O., S. 500
87 Die Insel des zweiten Gesichts, Düsseldorf 1981, S. 733f.
88 zitiert nach: Wolfgang Leppmann, Harry Graf Kesslers Urlaub von Deutschland. Vortrag. Fürstenfeldbruck, 1998. (= Veröffentlichung der Kester-Haeusler-Stiftung, 14) S. 3f.
89 Maria von Rysselberghe, Das Tagebuch der kleinen Dame, München 1989, S. 373
90 Tagebuch, 1. 11. 1936
91 Tagebuch, 23. 7. 1929
92 Tagebücher 1926 – 1942, hg. Jacques Petit. München, Leipzig 1990, S. 525

Personenregister

Kursive Zahlen beziehen sich auf Bildlegenden.

Abraham
17
Adorno, Theodor W.
286
Alexandra Viktoria,
　Gemahlin Kronprinz
　Wilhelms von Preußen
223
Arenberg, Franz Ludwig Prinz
　von
107, 157, 169, 182
Arendt, Hannah
313
Aristophanes
35
Arnhold, Eduard
164
Astruc, Lucie
203
August Wilhelm, Prinz von
　Preußen
223

Augusta, Gemahlin
　Kaiser Wilhelms I.
26
Auguste Viktoria,
　Gemahlin Kaiser Wilhelms II.
108
Bach, Johann Sebastian
42, 129
Bahr, Hermann
115
Baker, Josephine
65, 307
Bakst, Léon
230
Bakunin, Michail A.
148
Barbusse, Henri
248
Barrès, Maurice
197
Bartels, Adolf
143, 146, 197
Bebel, August
46

Becher, Johannes R.
  253f., 257, 259
Beckmann, Max
  178
Beethoven, Ludwig van
  165
Begas, Reinhold
  105f., 164
Begas-von Parmentier, Luise
  106
Behrens, Peter
  122
Benedikt XV., Papst
  288
Bernoulli, Carl Albrecht
  214
Bethmann Hollweg, Dietrich von
  244f.
Bethmann Hollweg, Theobald von
  221f.
Bierbaum, Otto Julius
  118, 120, 125
Bing, Siegfried
  75
Bismarck, Otto Fürst von
  9, 20f., 25, 42, 99f., 104, 107, 115, 138, 158, 175, 179, 271
Blosse-Lynch, Harry (Vetter von H.K.)
  179
Blosse-Lynch, Henry (Großvater von H.K.)
  12, 15
Blosse-Lynch, Rose (Tante von H.K.)
  33f.
Blum, Léon
  315
Blümer, Pastor
  39, 115
Böcklin, Arnold
  119, 126
Bode, Wilhelm von
  124
Bodenhausen, Dora von
  235
Bodenhausen, Eberhard von
  10, 52, 72, 118, 125, 127, 141, 151, 161, 208, 235, 240–244, 246, 254, 267
Bonn, Ferdinand
  219
Borchardt, Rudolf
  207
Boulanger, Georges
  47ff., 191
Brahm, Otto
  107
Brahms, Johannes
  249
Brändström, Elsa
  307, *309*

Braun, Lily
 256
Braun, Otto
 256
Brecht, Bertolt
 306
Breitscheid, Rudolf
 276
Breker, Arno
 315
Brentano, Clemens
 41
Brion, Wilma, Marquise de,
 s. Wilma Kessler
Brockdorff-Rantzau,
 Ulrich Graf von
 278
Bronnen, Arnolt
 306
Bruckmann, Hugo
 166
Buffalo Bill (eigentl. William
 Frederick Cody)
 65
Bülow, Bernhard von
 104f., 126, 182, 222
Carl Alexander, Großherzog von
 Sachsen-Weimar-Eisenach
 145, 147, 156
Caroline, Gemahlin Großherzog
 Wilhelm Ernsts von Sachsen-
 Weimar-Eisenach
 154, 187f.

Cassel, Ernest
 184
Cassirer, Paul
 154, 219f., 272, 276
Cézanne, Paul
 178, 196f., 304
Clemenceau, Georges
 250
Colin, Gaston
 201ff., 226
Constantin s. Konstantin
Corinth, Lovis
 162
Courbet, Gustave
 178
Craig, Gordon
 82, 227
Crane, Walter
 184
Cuno, Wilhelm
 292f.
D'Abernon, Edgar Vincent,
 1. Viscount of Stoke
 292
Danjuro IX., Kabuki-
 schauspieler
 82
D'Annunzio, Gabriele
 203, 218, 306
Darwin, Charles
 106
Däubler, Theodor
 210, 253f.

Daumier, Honoré
208
Dawes, Charles
303
Debussy, Claude
228
Degas, Edgar
193
Degenfeld, Ottonie Gräfin
231
Dehmel, Richard
118f., 124, 132, 176
Delacroix, Eugène
201
Denis, Maurice
166f., 197
Derain, André
178
Derleth, Ludwig
135f., 198
Deutsch, Lili
310
Diaghilew, Sergej
89, 227–231, 307
Diaz, Porfirio
95f.
Dickens, Charles
83
Diderot, Denis
198
Dimnet, Abbé
295

Dostojewski, Fjodor M.
119
Dufour-Feronce, Albert
285
Duncan, Isadora
159
Dungern, Otto von
109f., 112, 114, 135, 201f., 226
Durand-Ruel, Paul
154
Dürer, Albrecht
89
Durieux, Tilla
219f.
Duse, Eleonora
65, 107
Ebert, Friedrich
298
Eduard VII., König des
   Vereinigen Königreiches von
   Großbritannien und Irland
100, 184
Egloffstein, Hermann von
190
Ehrenstein, Albert
257
Eichhorn, Emil
274
Einstein, Albert
313
Ernst Ludwig, Großherzog von
   Hessen
152

Erzberger, Matthias
  246f.
Eulenburg-Hertefeld, Philipp
  Graf zu
  104, 185
Eysoldt, Gertrud
  107, 194
Feuerbach, Anselm
  177
Fischer, Samuel
  312
Flaischlen, Cäsar
  121, 136
Flaubert, Gustave
  208
Fokine, Michel
  230f.
Förster, Bernhard
  149
Förster-Nietzsche, Elisabeth
  129f., 135, 146, *147*,
  147 – 151, 194, 214 – 217, 221,
  223
Franco, Francisco
  315
Frank, Rudolf
  257
Franz von Assisi
  101, 139f., 142
Franz Joseph I.,
  Kaiser von Österreich
  92, 249
Freud, Sigmund
  92
Fried, Oscar
  250, 307
Friedrich II., der Große,
  König von Preußen
  172, 250
Friedrich III., dt. Kaiser
  104
Friedrich, Caspar David
  177
Fry, Roger
  36
Fuller, Loie
  65, 67, 72
Fürstner, Otto
  268
Gallifet, Gaston Alexandre
  Auguste, Marquis de
  28
Gandhi, Mahatma
  286
Garfield, Harry A.
  293
Gaugin, Paul
  57, 89, 166
George, Stefan
  132
Gide, André
  167, 187, 224, 314, 316
Gleichen-Russwurm, Ludwig
  von
  147

Goethe, Johann Wolfgang von
40f., 94, 169, 180, 189, 227
Gogh, Vincent van
75, 115, 304
Goldschmidt-Rothschild, Marie-Anne
304, 304
Gorki, Maxim
266f.
Granovsky, Alexander
306
Greco, El
178
Green, Julien
316
Grey, Edward
267
Grigg, Edward
295
Gropius, Walter
306
Grosz, George
253f., 256–259, 306f.
Groth, Klaus
107
Guseck, Fritz
275
Gutheil-Schoder, Marie
250
Guttmann, Herbert
305

Guttmann, Frau von Herbert G.
305
Gwinner, Arthur von
182
Haase, Hugo
268, 272, 276
Habermann, Hugo von
164
Haby, François
161
Haeften, Hans von
252, 267
Halbe, Max
120
Haldane, Lord Richard Burton
184, 191
Hannibal, karthag. Feldherr
243
Hans, Prinz von Sachsen
51, 151
Hardekopf, Ferdinand
257
Harden, Maximilian
11, 91, 131, 185
Hardt, Ernst
146
Harrach, Hélène Gräfin
177
Härtel, Gottfried
79
Hartleben, Otto Erich
120, 136

Hasenclever, Walter
256
Hatzfeldt, Maria Fürstin von,
  geb. Stumm
  302f.
Hauptmann, Gerhart
  107, 176, 208–212, 214
Haydn, Joseph
  42
Heartfield, John
  253f., 258
Helfferich, Karl
  236
Herder, Johann Gottfried
  168
Herzfelde, Wieland
  254, 256, 259, 275, 277, 306
Herzog, Wilhelm
  255
Hesiod
  211
Hildebrand, Adolf von
  166
Hilferding, Rudolf
  276, 277
Hindenburg, Paul von
  101, 240f., 258, 260, 268
Hitler, Adolf
  312
Hofmannsthal, Hugo von
  90, 107, 122, 132, 141, 176, 186, 198, 203–209, 218, 220, 227ff., 231, 233, 236, 241, 243, 248, 253, 255, 287, 306f.
Hohenlohe-Schillingsfürst, Chlodwig zu
  11, 24, 100
Hölderlin, Friedrich
  41
Holz, Arno
  128
Homer
  71, 86
Horkheimer, Max
  286
Horneffer, Ernst
  149
Huch, Ricarda
  42
Hughes, Charles Evans
  297f.
Humboldt, Alexander von
  293
Huysmans, Joris Karl
  117, 119
Irene, Gemahlin Prinz Heinrichs von Preußen
  108
Jacob, Heinrich Eduard
  210
Jagow, Gottlieb von
  251
Jagow, Traugott von
  219f.

Joffe, Adolf Abramowitsch
264ff.
Jünger, Ernst
234f.
Juvenal, Decimus Iunius
290
Kalkreuth, Leopold Graf
161
Kant, Immanuel
94, 172, 250
Kardorff, Konrad von
163
Kardorff, Wilhelm von
163, 171
Kautsky, Karl
276
Kekulé, Reinhard
51
Keppel, Alice
184
Kessler, Adolf Wilhelm Graf
(Vater von H.K.)
12, 15f., 18, 21f., 24–27, 30ff.,
37, 44, 48ff., 53, 59f., 61, 63f.,
69, 72, 78, 85, 91, 99, 102, 112,
114, 117, 255, 261, 316
Kessler, Alice Harriet Gräfin,
geb. Blosse-Lynch
(Mutter von H.K.)
11ff., *14*, 15f., 18, 21f., *23*, 24ff.,
30f., 33f., 43f., 48ff., 53, 91, 99,
102, 111f., 114f., 129, 179, 191,
202, 222, 261

Kessler, Johannes
22
Kessler, Wilma, verehelichte
Marquise de Brion
(Schwester von H.K.)
12, 21, 31, 33, 44, *45*, 53, 129,
202, 261, 303, 314
Kestenberg, Leo
272
Keyserling, Eduard von
312
Kippenberg, Anton
268
Kirschner, Martin
184
Klinger, Max
111, *113*, 148, 176, 178, 180,
215f.
Knock, Charley
133
Koegel, Fritz
129
Kolbe, Georg
226
Konstantin der Große,
röm. Kaiser
136, 289
Krassin, Leonid Borissowitsch
264ff.
Kühlmann, Richard von
304
Kynnersley, Internatsleiter
34, 36

Labiche, Eugène
108
La Follette, Robert M.
294
Lajarrige, Louis
195
Lamoureux, Charles
48
Langbehn, Julius
40
Lasker-Schüler, Else
253, 263f.
Lavary, John
183
Leistikow, Walter
164, 166
Lender, Marcelle
124f.
Lenin, Wladimir Iljitsch
120, 274, 276
Lerchenfeld, Hugo Graf von
170
Lesseps, Ferdinand, Vicomte de
24
Lewald, Theodor
163
Lichnowsky, Karl Max Fürst
11, 100, 143, 179, 185, 220ff., 292
Lichtenberger, Henri
224
Lichtwark, Alfred
124f., 127, 153, 160, 163, 165

Liebermann, Max
105, 118, 120, 158ff., 162ff., 166, 176, 224
Liebknecht, Karl
274, 275, 279, 311
Lienhard, Friedrich
143
Lifar, Serge
307
Liliencron, Detlev von
176
Linde, Max
172
Liszt, Franz
146, 169
Lotz, Ernst Wilhelm
256
Ludendorff, Erich
240, 245f., 251f., 258, 260ff., 264, 268, 299f.
Lühring, Georg
124
Luitpold, Prinzregent von Bayern
168, 171
Luther, Martin
168f.
Luxemburg, Rosa
279
Macauly, Thomas
19f., 84
Maeterlinck, Maurice
158, 223

Mahler, Gustav
218, 224, 250
Maillol, Aristide
69, 196ff., *199*, 200 – 207, 216,
226, 253, 287, 292, 306f., 313,
315
Maillol, Clotilde
200
Maler, Theobert
91
Malkowsky, Georg
153
Mallarmé, Stéphane
124
Maltzan, Ago (Adolf Georg Otto) von
300
Manet, Édouard
159, 166, 304
Mann, Heinrich
248
Mann, Thomas
259
Marschall von Bieberstein, Adolf
185
Massine, Léonide
230f.
Matisse, Henri
178
Maupassant, Guy de
24
Maurier, Daphne du
106

Max, Prinz von Sachsen
51, 151
Maximilian, Kaiser von Mexiko
92, 96
May, Ernst
69
Meier, Eduard
116
Meier-Graefe, Anna
111
Meier-Graefe, Julius
72, 106, 111, 115 – 118, 122,
124 – 127
Meiji, Kaiser von Japan
74
Melchior, Georg
40f.
Meyerbeer, Giacomo
104, 157, 260
Michaelis, Georg
305
Michel, Louise
27
Michelangelo
132
Millet, Jean-François
197
Mirbeau, Octave
194f.
Moltke, Kuno Graf von
104f., 126
Mommsen, Theodor
162

Monet, Claude
  159, 166f., 304
Montaigne, Michel de
  72
Müller, Adolf
  251
Munch, Edvard
  72, 89, 116ff., 121, 191, 215, 224
Nag, Kalidas
  286
Nansen, Fridtjof
  308
Napoleon, Kaiser der Franzosen
  19f., 237, 242f.
Natanson, Thadée
  194f.
Nazzr Eddin (Nasreddin), Schah von Persien
  18
Nietzsche, Friedrich
  43, 72, 91, 119, 122, 127, *128*, 128 – 133, 135, 137, 146, 148ff., 214 – 218, 221, 226, 255, 266, 282, 289, 308, 310
Nijinsky, Waslaw
  226 – 231, 266
Nikisch, Arthur
  249f.
Nostitz, Alfred von
  163, 312
Nostitz, Helene von
  312

Novalis (eigntl. Georg Friedrich Philipp Freiherr von Hardenberg)
  41f.
Olde, Hans
  149, 159, 188
Oriola, Waldemar Graf von
  169, 171
Osborn, Max
  169
Ostade, Adriaen van 120
Overbeck, Franz
  214
Painlevé, Paul
  250
Palézieux, Aimé
  150ff., 186, 188f., 201
Pascal, Blaise
  112
Paul, Bruno
  249
Pauli, Gustav
  163
Pauline, Gemahlin Großherzog Carl Alexanders von Sachsen-Weimar-Gotha, Mutter von Wilhelm Ernst)
  167, 187
Paulsen, Harald
  305
Payern, Arthur von
  155, 166

Peter der Große,
    Zar von Russland
    266
Pfitzner, Hans
    259f.
Phidias
    132
Piscator, Erwin
    306, 313
Plautius, Titus Maccius
    306
Posadowsky, Arthur Graf
    170
Preller, Friedrich
    79
Prittwitz und Gaffron,
    Friedrich von
    305
Prittwitz und Gaffron,
    Marieluise von
    305
Przybyszewski, Stanislaw
    72, 116 – 119, 226,
    266
Racine, Jean
    249
Radowitz, Sepp von
    110f.
Radstock, Granville Waldegrave,
    3. Baron
    87f.
Ramsay MacDonald, James
    283, 300

Rath, Adolf vom
    182
Rath, Anna vom
    162
Rathenau, Emil
    208
Rathenau, Walther
    11f., 97, 131, 217f., 221, 246,
    248, 284, *284*, 293, 308, 310f.
Ravel, Maurice
    230
Regnier, Henri de
    78
Reinhardt, Max
    107f., 216, 218
Rembrandt
    42, 120, 254
Renoir, Auguste
    159
Rich, Claudius
    17
Richter, Cornelie, geb.
    Meyerbeer
    101, 104ff., 147, 177
Richter, Gustav
    51
Richter, Raoul
    102
Rodin, Auguste
    115, 155, 166, 188f., 197, 201,
    209
Rohden, Martin
    177

Romberg, Konrad-Gisbert von
  244f., 251
Rops, Félicien
  119
Rosenberg, Frederic von
  293
Rothe, Carl
  146, 153, 162, 188
Rothe, Luise
  146f.
Rothenstein, William
  180, 194
Rothermere, Harold Harmsworth, 1. Viscount
  285
Rousseau, Jean-Jacques
  194, 198, 213
Rubens, Peter Paul
  166
Ruge, Wolfgang
  247
Ruland, Carl
  188
Rysselberghe, Maria van
  167, 314
Rysselberghe, Théo van
  166f., 314
Sabatier, Paul
  140
Saint Jean, Robert de
  316
Salisbury, Lord Robert Arthur
  47

Salis-Marschlins, Meta von
  146
Sardou, Victorien
  49
Sattler, Josef
  95, 105
Scharnhorst, Gerhard von
  250
Scheerbart, Paul
  122
Scheidemann, Philipp
  292
Schickele, René
  120, 248, 250, 275f.
Schiller, Friedrich
  34, 41
Schlaf, Johannes
  122
Schleinitz, Marie von, s. Marie Gräfin Wolkenstein
Schliemann, Heinrich
  89
Schlippenbach, Sascha Gräfin
  107, 169, 177
Schmidt-Pauli, Thekla von, verheiratete von Dungern
  112
Schmitz, Bruno
  161
Schoeler, Fritz von
  255
Schröder, Rudolf Alexander
  207

Schubert, Carl von
    293
Schultze-Naumburg, Paul
    162
Schwabach, Paul von
    217
Sert, Jose-Maria
    229
Seurat, Georges
    10, 292, 302
Shakespeare, William
    86, 180, 219f.
Shaw, George Bernard
    181, 184, 191, 194
Signac, Paul
    131
Simmel, Georg
    158ff., 171
Simon, Heinrich
    245
Simon, James
    164, 248
Skarbina, Franz
    106
Slevogt, Max
    162
Snowden, Philip
    184
Sophokles
    132
Speckter, Erwin
    177

Spitteler, Carl
    210
Spitzemberg, Hanna von
    9f.
Spitzemberg, Hildegard Baronin
    9f., 101, 107, 169
Spitzemberg, Lothar von
    51, 102
Springer, Anton
    51
Stahl, Fritz
    170
Stanford, Leland
    70
St. Denis, Ruth
    65, 194, 227
Stein, Ludwig
    297
Steiner, Rudolf
    150
Stern, Julius
    217f.
Sternheim, Carl
    209, 223
Stinnes, Hugo
    176, 285
Stoeving, Curt
    130
Strauss, Richard
    108, 161, 181, 209, 218, 224,
    228, 230f., 250
Stresemann, Gustav
    276, 296, 301, 311

Strindberg, August
    116
Stroheim, Erich von
    306
Stuck, Franz von
    162, 164
Stumm, Ferdinand von
    240
Sudermann, Hermann
    157
Sullivan, Louis
    94
Sybel, Heinrich von
    19
Taylor, Robert
    (Urgroßvater von H.K.)
    16f., 19, 179
Teniers, David
    120
Terrell, Edwin
    53f., 58
Thackeray, William
    83
Thode, Henry
    140
Thoma, Hans
    124
Tirpitz, Alfred von
    161
Tizian
    132, 166, 254
Toulouse-Lautrec, Henri de
    117, 124

Treitschke, Heinrich von
    19
Trübner, Wilhelm
    162
Tschudi, Hugo von
    148, 163, 177, 189, 201
Uhde, Fritz von
    164
Unruh, Curt von
    257
Unruh, Fritz von
    248, 257
Usener, Hermann
    51
Valentin, Veit
    278
Valetti, Rosa
    305
Velázquez, Diego Rodriguez de
    Silva y
    166
Velde, Henry van de
    10, 65, 104f., 122, 129, 131,
    148–154, 159ff., 176, 178,
    183f., 187f., 190, 203, 205,
    215ff., 221, 224f., 287,
    292
Vergil
    210, 231, 290f.
Verhaeren, Emile
    224
Verlaine, Paul
    115, 121, *123*, 124

Veronese, Paolo
    229f.
Victoria, Gemahlin
    Kaiser Friedrichs III.
    104, 156
Vigoleis Thelen, Albert
    313
Vinnen, Carl
    162
Vogeler, Heinrich
    233
Vollard, Ambroise
    193
Voltaire (eigentl. François Marie
    Arouet)
    249
Vuillard, Édouard
    178
Wachler, Ernst
    143
Wagner, Cosima
    43, 104, 111, 194
Wagner, Richard
    42f., 62, 72, 104, 140, 159, 169,
    250
Walker, Emery
    180
Walter, Bruno
    259
Wassermann, Jakob
    17
Watanabe, Kôki
    71, 74

Weber, Carl Maria von
    106
Weber, Max
    141, 171
Weill, Kurt
    305
Weingartner, Felix
    249
Wells, Herbert George
    194
Werfel, Franz
    254
Werner, Anton von
    105, 156, 163f., 170
Werthern, Ottobald von
    150
Wiedfeldt, Otto
    297
Wiese, Leopold von
    248
Wilde, Oscar
    112
Wildenbruch, Ernst von
    106f., 146
Wilhelm I., dt. Kaiser
    25f., 33, 99, 102, 114
Wilhelm II., dt. Kaiser
    10, 98, 104f., 126f., 146,
    156–162, 164f., 169f., 182,
    184ff., 221, 271
Wilhelm I., der Eroberer, König
    von England
    64

Wilhelm, Kronprinz von
   Preußen
   111, 223
Wilhelm Ernst, Großherzog von
   Sachsen-Weimar-Eisenach
   145f., 151 – 154, 159f., 162,
   168, 186ff., 190ff.
Wilson, Woodrow
   267, 280, 294ff.
Winterfeldt-Menkin, Joachim
   von
   223
Wolff, Julius
   106
Wolff-Metternich zur Gracht,
   Paul Graf
   182, 184f.
Wolkenstein, Marie Gräfin
   104
Wrigley, William
   297
Wundt, Wilhelm
   51, 94, 141, 236
Yacco, Sado
   65
Zola, Émile
   83, 117

Bildnachweis

Bildarchiv Preußischer Kulturbesitz, Berlin
 113 (MDBK)
Deutsches Literaturarchiv Marbach
 14, 23, 29, 38, 45, 61, 62, 147, 155, 234, 238, 315
Sammlung Oskar Reinhart »Am Römerholz«, Winterthur
 199
ullstein bild, Berlin
 Frontispiz, 13, 67 (The Granger Collection, New York),
 123 (The Granger Collection, New York), 128, 134, 273
 (ullstein – Archiv Gerstenberg), 275, 277, 284, 304, 308